新时代共青团重点工作12讲

刘俊彦 谭杰◎主编

北京联合出版公司
Beijing United Publishing Co.,Ltd.

本书编委会

主　编　刘俊彦　谭　杰

撰　稿（以章节先后为序）

刘俊彦　郭炜城　张　玮　吴韵婷　祁　月
朱　峰　汪永涛　汪彩霞　张夏妮　李凌鸥
凌　莉　郑　浩　谭　杰　王　茜　周秋云
林　楠　文　嘉　黄丽萍　谢文珺　高移东
邓　楠　姚瑞洋　刘思博　彭文峰　鲁　彤

出版说明

党的十八大以来，党的青年工作取得了重大成就、发生了深刻变革，党对共青团和青年工作的领导全面加强，团的立身之本和政治之魂更加牢固，共青团工作的方向任务更加明确，团组织的政治性、先进性、群众性更加鲜明，团干部的思想作风、工作作风、生活作风更加积极健康向上，在广大青年群体中的形象焕然一新。团十八大以来的五年，共青团围绕构建新发展格局、推动高质量发展、打赢脱贫攻坚战、抗击新冠疫情等重大任务，组织广大团员和青年积极参与、勇挑重担、冲锋在前，展现了新时代中国青年的勇气和担当。团十九大闭幕不久，中国青少年研究会、广东省团校（广东青年政治学院）共同组织编写了《新时代共青团重点工作12讲》，就是为了给共青团、团干部、团员青年深入学习贯彻习近平总书记关于青年工作的重要思想，学习团十九大精神提供理论解读和学习辅导，从而把大会确定的各项任务真正落到实处，推动共青团事业取得新的更大发展。

《新时代共青团重点工作12讲》立足新时代党对共青团工作要求和共青团工作实际，以习近平新时代中国特色社会主义思想为指导，深入学习贯彻习近平总书记关于青年工作的重要思想，聚焦共青团改革，共青团引领力、组织力、服务力，团员先进性建设，中长期青年发展规划，团干部教育培训，共青团历史经验，新时代少先队工作等重点内容展开。

《新时代共青团重点工作12讲》的作者以中国青少年研究中心和广东省团校（广东青年政治学院）的专家学者为主，他们对共青团事业的热爱和对共青团工作的长期关注和研究，成为本书质量的可靠保证。全书坚持严谨准确、通俗易懂的写作风格，适合广大团干部特别是基层团干部学习阅读。

目 录

第一讲

深入学习贯彻习近平总书记关于青年工作的重要思想

第二讲

纵深推进共青团改革

第三讲

切实提高新时代共青团思想引领力

第四讲

持续优化新时代共青团组织力

第一讲

深入学习贯彻习近平总书记关于青年工作的重要思想

习近平总书记关于青年工作的重要思想对党的青年工作的战略地位、中国青年运动的时代主题、青年工作的职责使命、青年一代健康成长的正确道路、青年工作的路径方法、共青团改革发展的目标任务、党对青年工作的领导等一系列根本性课题进行了深刻阐释与科学总结，是习近平新时代中国特色社会主义思想的有机组成部分，是马克思主义青年观在新时代的运用和发展，是党的理论建设的重大成果，是做好新时代共青团工作的根本遵循。2023年6月26日，习近平总书记在同团中央新一届领导班子成员集体谈话时强调，共青团要切实肩负起新时代新征程党赋予的使命任务，充分激发广大青年在中国式现代化建设中挺膺担当。这进一步丰富了习近平总书记关于青年工作的重要思想。新时代党的青年工作，在习近平总书记关于青年工作的重要思想的指引下，形成了全新工作格局，焕发了蓬勃青春活力，取得了重大成就，发生了深刻变革。

一、深刻理解新时代党的青年工作的战略地位

新时代党的青年工作的战略地位，是由党的性质和任务决定的，也是由青年的作用和价值决定的。新时代党的青年工作的战略地位，正在通过不断完善的青年政策体系得到落实。

（一）中国共产党是具有青春特质的党，重视青年工作是党的性质和任务决定的

习近平总书记指出："历史和现实都证明，中国共产党是始终保持青春特质的党，是永远值得青年人信赖和追随的党。"①

中国共产党人的初心和使命是为中国人民谋幸福、为中华民族谋复兴。创建伊始，中国共产党就高度重视青年工作，就用极大力量做好青年工作，注重发挥青年作用。

第一，青春特质是中国共产党与生俱来的基本特征。中国共产党的创建者们大多是在风华正茂的青年时期，开启了建立中国共产党这个"开天辟地的大事变"。中国共产党一经诞生，就把关注的目光投向青年。1922年5月，中国青年团组织正式诞生。坚定不移跟党走、为

① 习近平：《论党的青年工作》，中央文献出版社2022年版，第11页。

党和人民奋斗，是共青团的初心使命。中国共产党不仅高度重视自己的青年组织——共青团的建设，而且大量吸收先进青年加入党组织，为党源源不断输送新鲜血液。《新时代的中国青年》白皮书显示："截至2021年6月，35岁及以下党员共2367.9万名，占党员总数的24.9%。中国共产党第十八次全国代表大会以来，每年新发展党员中35岁及以下党员占比均超过80%。"[①]2023年6月，中共中央组织部公布的《中国共产党党内统计公报》显示，截至2022年12月31日，中国共产党党员总数为9804.1万名，其中30岁及以下党员1243.5万名，31至35岁党员1150.0万名。

第二，党的性质决定了党必须深深扎根于广大青年。中国共产党是中国工人阶级的先锋队，同时是中国人民和中华民族的先锋队，代表最广大人民的根本利益。党的性质决定了，党必须不断扩大和巩固其群众基础，必须深深扎根于包括广大青年在内的人民群众之中，才能完成其伟大使命。正如习近平总书记所强调："代表广大青年，赢得广大青年，依靠广大青年，是我们党不断从胜利走向胜利的重要保证。""青年工作，抓住的是当下，传承的是根脉，面向的是未来，攸关党和国家的前途命运。"[②]"过去、现在、将来青年工作都是党的工作中一项战略性工作。"[③]

第三，实现党的任务必然要抓好后继有人这件大事。《中共中央关于党的百年奋斗重大成就和历史经验的决议》指出："党和人民事业发展需要一代代中国共产党人接续奋斗，必须抓好后继有人这个根本大

---

① 中华人民共和国国务院新闻办公室：《新时代的中国青年》，人民出版社2022年版，第23页。
② 习近平：《论党的青年工作》，中央文献出版社2022年版，第27、164页。
③ 习近平：《论党的青年工作》，中央文献出版社2022年版，第12页。

计。”[①]要抓好后继有人这个根本大计，就必须抓好党的青年工作，必须加强党对青年工作的领导，必须把共青团建设成一个对青年有凝聚力和引领力的现代组织。

（二）新时代青年群体的独特价值和作用，决定了青年工作的战略地位

伟大事业的实现需要一代又一代人接续奋斗。“展望未来，我国青年一代必将大有可为，也必将大有作为。这是‘长江后浪推前浪’的历史规律，也是‘一代更比一代强’的青春责任。”[②]新时代青年群体在党和国家事业发展中的独特价值和不可替代的巨大作用，是党的青年工作在党的全部工作中具有战略地位的决定性因素。

第一，青年是民族复兴特别是科技创新的关键力量。中国的快速发展遭到美国等一些国家的遏制和打压，他们依靠其强大的科技创新能力，通过“断芯”等方式围剿华为、中兴等中国高科技公司。我们要实现中华民族伟大复兴的伟业，突破重围，就必须在科技创新上实现重大突破，成为世界科技创新中心。而要实现突破性科技创新，就必须高度重视青年科技人员作用的发挥，因为青年是科技创新的主力军，“有研究表明，自然科学家发明创造的最佳年龄段是二十五岁到四十五岁”[③]。

第二，青年人口的巨大变化警示我们，要下更大力气，把更多青

---

① 《中共中央关于党的百年奋斗重大成就和历史经验的决议》，人民出版社2021年版，第74页。
② 习近平：《论党的青年工作》，中央文献出版社2022年版，第18页。
③ 习近平：《论党的青年工作》，中央文献出版社2022年版，第93页。

年培养成才。新世纪以来，我国人口结构出现重大变化：人口增长乏力，老龄化加速，青年人口总量及其在总人口中的占比均下降。这一变化警示我们，要切实做好青年培养工作，提高青年成才率，才能支撑国家的快速发展。

第三，青年文化的影响力不断扩大，强化了青年工作的重要性和战略价值。在移动互联网普及的今天，青年已经从文化产品的消费者变身为文化产品的重要创作者和消费者。或者说，青年文化已经成为社会主流文化而不仅是其附属物，这在客观上强化了青年和青年工作的战略价值。

（三）新时代党的青年工作的战略地位，通过不断完善的青年政策体系得到巩固

新时代党的青年工作在党的事业中具有战略地位，不仅是一个认识问题，更是一个实践问题。通过不断完善青年政策体系，全党全社会高度重视青年工作和青年作用的共识不断深化，党的青年工作的战略地位不断巩固。

第一，习近平总书记关于青年工作的重要思想为新时代中国青年政策体系不断完善指明了方向。2018年6月26日，在中国共产主义青年团第十八次全国代表大会开幕式上，中共中央正式提出“习近平总书记关于青年工作的重要思想”，并明确指出，习近平总书记关于青年工作的重要思想，为做好新时代党的青年工作指明了前进方向。7月2日，习近平总书记同团中央新一届领导班子成员集体谈话时，系统阐述了关于青年工作的重要思想。习近平总书记关于青年工作的重要思想的提出，标定了青年工作的政治属性，突出了青年工作的价值作用，

明晰了青年工作的根本任务，丰富了青年工作的政策体系，开辟了党的青年工作新境界[①]，成为新时代我国青年政策不断完善的指引和灵魂。

第二，《中长期青年发展规划（2016—2025年）》对于明确和巩固新时代党的青年工作的战略地位具有重大意义。2017年4月，中共中央、国务院印发《中长期青年发展规划（2016—2025年）》。《中长期青年发展规划（2016—2025年）》是在习近平总书记的亲自关心下制定的，充分体现了党和政府对青年的关心、对青年工作的重视。制定出台国家层面的青年发展规划，在新中国历史上是第一次，是我国青年发展事业的重要里程碑。[②]规划对党的青年工作在理论和实践上具有突破性贡献。

第三，以《中长期青年发展规划（2016—2025年）》为统领，一系列青年政策的出台和贯彻成为落实党的青年工作要求的有效途径。党的十八大特别是中央党的群团工作会议召开以来，青年工作的一大特点就是十分重视青年政策的完善与贯彻。截至2021年，全国各省份均已制定专门的青年发展规划，76个地市、198个区县主动制定出台本级青年发展规划[③]，从而形成一个全国性的青年发展规划体系，这对于凝聚全社会重视青年工作的共识、聚集支持青年工作的资源具有重要意义。2021年3月，继"十三五"规划之后，"实施青年发展规划"再次写入国家"十四五"规划纲要。2022年4月，团中央等17部门联合印发《关于开展青年发展型城市建设试点的意见》，成为纵深落实中

① 参见贺军科：《如何做好新时代青年工作》，《求是》2020年第10期。
② 《新闻办就〈中长期青年发展规划（2016—2025年）〉举行发布会》，中国政府网2017年5月17日。
③ 参见《汇聚服务青年合力 凝聚青春奋进力量——2021年度中长期青年发展规划实施回眸》，《中国青年报》2022年2月11日。

长期青年发展规划的有效举措。同时，近年来各级党和政府部门出台的有关促进青年就学、就业、婚恋、生育、住房等方面的政策也十分密实，极大地促进了青年的健康发展。

二、牢牢把握中国青年运动的时代主题

中国青年运动的时代主题是中国鲜明时代主题的反映，就是为实现中华民族伟大复兴的中国梦而奋斗。中国青年运动必须紧扣时代主题，才能坚持正确发展方向。当代青年要在实现中国梦的生动实践中放飞青春梦想，承担起时代赋予的使命。

习近平总书记强调，“把党的中心任务作为中国青年运动和青年工作的主题和方向，这是一百多年来中国青年运动和青年工作的一条基本经验”①。

党的二十大擘画了全面建设社会主义现代化国家的宏伟蓝图。全面建成社会主义现代化强国、实现第二个百年奋斗目标，以中国式现代化全面推进中华民族伟大复兴，是党的中心任务，也是新时代中国青年运动和青年工作的鲜明主题。

（一）中国青年运动的时代主题，是中国鲜明时代主题的反映

每个时代都有其鲜明的主题。

① 《习近平在同团中央新一届领导班子成员集体谈话时强调 切实肩负起新时代新征程党赋予的使命任务 充分激发广大青年在中国式现代化建设中挺膺担当》，《人民日报》2023年6月27日。

第一，中国青年运动的时代主题取决于中国鲜明的时代主题。习近平总书记2012年11月29日参观《复兴之路》展览时指出：“实现中华民族伟大复兴，就是中华民族近代以来最伟大的梦想。这个梦想，凝聚了几代中国人的夙愿，体现了中华民族和中国人民的整体利益，是每一个中华儿女的共同期盼。”[①]这个梦想，是中国鲜明的时代主题，也是中国青年运动的时代主题。

第二，五四运动以来的100多年间，中国青年运动的内容和形式发生了巨大变化，但为中国人民谋幸福、为中华民族谋复兴的本质传承至今。百年中国青年运动史，变化的是形态、时代，不变的是实质、价值。

第三，国家发展的时代主题决定了青年运动的时代主题，青年运动是实现国家追求的先锋力量，二者相互激荡，推动历史的车轮滚滚向前。

（二）中国青年运动只有始终贯穿正确的时代主题，才能坚持正确的前进方向

不能脱离时代去谈青年运动，也不能脱离时代去谈青年运动的主题。习近平总书记指出：“在新的征程上，如何更好把青年团结起来、组织起来、动员起来，为实现第二个百年奋斗目标、实现中华民族伟大复兴的中国梦而奋斗，是新时代中国青年运动和青年工作必须回答的重大课题。”[②]

① 《习近平著作选读》第一卷，人民出版社2023年版，第63页。
② 习近平：《论党的青年工作》，中央文献出版社2022年版，第7页。

第一，习近平总书记多次论述中国青年运动的时代主题。他明确提出“为实现中华民族伟大复兴的中国梦而奋斗，是中国青年运动的时代主题”[①]，强调当代青年既是追梦者，也是圆梦人，要“为实现第二个百年奋斗目标、实现中华民族伟大复兴的中国梦奉献自己的智慧和力量！”[②]。

第二，中国青年运动只有始终贯穿为实现中国梦而奋斗的正确主题，才能坚持正确的前进方向。在百年来为实现民族独立和复兴而奋斗的征程中，一代代青年的奉献和奋斗，反复验证了这一论断。

第三，只有在中国共产党的坚强领导下，中国青年运动才能把握正确的时代主题，才能带领广大青年将自己的青春与时代的要求相结合，把青春梦想镌刻在祖国的壮美山河上。

（三）为实现中国梦而奋斗，是时代赋予青年的历史使命

青年运动的主题和使命，为青年成长指明方向，召唤青年持续奋斗。

第一，广大青年要围绕时代主题确立梦想。理想决定前程和成就，个人理想只有与国家和民族的命运结合在一起，才能得到拓展与升华，前程与成就才能拥有无限的可能。习近平总书记强调：“青年理想远大、信念坚定，是一个国家、一个民族无坚不摧的前进动力。”[③]新时代的中国青年，在展现国家发展成就的一系列生动事例、客观数字、亲身体验中，深切感受到“中国速度”“中国奇迹”“中国之治”，做中国人

---

① 习近平：《论党的青年工作》，中央文献出版社2022年版，第22页。
② 习近平：《论党的青年工作》，中央文献出版社2022年版，第58页。
③ 习近平：《论党的青年工作》，中央文献出版社2022年版，第209页。

的志气、骨气、底气进一步增强，为实现中华民族伟大复兴中国梦团结奋斗的思想基础更加牢固。①实现中国梦，需要依靠青年，也能成就青年。广大青年树立起与时代主题同心同向的理想信念，青春才能焕发最绚丽的光彩。

第二，广大青年要围绕时代主题追求梦想。新时代的青年置身更广更高的历史平台，随着中国的综合国力不断取得新跨越，新时代中国青年的发展基础日益厚实，发展底气越来越足：中国创造了世所罕见的经济快速发展和社会长期稳定"两大奇迹"，中国青年共同迈向更高水平的小康生活。②广大青年要充分认识和珍惜这一宝贵时代际遇，努力朝着梦想奋斗，把自己锻造成为建设强国的栋梁之材。

第三，广大青年要围绕时代主题实现梦想。中华民族伟大复兴，绝不是轻轻松松敲锣打鼓就能实现的。前进要奋力，干事要努力。实现梦想必须经过艰苦奋斗，奋斗必须围绕时代主题展开。在时代的大潮中把准方向、持续奋斗，是一代又一代青年紧跟党实现理想的大道正途。

三、勇于担当青年工作的职责使命

习近平总书记强调指出，新时代青年工作必须把"培养社会主义

---

① 中华人民共和国国务院新闻办公室：《新时代的中国青年》，人民出版社2022年版，第16—17页。

② 参见中华人民共和国国务院新闻办公室：《新时代的中国青年》，人民出版社2022年版，第5、6页。

建设者和接班人”作为根本任务，把“巩固和扩大党执政的青年群众基础”作为政治责任，把“围绕中心、服务大局”作为工作主线。

（一）青年工作的根本任务是培养人

新时代青年工作要围绕“培养社会主义建设者和接班人”的根本任务展开。

第一，我国的社会主义建设事业成就前所未有，挑战前所未有，前景无限广阔，需要一代代青年接力奋斗。习近平总书记说：“时间之河川流不息，每一代青年都有自己的际遇和机缘，都要在自己所处的时代条件下谋划人生、创造历史。”[①]大历史呼唤大发展，大时代期待大作为，今天的中国青年正处在中华民族比历史上任何时期都更加接近伟大复兴的历史时刻。新时代共青团工作要时刻铭记根本任务，把“为党育人”作为工作的最终归宿，让当代青年真正成为能挑起重任的时代新人。

第二，百年来，党的青年工作始终肩负着确保“党的事业后继有人这个根本大计”职责使命，始终坚持用马克思主义武装青年，引导青年坚定理想信念，充分发挥后备军的作用。

第三，共青团是联系党和青年的桥梁纽带，是党培养青年的重要力量。作为党的青年工作的骨干力量，共青团在中国共产党的领导下一直把培养教育青年作为首要任务，紧密结合革命、建设、改革的具体实践，组织开展了一系列活动，为党培养了大批革命者、建设者和接班人。在全面建设社会主义现代化国家的新征程中，共青团要为党

---

① 习近平：《论党的青年工作》，中央文献出版社2022年版，第70页。

源源不断从青年群体中吸纳先进分子，整合青年群体的多样化利益诉求，倾听青年呼声，反映青年意愿，把党的决策部署变成青年的自觉行动，将党的关怀带到青年中去，最大限度把广大青年团结在党的周围，带领青年听党话、跟党走。

（二）青年工作的政治责任是巩固和扩大党执政的青年群众基础

把“巩固和扩大党执政的青年群众基础”作为政治责任明晰了党的青年工作的政治属性。

第一，中国共产党巩固和扩大青年群众基础不仅必要，而且有利于发挥党的领导的制度优势，完全符合党的全面领导、党的长期执政与党群关系的内在逻辑。在中国共产党发挥领导核心作用、保障党的长期执政、不断密切党群关系的党建系统工程中，重视青年这一特殊社会群体，处理好党与青年的关系，是充分发挥党的全面领导优势，巩固和扩大党的群众基础的题中应有之义。在中国式现代化进程中，党的青年工作思想和工作方式如何创新，事关党的执政根基，事关民族复兴伟业，事关青年健康发展。

第二，青年时期的政治引领关系人一生的政治态度。习近平总书记指出，“共青团要把加强对广大团员和青年的政治引领摆在首位，努力培养社会主义建设者和接班人，源源不断为党输送健康有活力的新鲜血液”①。青年正处在人生成长的关键时期，知识体系搭建尚未完成，价值观塑造尚未成形，情感心理尚未成熟，难免会受到外界各种思想

① 《习近平在同团中央新一届领导班子成员集体谈话时强调 切实肩负起新时代新征程党赋予的使命任务 充分激发广大青年在中国式现代化建设中挺膺担当》，《人民日报》2023年6月27日。

的诱惑与干扰，也会因遇到的现实困难而产生不良的倾向，这就会让青年在思想上产生“跟谁走”“怎么走”的困惑，并直接关系到未来党的执政基础。

第三，完成好青年工作的政治责任要具备很强的忧患意识。党的队伍中始终活跃着大批怀抱崇高理想、充满奋斗精神的青年人，是我们党始终充满生机活力的一个重要原因，也是我们党能够长期执政的一个重要原因。但要认识到，青年必须经过教育、引导和培养，才能坚定跟党走的决心和信心。因此，在为党团结凝聚青年这项极为重要的工作上，既要未雨绸缪往前看，又要居安思危常反思，在思想认识上一刻也不能放松。

（三）青年工作的主线是围绕中心、服务大局

新时代青年工作的主线是“围绕中心、服务大局”，围绕中心明确了工作方向，服务大局点明了工作价值。

第一，围绕和服务于党的中心工作，是党的青年工作必须始终把握的大方向。百年来，党的青年工作始终秉持这一工作理念，自觉地把党的中心任务作为青年工作的中心任务，动员和组织广大青年为实现党的中心任务贡献力量，形成了“围绕党的中心任务，照顾青年特点，不断开展青年群众活动”的基本经验。

第二，党通过有效的青年工作，团结带领青年发挥作用，为党的中心工作汇聚起最广泛的青春力量。伴随新时代我国发展方式的变革和社会基本矛盾的转变，青年工作仍然必须把牢服务党的中心工作这条主线，团结带领广大青年把个人理想融入建设社会主义强国的伟大事业中，将个人美好的青春梦与伟大的中国梦相融合，在建设国家的

洪流中成长成才。比如，新冠疫情发生以来，青年不畏艰险、冲锋在前、舍生忘死，为打赢疫情防控的人民战争、总体战、阻击战作出重大贡献。援鄂医疗队2.86万名护士中，80后、90后占90%。①

第三，“围绕中心、服务大局”是共青团开展工作的重要原则。共青团正是在“围绕中心、服务大局”的实践中帮助青年增长本领，为党输送了大批新生力量和工作骨干。新时代共青团要更加善于“围绕中心、服务大局”，处理好“公转”与“自转”的关系，处理好服务大局和守好本行的关系，创造性地开展工作。

四、准确把握青年一代健康成长的正确道路

在习近平总书记关于青年工作的重要思想中，关于青年健康成长正确方向、正确道路、正确方法的论述深刻系统、饱含深情，是新时代中国青年成长成才的指南。无论是要引导青年“坚定理想信念、练就过硬本领、勇于创新创造、矢志艰苦奋斗、锤炼高尚品格”②的要求，还是“勤学、修德、明辨、笃实”的教诲，无论是“爱国、励志、求真、力行”的叮咛，还是“五个模范”“五个带头”的激励，都体现了习近平总书记对青年成长成才规律的深刻把握和对青年“立大志、明大德、成大才、担大任”③的殷切期待。

---

① 参见中华人民共和国国务院新闻办公室：《新时代的中国青年》，人民出版社2022年版，第27页。

② 习近平：《论党的青年工作》，中央文献出版社2022年版，第153—154页。

③《习近平在清华大学考察时强调 坚持中国特色世界一流大学建设目标方向 为服务国家富强民族复兴人民幸福贡献力量》，《人民日报》2021年4月20日。

（一）立大志是青年一代健康成长的前提

理想指引人生方向，信念决定事业成败。“青年的理想信念关乎国家未来。青年理想远大、信念坚定，是一个国家、一个民族无坚不摧的前进动力。”[①]青年立大志就是要牢固树立共产主义远大理想和中国特色社会主义共同理想。

第一，青年立大志才能激发奋进之力。共产主义远大理想激励了一代又一代青年英勇奋斗，中国特色社会主义理想把中华民族带上伟大复兴之路。没有远大理想，青年就会迷失前进方向。青年志存高远、信念坚定，才能激发奋进潜力，增强澎湃动力，担负起时代使命。

第二，青年立大志就要潜心学习马克思主义理论。政治上的坚定源于理论上的清醒。理想信念只有建立在对科学理论的认同上，建立在对历史规律的认识上，建立在对基本国情的把握上，才能虔诚、执着、坚定。广大青年要认真学习马克思主义理论，深入学习习近平新时代中国特色社会主义思想，读原著、悟原理、见行动，孜孜不倦学、结合实际学，知之而后信之、信之而后行之，从内心深处厚植对党的信赖、对中国特色社会主义的信心、对马克思主义的信仰。

第三，青年立大志就一定要热爱伟大祖国。爱国是青年的立身之本、成才之基。当代中国，爱国主义的本质就是坚持爱国和爱党、爱社会主义高度一致。广大青年要听党话、跟党走，胸怀忧国忧民之心、爱国爱民之情，在不断奉献祖国、奉献人民的人生实践中践行热爱祖国的诺言。

---

① 习近平：《论党的青年工作》，中央文献出版社2022年版，第209页。

（二）明大德是青年一代健康成长的基石

“核心价值观，其实就是一种德，既是个人的德，也是一种大德，就是国家的德、社会的德。国无德不兴，人无德不立。”[①]

第一，明大德对于青年成长成才起着基础作用。得道多助，失道寡助。有德者即有成才之根基土壤，无德者往往寸步难行。习近平总书记高度重视青年群体的道德品格问题。“青年的价值取向决定了未来整个社会的价值取向，而青年又处在价值观形成和确立的时期，抓好这一时期的价值观养成十分重要。”[②]他曾用“扣好人生第一粒扣子”和“拔节孕穗”等生动的例子来比喻道德品质对于青年成长的基础性作用。习近平总书记希望青年人一定“要加强思想道德修养，自觉弘扬爱国主义、集体主义、社会主义思想，积极倡导社会公德、职业道德、家庭美德”[③]。

第二，青年明大德与守公德、严私德是高度一致的。做人做事第一位的是崇德修身。广大青年要把正确的道德认知、自觉的道德养成、积极的道德实践紧密结合起来，把明大德与守公德、严私德紧密结合起来，不断修身立德，打牢道德根基，在人生道路上走得更正、走得更远。

第三，青年明大德就要笃实。笃实是青年成长成才必备的人生态度。成功的背后，永远是艰辛努力。青年一代只有在做人、做事上养成笃实的心态，养成真抓实干的作风，一步一个脚印，才能在成长成

① 习近平:《论党的青年工作》，中央文献出版社2022年版，第71页。
② 习近平:《论党的青年工作》，中央文献出版社2022年版，第76页。
③ 习近平:《论党的青年工作》，中央文献出版社2022年版，第21—22页。

才的道路上不断克服自己的浮躁和遇到的困难，迈稳步子，实现理想。

（三）成大才是青年一代健康成长的途径

事业靠本领成就，具备建设社会主义现代化国家的高强本领，是青年成才的基本途径和检验标准。习近平总书记强调，“青年是苦练本领、增长才干的黄金时期”，“新时代中国青年要练就过硬本领”。①

第一，青年成才要善于学习。习近平总书记强调：“青年人正处于学习的黄金时期，应该把学习作为首要任务，作为一种责任、一种精神追求、一种生活方式，树立梦想从学习开始、事业靠本领成就的观念，让勤奋学习成为青春远航的动力，让增长本领成为青春搏击的能量。”②习近平总书记认为，青年“要像海绵汲水一样汲取知识”，“特别是要克服浮躁之气，静下来多读经典，多知其所以然”。③“学习应该是全面的、系统的、富有探索精神的。”④“为学之要贵在勤奋、贵在钻研、贵在有恒。”“既要惜时如金、孜孜不倦，下一番心无旁骛、静谧自怡的功夫，又要突出主干、择其精要，努力做到又博又专、愈博愈专。”⑤

第二，青年成才要勤于实践。实践是提高本领的途径，既把学到的知识运用于实践，又在实践中增长解决问题的新本领，要重视和加强第二课堂建设，重视实践育人，坚持教育同生产劳动和社会实践相

① 习近平：《论党的青年工作》，中央文献出版社2022年版，第212页。
② 习近平：《论党的青年工作》，中央文献出版社2022年版，第19页。
③ 习近平：《论党的青年工作》，中央文献出版社2022年版，第141页。
④ 习近平：《在中央党校建校80周年庆祝大会暨2013年春季学期开学典礼上的讲话》，人民出版社2013年版，第7页。
⑤ 习近平：《论党的青年工作》，中央文献出版社2022年版，第76、141页。

结合，广泛开展各类社会实践，让学生在亲身参与中认识国情、了解社会，受教育、长才干。习近平总书记希望青年“要力行，知行合一，做实干家”①。

第三，青年成才要勇于创新。历史和现实都表明，只有创新才能推动国家的发展，才能促进个人的成长成才。“创新是一个民族进步的灵魂，是一个国家兴旺发达的不竭动力，也是中华民族最深沉的民族禀赋。在激烈的国际竞争中，惟创新者进，惟创新者强，惟创新者胜。”“青年是社会上最富活力、最具创造性的群体，理应走在创新创造前列。”②青年勇于创新就要勇于解放思想，勇于上下求索，以百折不挠、求真务实的态度成为新时代创新创业的重要力量。

（四）担大任是青年一代健康成长的目标

新时代是奋斗者的时代、担当者的时代、奉献者的时代。党和人民培养青年就是为了让广大青年能够建功立业、担当大任。

第一，担大任者必须争做先锋。习近平总书记认为，中国青年始终是实现中华民族伟大复兴的先锋力量，他总是勉励广大青年，“要有敢为人先的锐气”，“要有逢山开路、遇河架桥的意志”，努力成为行业骨干、青年先锋。

第二，担大任者必须艰苦奋斗。“人类的美好理想，都不可能唾手可得，都离不开筚路蓝缕、手胼足胝的艰苦奋斗。”③广大青年在新时代要干出一番事业，就必须“立足本职、埋头苦干，从自身做起，从

① 习近平：《论党的青年工作》，中央文献出版社2022年版，第149页。
② 习近平：《论党的青年工作》，中央文献出版社2022年版，第44、20页。
③ 习近平：《论党的青年工作》，中央文献出版社2022年版，第20—21页。

点滴做起，用勤劳的双手、一流的业绩成就属于自己的人生精彩。要不怕困难、攻坚克难，勇于到条件艰苦的基层、国家建设的一线、项目攻关的前沿，经受锻炼，增长才干”[①]。我们既要看到成绩，也要看到差距。今天的生活条件好了，但离我们的目标还有很大距离，所以中国青年艰苦奋斗的精神一点也不能丢。

第三，担大任者必须敢于斗争。青年成长和前进的道路上充满困难和矛盾，遇到困难和矛盾不能绕着走，不能做软骨头，而是要做到习近平总书记要求的那样，“要做敢于斗争、善于斗争的模范，带头迎难而上、攻坚克难，做到不信邪、不怕鬼、骨头硬”[②]。

五、不断优化青年工作的路径方法

做好新时代青年工作，路径方法十分重要。不断优化青年工作的路径方法，关键是要站在理想信念的制高点上，用习近平新时代中国特色社会主义思想去教育、鼓舞、感染青年。要增强感染性，就必须创新推动习近平新时代中国特色社会主义思想的青年化，必须在新的条件下走好青年群众路线，不断创新和优化青年工作方式方法，必须切实帮助青年排忧解难。

---

① 习近平：《论党的青年工作》，中央文献出版社2022年版，第21页。
② 习近平：《论党的青年工作》，中央文献出版社2022年版，第10页。

（一）用习近平新时代中国特色社会主义思想引领青年

新时代孕育新思想，新思想指导新实践。

第一，新思想只有赢得青年才能赢得大众。新时代青年工作最重要的路径方法就是引导广大青年认真学习习近平新时代中国特色社会主义思想，在真学真信中坚定远大理想，在常学常新中增加知识储备，在学思践悟中敢于逐梦追梦，在细照笃行中增进修养修为，在知行合一中勇敢担当作为。

第二，坚持不懈用习近平新时代中国特色社会主义思想武装青年。要采取多种方式，帮助青年掌握习近平新时代中国特色社会主义思想的精神实质、丰富内涵、实践要求和贯穿其中的立场观点方法。

第三，把握分层递进的内在机理，提高工作针对性。要切合不同年龄、不同阶层、不同青年群体的思维逻辑和认知水平，运用青年群体喜闻乐见的方式方法，增强党的科学理论的亲和力，要用好政策案例，广泛宣传党的具体政策及实践成果，增强党的理论对广大青年群体的感染力；要准确把握青年社会生活的规律特点，在符合社会认知、青年实际的基础上宣传和阐释党的科学理论①，坚持分众化、精准化原则，避免空对空。

（二）走好青年群众路线，不断创新和优化青年工作方式方法

从群众中来，到群众中去，是党的基本工作方法。做青年工作要自觉学习和运用党的群众工作方法，走好青年群众路线。

---

① 参见贺军科：《新时代党的青年工作的根本遵循》，《中国青年报》2022年6月27日。

第一，要坚持以青年为本。以青年为本就是把青年作为青年工作的中心，服务青年成长，促进青年发展。关键是要知道广大青年最需要的地方是哪里、广大青年最关切的地方在哪里、广大青年最向往的地方怎么去。青年工作者要做青年友，不做青年“官”，要踏踏实实扎根青年，在同广大青年的密切交往中提高工作本领，找到有效方法。

第二，青年工作要主动跟上青年流动分化的步伐。青年流动分化是社会流动分化的反映。青年工作要把握社会发展的机理，深入研究青年群体流动变化的时代特点，才能增强针对性、有效性。

第三，要努力扩大组织覆盖，扩大工作影响。共青团等青年组织的有效组织覆盖是思想引领的前提条件，要切实把扩大组织覆盖和全面、深入、有效地联系青年、服务青年统一起来，不断扩大青年工作影响。

第四，不断创新和优化做好新时代青年工作的方式方法。历史上，我们形成了诸如主题教育、实践育人、典型引领、调查研究、扎根青年、评估激励等有效的青年工作方法；未来，我们要在完善这些工作方式方法的基础上，创新运用新媒体、大数据、分层分类分众、众筹等工作方法，进一步提升青年工作效能。

（三）千方百计为青年排忧解难

帮助青年解决学习、生活、工作中的一个现实问题，胜过讲一堆大道理。实践告诉我们，为青年排忧解难是有效的思想工作方法。

第一，要充分认识到青年群体在思想认识、就业、教育、住房、婚恋、养老等领域面临很大压力，特别需要组织帮助，这是青年工作的内在需求。

第二，要充分倾听青年心声。做青年工作不仅要爱青年，更要懂青年。要在深刻理解青年的基础上努力成为广大青年的贴心人和身边人，让青年能信赖、肯托付、愿依靠。

第三，为青年排忧解难要用真心、有方法。强调千方百计为青年排忧解难，就是要体现党的青年工作“心系青年、心向青年”的出发点，始终与青年同呼吸、共命运。有方法就是要“充分依托党赋予的资源和渠道，为青年提供实实在在的帮助”[①]。

六、纵深推进共青团改革发展

时代发展和青年变化对共青团组织提出了严峻挑战，顺应时代发展要求、适应青年变化成为共青团改革发展的必然选择。

（一）共青团不断改革才能始终成为紧跟党走在时代前列的先进组织

当今中国，社会正在急剧变迁，各种思潮观念相互交错，技术的革新与迭代加速，这一系列现实变化对共青团提出了严峻挑战。习近平总书记对共青团的改革和发展寄予厚望，鼓励共青团不断自我革命。

第一，新时代坚持和发展中国特色社会主义，根本动力在于全面深化改革。与党和国家其他各领域正在深入推进的改革一样，共青团改革是完善和发展中国特色社会主义制度、推进国家治理体系和治理

① 习近平：《论党的青年工作》，中央文献出版社2022年版，第9页。

能力现代化的重要内容。共青团改革是党的要求，是发展的需要。

第二，改革是共青团破解难题、焕发活力、增强功能的必然要求。不断适应时代环境、不断改革创新始终是共青团发展的主流和常态。回顾共青团百年来的历史，充分证明共青团只有通过改革才能永葆生机活力，创造更大成就。

第三，面对党和国家事业的快速发展，面对社会环境和青年群体发生的重大变化，共青团工作中存在一些不适应的地方，必须不断深化改革。

团十九大报告从思想引领、组织功能、服务能力、品牌建设、运行机制、工作理念、斗争本领、团的干部等方面，剖析了共青团存在的不足，指明了共青团改革的着力点。

（二）推进共青团改革发展的实质是强“三性”

推进共青团改革发展，关键就是在保持和增强政治性、先进性、群众性上下功夫，着力克服“机关化、行政化、贵族化、娱乐化”问题，把共青团建设得更加充满活力、更加坚强有力。[①]

第一，政治性是共青团的灵魂。离开了政治性这一根本属性，共青团便迷失了前进的方向。政治性就是要坚决维护以习近平同志为核心的党中央集中统一领导，就是要坚持党的领导这一根本原则，坚持引导青年听党话、跟党走。共青团是党领导的先进青年的群团组织，无论过去、现在还是将来，听党话、跟党走永远是我们这个组织安身立命的根本所在。要把党的领导全面、系统、整体贯穿团的各项工作

① 参见习近平:《论党的青年工作》，中央文献出版社2022年版，第154页。

和建设，确保党旗所指就是团旗所向。要自觉维护党的领导、捍卫党的核心、执行党的决定，深刻领悟“两个确立”的决定性意义，不断增强“四个意识”、坚定“四个自信”、做到“两个维护”，一心向党爱党护党，始终在思想上政治上行动上同以习近平同志为核心的党中央保持高度一致。[①]

第二，先进性是共青团的旗帜。为时刻确保先进性，共青团要高举习近平新时代中国特色社会主义思想伟大旗帜，带领广大团干部、广大团员、广大青年走在时代前列，紧跟党和国家发展步伐，配合党和国家工作部署，听从党和国家号召。

第三，群众性是共青团的根基。在中央党的群团工作会议上，习近平总书记强调：“群团组织开展工作和活动要以群众为中心，让群众当主角，而不能让群众当配角、当观众。”[②]这一属性要求团组织切实发挥好党联系青年的桥梁纽带作用，更加密切地联系好青年。

第四，基层建设状况是共青团改革成效的试金石。政治性、先进性、群众性强不强，基层最有说服力和代表性。全团要按照习近平总书记的要求，树立大抓基层的鲜明导向，坚持眼睛向下、面向基层，从机构设置、管理模式、运行机制入手，把人力、物力、财力等资源引向基层，把更多注意力放到基层，使基层团组织真正活起来、强起来。

---

① 阿东：《在习近平新时代中国特色社会主义思想指引下 动员引领广大青年为全面建设社会主义现代化国家而团结奋斗——在中国共产主义青年团第十九次全国代表大会上的报告》，《中国青年报》2023年6月26日。

② 习近平：《论党的青年工作》，中央文献出版社2022年版，第108页。

（三）发扬自我革命精神，纵深推进共青团改革

以自我革命精神推动全面从严治团，既是共青团改革发展的重要任务和目标，也是共青团改革发展的重要路径和方法。纵深推进共青团改革与全面从严治团相辅相成。共青团改革已取得明显成效，但离党的要求和青年的需求还有明显差距，共青团改革只有进行时，没有完成时。

第一，共青团改革要坚持问题导向、目标导向、结果导向相统一，针对共青团存在的突出问题进行改革，拿出有用措施，务求取得实效。

第二，共青团改革要树牢大抓基层导向，把县域共青团综合改革、城市社区共青团改革、团支部改革作为重点，通过多种方式，切实活跃基层团的工作。

第三，共青团改革要加强系统集成、协同推进，既要协同推进领导机关和基层组织改革，又要协同推进青联、学联、少先队改革；既要协同推进共青团建设理念和工作方式改革，又要协同推进共青团干部队伍建设与团员队伍建设改革。

七、不断加强党对青年工作的领导

党政军民学，东西南北中，党是领导一切的。中国共产党缔造并领导中国共青团。共青团百年不渝坚定服从党的领导。在各个历史时期，在党的领导下，共青团始终把团结教育广大青年听党话、跟党走作为自己的主责主业。“党指向哪里，就奔向哪里”，“党有号召，团有行动”，

"党旗所指就是团旗所向"，就是共青团坚持党的领导的经验结晶。

（一）坚持党管青年原则和党管青年工作原则

党对青年和青年工作的重视和领导一以贯之。

第一，自诞生之日起，党就视青年工作为一项极端重要的工作。百年来，中国共产党不论处于怎样的历史阶段，都极为重视青年工作，形成了一系列关于青年工作的思想成果和制度成果。一百多年的辉煌历史，是党管青年实践的生动写照，也是党管青年原则和党管青年工作原则的深厚积淀。

第二，党管青年原则和党管青年工作原则是新时代党领导青年工作的基石。党的十八大以来，习近平总书记高度重视青少年和共青团工作，着眼党的事业薪火相传、中华民族永续发展，殷切寄望青春、寄语青年，亲自主持召开党的历史上第一次中央党的群团工作会议，出席纪念五四运动100周年大会、庆祝中国共产主义青年团成立100周年大会等重要会议、重大活动，指导制定新中国历史上第一个青年发展规划、发布新时代中国青年发展状况白皮书、印发党中央关于加强少先队工作的文件，亲自谋划、亲自部署共青团改革，先后作出一系列重要指示批示，深入学校、企业、社区、农村、军营，同青年朋友亲切交流、提出期望，为新时代团的建设和工作指明了方向，推动党的青年工作取得历史性成就、发生历史性变革，推动共青团事业迈入崭新历史阶段。①其中，《中长期青年发展规划（2016—2025年）》

① 阿东：《在习近平新时代中国特色社会主义思想指引下 动员引领广大青年为全面建设社会主义现代化国家而团结奋斗——在中国共产主义青年团第十九次全国代表大会上的报告》，《中国青年报》2023年6月26日。

在总论部分，规划第一次鲜明提出坚持党管青年原则、“党和国家事业要发展，青年首先要发展”的理念，这是对马克思主义青年观的丰富与发展。2023年6月26日，习近平总书记在同团中央新一届领导班子成员集体谈话时强调，各级党委（党组）要坚持党管青年工作原则，加强对共青团工作的领导和支持，建立和完善在党的领导下各部门齐抓共管青年发展事业的工作格局，支持共青团创造性开展工作。[①]党管青年原则和党管青年工作原则是习近平总书记在发扬党的青年工作优良传统的基础上，结合时代特点，对青年工作思想所作出的开创性推进，其意义十分深远。

第三，共青团要自觉在工作中落实党管青年原则和党管青年工作原则。各级共青团组织要自觉同党中央保持高度一致，增强为党做好青年工作的自觉性，将党的意志和主张贯彻到实际工作中、落实到青年群体中。

（二）做到“党旗所指就是团旗所向”

“党旗所指就是团旗所向”是党团关系的形象表达，是党重大的政治准则，是团根本的行为规范。

第一，百年团史就是一部“党旗所指就是团旗所向”的奋斗史。回顾团的百年光辉历程不难发现，中国共青团自诞生之日起，就与党的事业紧密相连。在革命战争时期，各级团组织在党的领导下艰苦奋斗，在青年运动中发挥引领作用，将觉醒的“新青年”团结在党的周

① 《习近平在同团中央新一届领导班子成员集体谈话时强调 切实肩负起新时代新征程党赋予的使命任务 充分激发广大青年在中国式现代化建设中挺膺担当》，《人民日报》2023年6月27日。

围，作为革命的“先锋队”“方面军”，为争取民族独立和人民解放英勇斗争，冲锋在前。新中国成立后，共青团组织和动员全国各族青年为改变一穷二白的落后面貌发奋图强，踊跃参与国民经济恢复和社会主义改造，积极投身火热的社会主义建设事业。改革开放后，共青团跟随党的工作重心转移，引领青年锐意进取，在经济社会发展中争当“突击队”“生力军”，为推动改革开放和社会主义现代化建设再立新功。进入新时代，广大青年坚定不移听党话、跟党走，与祖国共奋进，与人民同奋斗，展现出自信自强、刚健有为的精神风貌。

第二，“党旗所指就是团旗所向”是共青团的立身之本。没有中国共产党，就没有中国共青团。百年来，共青团坚持“以党的旗帜为旗帜、以党的意志为意志、以党的使命为使命”①，为党培养青年、输送新鲜血液，形成了区别于其他青年组织的根本特质和鲜明优势，奠定了共青团坚持党的领导的立身之本。

第三，“党旗所指就是团旗所向”是新时代共青团沿着正确政治方向前进的根本保障。党的领导是共青团政治性的根本体现，必须在全团工作和建设中毫不动摇、常抓不懈。历史、现实、未来终将证明，只有坚持党的领导，新时代的共青团才能充满活力，才能团结带领青年前进，才能推动中国青年运动沿着正确政治方向前行。

（三）各级党委要关心和支持团的工作

2013年6月20日，习近平总书记在同团中央新一届领导班子成员集体谈话时，专门用一个部分阐述“各级党委要关心和支持团的工

---

① 习近平：《论党的青年工作》，中央文献出版社2022年版，第5页。

作”。此后，他多次围绕加强党对青年工作的领导进行专门论述，对各级党委、政府提出明确要求。

第一，从认识上看，“重视青年就是重视未来”，“各级党委要从巩固和扩大党执政的青年群众基础的战略高度，加强对团的工作的领导”。①

第二，从责任上看，“党的群团工作做得好不好，关键在党的领导。”②“各级党委要负起组织推进群团改革的责任……努力开创党的群团工作新局面。”③

第三，从与青年的关系上看，“各级党委和政府要充分信任青年、热情关心青年、严格要求青年”，各级党委（党组）和党的领导干部，要“做青年朋友的知心人、青年工作的热心人、青年群众的引路人”。④

八、用习近平总书记关于青年工作的重要思想指引共青团工作

习近平总书记关于青年工作的重要思想，是习近平总书记深刻把握中国青年运动时代规律，对党的青年工作战略性课题的系统回答，是新时代党的青年工作和共青团工作的根本遵循。

① 习近平：《论党的青年工作》，中央文献出版社2022年版，第111、40页。
② 中共中央文献研究室编：《习近平关于青少年和共青团工作论述摘编》，中央文献出版社2017年版，第104页。
③ 习近平：《论党的青年工作》，中央文献出版社2022年版，第145页。
④ 习近平：《论党的青年工作》，中央文献出版社2022年版，第23、125页。

（一）习近平总书记清晰指明青年工作的方向道路、根本任务、时代主题、战略地位

共青团要始终把牢坚定不移跟党走、为党和人民奋斗的初心使命，把坚持党的领导深深融入血脉之中，推动中国青年运动沿着正确政治方向前行；共青团要时刻把为党和人民培养人的工作摆在首位、贯穿始终，自觉站在理想信念制高点上教育引导青年；共青团要胸怀“国之大者”，找准工作切入点、结合点、着力点，更好把青年团结起来、组织起来、动员起来，充分发挥突击队作用；各级党委要拿出极大精力抓青年工作、抓共青团工作，要求共青团着力推动党、团、队育人链条相衔接、相贯通，源源不断为党输送新鲜血液。

（二）习近平总书记清晰指明青年工作的群众导向、目标定位

共青团要紧扣服务青年的工作生命线，做广大青年信得过、靠得住、离不开的贴心人，既把青年的温度如实告诉党，也把党的温暖充分传递给青年；共青团要牢牢把握党的助手和后备军的政治定位，以改革创新精神和从严从实之风加强自身建设，把共青团改革向纵深推进。

（三）习近平总书记清晰指明中国青年工作的时代风貌、青年工作者的价值追求

习近平总书记强调中国发展要靠广大青年挺膺担当，希望青年一代不断增强做中国人的志气、骨气、底气；要求共青团员成为青年中的先进分子，走在热爱党、拥护党的前列，走在爱国报国的前列，走

在服务人民、奉献社会的前列，带动广大青年一起前进。

习近平总书记要求共青团干部对党忠诚、心系青年、担当实干、廉洁自律，做青年友，不做青年“官”，多为青年计，少为自己谋，让人迎面就能感受到年轻干部应有的清澈和纯粹。

新征程上，全团要深学细悟笃行习近平总书记关于青年工作的重要思想，始终成为引领中国青年思想进步的政治学校、组织中国青年永久奋斗的先锋力量、党联系青年最为牢固的桥梁纽带、紧跟党走在时代前列的先进组织，推动新时代共青团工作实现更大发展。

总而言之，习近平总书记关于青年工作的重要思想具有深邃的理论性和鲜明的时代性，对于保持中国共产党青年工作思想与时俱进，凝聚实现中华民族伟大复兴的有生力量具有重要意义，实现了党的青年工作在理论上的新升华和在实践上的新发展。从理论上看，习近平总书记关于青年工作的重要思想蕴含了习近平总书记对党和国家事业全局的战略考量、对当代青年群体特点的准确把握、对党的青年工作的深邃思考，是对马克思主义青年观的继承和发展，进一步推进了马克思主义关于青年工作思想的中国化时代化。从实践上看，习近平总书记关于青年工作的重要思想立足新时代背景，突出肯定了青年的战略地位和现实作用，系统回答了新时代下培养什么样的青年以及怎样培养青年的问题，强调要用中国梦引领青年的成长成才，引领青年发展，凝聚起实现中华民族伟大复兴的青春力量。①

---

① 刘俊彦、叶子鹏：《习近平总书记关于青年工作的重要思想的确立、内涵及意义》，《西北工业大学学报（社会科学版）》2020年第3期。

第二讲 |

纵深推进共青团改革

习近平总书记指出，共青团只有勇于自我革命，才能跟上时代前进、青年发展、实践创新的步伐。党的十八大以来，以习近平同志为核心的党中央高度重视共青团和青少年工作，对共青团和有关青少年组织改革给予悉心指导，为共青团改革注入了强大动力、提供了坚实保证。共青团和青联、学联、少先队时刻紧贴时代脉搏，紧紧围绕增强政治性、先进性、群众性目标，学习和发扬我们党的自我革命精神，扎实推动实施各个改革方案。以“共青团改革只有进行时，没有完成时”的决心，不断自我净化、自我完善、自我革新、自我提高，不断纵深推进共青团改革。

一、全面深化改革背景下的共青团改革

深化改革是团中央贯彻习近平总书记重要指示、落实中央书记处重要部署的政治任务，是共青团融入全面深化改革大局、适应国家治理体系和治理能力现代化的时代要求、全方位提升工作效能的战略部署，是焕发共青团生机活力的关键一招。我们必须牢牢把握党的助手和后备军的政治定位，以改革创新精神和从严从实之风加强自身建设，把共青团改革向纵深推进。

（一）党的群团工作改革对共青团改革的要求

随着我国进入深化改革开放、加快转变经济发展方式的关键时期，经济转轨不断加快、利益调整难度加大、社会矛盾多发频发，改革发展稳定的任务更为繁重，潜在挑战和困难更加凸显。我们面临前所未有的机遇，也面对前所未有的挑战。工会、共青团、妇联等群团组织作为联系和整合执政党社会基础和阶级基础的中介性力量，在履行职能过程中面临诸多外在的和内生的严峻挑战。群团组织自身应具备的政治性、先进性、群众性有所减弱，而“机关化、行政化、贵族化、娱乐化”倾向愈发严重。[①]在这样的重要关头，党的十八大作出的一系列重大决策部署深刻改变了未来中国发展的时代走向。在党中央坚强领导下，团十八大以来，共青团坚持以习近平新时代中国特色社会主义思想为指导，认真贯彻习近平总书记关于青年工作的重要思想，不断深化对“两个确立”的政治认同、思想认同、理论认同、情感认同，切实加强青年思想政治引领，积极促进青年事业高质量发展，扎实推进深化改革，全面从严管团治团，团的政治性、先进性、群众性不断增强，引领力、组织力、服务力不断提升。[②]

以习近平同志为核心的党中央高度重视青少年和共青团工作，先后作出一系列重要指示批示。2013年，党的十八届三中全会通过的《中共中央关于全面深化改革若干重大问题的决定》指出，“统筹党政群机构改革，理顺部门职责关系”，“充分发挥工会、共青团、妇联等人民团体的作用，齐心协力推进改革”。加强和改进群团工作被纳入党的治国理政的宏大战略中，团的改革真正有了整体性规划和顶层设计。

2015年7月6日至7日，首次由党中央召开的党的群团工作会议在北京召开。习近平总书记出席会议并发表重要讲话。共青团史上影响深远的改革正式拉开序幕。

2016年，《共青团中央改革方案》正式印发，这标志着这个由党缔造和领导的、拥有95年历史和8700多万名团员的先进青年群众组织，正式全面进入“改革进行时”。《共青团中央改革方案》提出，共青团要遵循青年群众工作规律，尊重青年主体地位，让青年当主角，把握

① 胡献忠:《共青团改革议程研究》,《中国青年社会科学》2018年第1期。

② 蔡奇:《在强国建设民族复兴新征程上书写壮丽青春篇章——在中国共产主义青年团第十九次全国代表大会上的致词》,《人民日报》2023年6月20日。

青年脉搏，问需问策问效于青年，根据广大青年的特点和需要，生动活泼、富于创造性地进行工作，竭诚服务青年，增强青年的获得感。强化与普通青年的直接联系，与普通青年交朋友，做广大青年的贴心人，密切团青关系，让共青团深深植根于青年。要克服重“精英”轻“草根”、工作对象高端化的问题，更加注重直接服务普通青年，“使团组织成为广大青年遇到困难时想得起、找得到、靠得住的力量”[①]。

2017年4月，在习近平总书记亲切关怀下，新中国历史上第一个青年发展规划出台，标志着青年发展纳入党和国家政策体系的总体框架，对全面加强党的青年工作具有里程碑意义。

2017年10月，习近平总书记在党的十九大报告中指出：“增强群众工作本领，创新群众工作体制机制和方式方法，推动工会、共青团、妇联等群团组织增强政治性、先进性、群众性，发挥联系群众的桥梁纽带作用，组织动员广大人民群众坚定不移跟党走。”[②]2017年11月，习近平总书记主持召开十九届中央全面深化改革领导小组第一次会议，审议通过了《中央团校改革方案》。2018年2月，党的十九届三中全会报告将“联系广泛、服务群众的群团工作体系”列为深化党和国家机构改革的目标之一，强调深化群团改革提高国家治理体系和治理能力。

2018年7月，习近平总书记在同团中央新一届领导班子成员集体谈话时，充分肯定团中央改革取得的成效和团十八大提出的“共青团改革再出发”，要求紧紧围绕职责定位谋划改革。2019年10月，习近平总书记对加强少先队工作提出明确要求。2020年8月，习近平总书记

① 习近平：《论党的青年工作》，中央文献出版社2022年版，第31—32页。
② 《习近平著作选读》第二卷，人民出版社2023年版，第56页。

在致全国青联十三届全委会和全国学联二十七大的贺信中，要求青联和学联组织把握青年工作特点和规律，深化改革创新。

2022年5月，习近平总书记在庆祝中国共产主义青年团成立100周年大会上的讲话中强调，共青团要勇于自我革命，始终成为紧跟党走在时代前列的先进组织。

2023年6月，习近平总书记在同团中央新一届领导班子成员集体谈话时强调，共青团要顺应全面从严治党的要求，坚持问题导向，敢于刀刃向内，纵深推进团的改革，全面从严管团治团，坚定不移走好中国特色社会主义群团发展道路，不断保持和增强政治性、先进性、群众性，不断提高团组织的引领力、组织力、服务力。

（二）青年变化对共青团改革的要求

青年群体作为时代晴雨表，对社会发展变化的感知最深切、最敏感，青年自身发展与时代变化、社会发展紧密相连。我国现阶段仍需解决的突出社会问题中，很多都与青年息息相关。当代青年存在的现实需求和发展困惑，使得青年在成长和发展的过程中面临许多困难，并直接影响着青年的成长与发展。同时，由于当前青年群体思想与需求的多路径多样化发展，各类社会思潮不断涌现，特别是一些西方的政治文化打着自由民主的旗号，传播霸权主义、殖民主义与极端个人主义思想，利用青年的反抗与叛逆心理，分化、西化青年对政治事件的认识，引诱青年产生不信任政府、不信任组织的心理，使青年的政治认知陷入混乱状态，严重阻碍了青年树立正确的政治价值观。网络的快速发展，也给青年的思想政治引领带来挑战。网民在充分行使信息发布自主权利的同时，由于缺乏行之有效的信息发布规范与审查机制，致使网上充斥着大量鱼龙混杂、难辨真假的信息，而青年受自身认知结构发育的限制，加之缺乏社会阅历与经验，面对大量不真实的信息难辨真伪，在处理信息时体现出片面化、简单化、情绪化等特征，给青年正确的政治认知形成带来严重的阻碍。这些都对共青团的引领力提出了更高的要求。

一要回应青年的思想困惑。由于青年人涉世未深，对世界、国家、社会等方面的认知不深入，认知体系尚不完善，容易从自身、理想状态的角度来认识和理解世界，当面对社会现实中的一些负面事件、观点、思想、理念时，难以进行有效甄别，这导致青年容易受到各种社会思潮的现实影响，不可避免会在理想和现实、主义和问题、利己和利他、小我和大我、民族和世界等方面遇到思想困惑。当代青年成长在一个物质相对丰裕的时代，物质条件的提升，使部分青年滋生了享乐主义、物质主义等不良习气。这种贪图享乐、坐享其成的心理，不思进取、不劳而获的心态，是意志消沉、不敢担当的表现，与青春的特质、与当代青年的使命相违背。

二要回应青年成长的难题。青年处于人生道路的起步阶段，在学习、工作、生活方面往往会遇到各种困难和苦恼。年轻人本身在自我认同上就处于相对敏感的时期，这一时期，毕业、就业、婚恋、生育、事业、经济实务等全方位考验接踵而至。青年仅靠其自身能力应对显得力不从心。这种巨大的不确定性和适应难度，无疑进一步加剧了青年的不安和焦虑。

三要回应青年发展的困境。一方面，青年就业的结构性矛盾比较突出，教育背景与就业需求的不匹配、就业机会不足和竞争激烈、就业歧视和薪酬不公等问题仍然存在，需要进一步搭建舞台，引导青年投身乡村振兴等国家重大战略、重大任务，在加快推动高质量发展中挑大梁、担重任。另一方面，青年发展的环境仍有待进一步优化。快速城镇化带来的经济发展红利增速放缓，收入增加放缓，城镇生活和发展成本增加，就业压力增大及住房压力升高，使青年融入城市并稳定发展成为难题。同时，对于回乡就业创业的青年而言，工作岗位不足、收入不高，扎根创业、发展产业必然面临的基础设施缺失和资金不足、信息不对称、操作技术落后等大小困难，城乡价值观念的差异与碰撞，部分乡镇政府对返乡青年的关注和帮扶较为滞后等，不利于青年扎根乡村发展。

（三）新时代共青团改革聚焦“去四化”“强三性”

共青团的建设存在“机关化、行政化、贵族化、娱乐化”现象，这个现象是致命的，这是背离群众、远离青年的表现。经过前期改革，这一突出问题得到明显纠治。但各项工作机制仍然需要进一步完善，各级团的机关存在主业定位不聚焦、主责边界不清晰、效率效能意识不强烈等问题，机关化、行政化的习惯仍然根深蒂固。县以下团的基层组织力量仍然薄弱、功能不够彰显，在干部队伍、运行机制、动员方式等方面亟待改革创新，具体表现为干部制度相对单一，激励机制不能有效适应青年工作要求；运行机制相对陈旧，行政化路径依赖仍然明显；资源动员相对局限，整合社会资源和挖掘内生资源的能力不足。

我们应该清醒地认识到，新征程上肩负起党交给我们的光荣使命，回答好新时代中国青年运动和青年工作的重大课题，共青团任重道远。面对青年思想观念和价值选择日趋多元多变、影响因素更加纷繁复杂，共青团思想引领的穿透力仍显不足，需要尽快实现从“影响”到“引领”、从“亮眼”到“润心”的转变；面对青年结构分化加深、社会流动频繁，聚集方式和组织机理发生深刻变化，共青团在城市社区和农村的组织功能亟待增强，把新兴青年群体组织起来的方式方法还不够丰富有效；面对青年需求层次不断提升、差异性显著加大，共青团服务青年的专业化精细化水平亟需提升，政策服务的兼容性有待加强；面对中国式现代化进程中一系列新战略新任务，共青团传统品牌的时代内涵有待挖掘，新品牌的契合度贡献度亟待提升；面对社会治理中不断出现的新情况、新挑战，城乡基层在治国理政中的战略意义日益凸显，共青团的组织机制、运行机制、工作机制还无法完全实现灵敏感知社会、高效动员青年，团在社会领域的工作和建设亟待加强；面对新一轮科技革命和产业变革突飞猛进，人工智能、虚拟现实、区块链等新技术对青年影响不断加深，共青团迫切需要全方位革新工作理念、工作方式、技术手段；面对国内外形势深刻复杂变化对青年工作提出的新要求，全团的斗争精神、斗争本领亟待提高，在严峻环境下开展青年工作的思想准备和行动准备仍显不足；面对党对群团干部的高标准严要求，一些团干部的精神状态、能力素质、工作状态亟需提升，急功近利、作风虚浮，不思进取、患得患失等不良倾向仍然存在。①

“共青团改革再出发”，不是要回到改革的原点，而是在改革已经取得阶段性成果的新起点上再出发，全方位顺应全面深化改革大局，紧

① 阿东：《在习近平新时代中国特色社会主义思想指引下 动员引领广大青年为全面建设社会主义现代化国家而团结奋斗——在中国共产主义青年团第十九次全国代表大会上的报告》，《中国青年报》2023年6月26日。

跟党和国家事业改革发展的大势，把共青团建设成为党在新时代更加坚强有力的忠实助手和可靠后备军。在本轮共青团改革的每一个重要时间节点上，习近平总书记都提出明确要求并亲自指导。在以习近平同志为核心的党中央坚强领导下，共青团改革的路线图逐步清晰，改革目标十分明确，改革实践稳步推进。新时代以来，共青团逐步形成了以增强团的引领力、组织力、服务力为重点，以提升共青团工作的大局贡献度为目标，以深化改革、全面从严治团为保证的工作格局，推动团的建设和工作取得突破性进展，共青团面貌发生整体性变革。“党对共青团和青年工作的领导全面加强，团的立身之本和政治之魂更加牢固，共青团工作的方向任务更加明确，团组织的政治性、先进性、群众性更加鲜明，团干部的思想作风、工作作风、生活作风更加积极健康向上，在广大青年群体中的形象焕然一新。”①

二、共青团改革取得明显成效

推进共青团改革，是全面深化改革的一部分，是焕发共青团生机活力的关键一招。团十八大以来，共青团坚持以习近平新时代中国特色社会主义思想为指导，认真贯彻习近平总书记关于青年工作的重要思想，全面从严管团治团，团的政治性、先进性、群众性不断增强，引领力、组织力、服务力不断提升，工作中的“机关化、行政化、贵

① 《习近平在同团中央新一届领导班子成员集体谈话时强调 切实肩负起新时代新征程党赋予的使命任务 充分激发广大青年在中国式现代化建设中挺膺担当》，《人民日报》2023年6月27日。

族化、娱乐化”突出问题得到明显纠治。广大团员和青年听从党和人民的召唤，用青春的激情奏响了“清澈的爱、只为中国”的时代强音，用青春的行动践行了“请党放心、强国有我”的铮铮誓言。经过努力，共青团改革焕发出工作新活力、展现出事业新气象。

（一）政治功能更加凸显

政治性是共青团第一位的属性，政治建团是共青团的最高原则。五年来，共青团坚持正本清源、聚焦主责主业，自觉对团的组织定位、组织功能进行全面检视，共青团的政治功能更加凸显，政治生态持续向好，党的助手和后备军作用更好发挥。各级团干部的政治站位显著提高。团干部带头做到“两个维护”、宣传党的理论主张的意识和能力显著提升。学习习近平总书记重要讲话精神、向习近平总书记看齐成为团内政治学习的常态，“团的工作是政治工作”“团的干部是政治干部”已成为广大团干部的普遍共识。共青团在维护政治安全、防范化解重大风险方面展现更大作为。勇敢肩负起防范化解青年工作领域政治风险的责任，敢于对各种噪音杂音亮剑发声，为党分忧、为党尽责主动性明显增强，自觉将维护政治安全、意识形态安全作为共青团本分，展现出了党的青年组织应有的政治风貌。各级共青团认真贯彻《中国共产党章程》和党内有关法规制度，压紧压实各级团的领导班子全面从严治党主体责任，通过规范请示报告制度、上下贯通推进巡视整改等途径，切实把党的全面领导贯穿共青团工作全过程各领域。

团的领导机关主业聚焦度显著提升，机关基层联动，团青学少协同，系统推动团的工作理念、工作机制、工作方式深刻变革。聚焦主责主业，团的各级机关紧紧围绕党对共青团的职能定位，剥离、整合、关闭偏离主业的单位，改建壮大事业发展急需的机构，功能完备、协同高效的事业化工作平台初步形成。中央团校基本实现根本性重塑，全面回归和聚焦主责主业，走上建设“党在青年工作领域特色鲜明的政治学校”正确轨道，更好地履行为党育人、为国育才职责。统筹推进青联、学联、少先队改革，青联团体会员和委员结构持续优化，贵族化、娱乐化问题得到有效纠治，青联在新时代爱国统一战线中的作用日益彰显。各级学联学生会组织始终牢记习近平总书记“把握青年工作特点和规律，深化改革创新”的教导，坚决抵制脱离广大同学的危险，坚决克服行政化色彩、“学生官”气息等问题，一体落实《关于推动高校学生会（研究生会）深化改革的若干意见》和《关于巩固高校学生会（研究生会）改革成果的若干措施》，着力推动改革和自身建设取得新进展，党的领导和团的指导得到持续强化，机构规模更大和人员力量更加精干高效，职能定位和运行机制更加清晰科学；少先队全面推行分批入队，建立全周期、阶梯式培养激励机制，少先队员光荣感切实增强。

（二）在青少年思想政治引领方面发挥独特作用

为党赢得青年，巩固党执政的青年群众基础是青年工作的一项重要任务。共青团组织最持久最根本的凝聚力正是来自马克思主义真理的感召，做好新时代党的青年工作，更要坚定不移地用党的科学理论凝聚青年、引领青年。党的十八大以来，各级共青团坚持用习近平新时代中国特色社会主义思想武装青年、用中国特色社会主义事业的伟大成就教育青年、用社会主义核心价值观塑造青年，青年思想政治引领取得显著成效。青年一代更加积极向上，更加爱党爱国、向上向善。

各级共青团坚持把学懂弄通做实习近平新时代中国特色社会主义思想作为首要政治任务、核心业务和看家本领，推动青年理论武装常态化、体系化、制度化，引导广大青年学而信、学而用、学而行。

通过改革，共青团依托网络新媒体开展思想引领的能力大幅增强，网络化引导的影响力持续扩大。共青团新媒体矩阵全网粉丝总数突破8亿，影响力长期居全网政务账号前列，在微博、微信、哔哩哔哩网站位居全网政务账号第一。共青团新媒体矩阵已经成为开展青少年思想引领和网络舆论斗争的有力队伍和坚强阵地，成为党领导下在意识形态工作中发挥独特作用的重要力量。

为不断提升青年化阐释的针对性，共青团中央以“青年大学习”“红领巾爱学习”为主要载体，推出“跟总书记学”理论专栏，制作“总书记教导记心中”系列队课，出版《习近平与大学生朋友们》，实施青年讲师团计划，积极探索用“青言青语”“童言童语”宣传党的理论、讲好领袖故事，不断增强青少年对党的创新理论的思想认同、行动追随和情感依归。青年马克思主义者培养工程自2007年启动以来，培养了一批批信仰坚定、能力突出、素质优良、作风过硬的青年政治骨干。广大团员、队员自觉在组织中接受教育、在实践中砥砺思想，广大青少年在思想交锋、明辨是非中进一步增强了紧跟党走中国特色社会主义道路的坚定信心。

（三）基层团组织建设全面加强

全团树立大抓基层鲜明导向，始终以加强基层改革作为主攻方向，基层团组织建设全面加强，基层基础薄弱状况得到有效扭转。扩大有效覆盖，传统领域组织建设不断巩固，“两新”组织团建加快推进，新型行业系统团组织快速发展，社会领域团组织数量实现翻番，各领域协同发展的团建工作格局基本形成。[①]

2019年，共青团县域基层改革试点正式启动，各级共青团将体制内"单一式"考改为社会化"多渠道"选，县级团委各类工作力量平均增加1倍，直属团组织工作骨干数增长80.3%，结构性缺员难题明显缓解。县域共青团面貌得到大幅改善，县域团组织的政治功能得到强化，社会功能逐步形成。历史上长期困扰共青团的团员信息化建设难题得到根本性解决。"智慧团建"[②]系统正式上线，通过建立覆盖全团的数据库，第一次比较准确地实现了对团组织和团员底数的动态掌握。团员入团标准和程序更加科学，按照"宁可少一点，也要好一点"的要求，推动党、团、队育人链条相衔接相贯通。组织活力大幅提升，县域共青团基层组织改革不断推进，部署开展城市基层组织改革试点，积极探索基层组织建设新思路新模式，推动工作力量、工作资源、工作项目向基层倾斜，基层团组织的功能不断强化。

（四）围绕"国之大者"开展工作的自觉性和贡献度显著提升

团十八大以来，共青团坚持围绕中心、服务大局，围绕"国之大者"开展工作的自觉性和贡献度显著提升。共青团主动对接国家重大战略和重大任务，深化实施脱贫攻坚青春建功行动、乡村振兴青春建

① 阿东：《在习近平新时代中国特色社会主义思想指引下 动员引领广大青年为全面建设社会主义现代化国家而团结奋斗——在中国共产主义青年团第十九次全国代表大会上的报告》，《中国青年报》2023年6月26日。

② "智慧团建"系统：支持共青团基层建设和工作的线上数据库和管理平台，主要功能包括团内基础数据统计分析、团员团组织团干部信息管理、组织生活记录、组织关系转接等。系统于2019年初步建成，不断完善升级。

功行动，引导有志青年在脱贫攻坚主战场、乡村振兴大舞台大展才华、实现梦想。在东西部团组织扶贫协作机制下，全团定点扶贫2446个贫困村，选派专职团干部2740名扎根一线、倾情奉献，扎实开展帮扶。2021年12月，联合农业农村部评选390名首届“全国乡村振兴青年先锋”，示范引领广大青年投身农业强国建设；近5年累计动员21万余名高校学生依托“大学生志愿服务西部计划”“研究生支教团”等项目到西部地区开展志愿服务，乡镇及以下服务岗位在90%以上；开展高素质青年农民培育工作，举办900多个班次，培训6万余人。①

为贯彻落实习近平总书记给中国航空工业集团沈飞“罗阳青年突击队”队员们回信精神，团中央分别召开书记处会议和青年突击队代表座谈会，研究部署工作举措，并于2023年5月印发《关于加强新时代青年突击队工作的意见》，全面加强新时代青年突击队建设。“青年文明号”“青年岗位能手”“青年安全生产示范岗”“青年技能大赛”等金字招牌也在不断擦亮。各级团组织广泛组建形式多样的青年突击队，累计组建50余万支青年突击队，动员900余万名团员青年在急难险重新任务中充分发挥突击攻坚作用，不断焕发“青年突击队”的时代光彩。

（五）全面从严治团扎实推进，为党联系青年的桥梁纽带作用更加彰显

深化共青团改革，是党的要求，更是共青团加强自身建设的迫切

① 参见王姗姗：《五年来共青团投身脱贫攻坚与乡村振兴工作综述》，《中国青年报》客户端2023年5月18日。

需要。党的十八大以来，以习近平同志为核心的党中央高度重视共青团改革和建设，对从严治团作出了一系列重要指示。共青团认真对标全面从严治党高标准，狠抓从严治团“关键少数”，各级团组织着力提高政治站位，自觉融入党的建设整体格局，全面加强团的政治建设、思想建设、组织建设、作风建设、纪律建设和制度建设，系统构建了抓政治建设从严、抓团组织建设从严、抓团干部队伍管理从严、抓团员队伍管理从严、抓制度建设从严“1+3+1”工作体系，团组织政治功能和社会功能更加彰显，团干部思想、能力、作风明显提升，团员先进性不断增强，新时代共青团清新形象逐步树立。

2022年1月，经党中央同意，共青团中央颁布实施《新时代全面从严治团实施纲要》，实施16条具体措施和26项重点机制，新时代全面从严治团的制度框架基本构建。在团中央直属机关深化干部考核评价制度改革，激励干部担当作为。建立专挂兼相结合的新型干部制度，多次选调来自不同领域的挂职、兼职干部到团中央机关工作，从严管理团干部队伍的力度不断加强。加强团员先进性建设的机制框架基本形成。共青团深入研究、积极推动共青团推优入党制度规范落实，加强少先队推优入团探索，进一步激发党、团、队政治录用链条的优势和效能。

与此同时，共青团按照党管青年原则，充分依托党赋予的资源和渠道，切实发挥联系和服务青年的作用，为党联系青年的桥梁纽带作用更加彰显。在习近平总书记亲自关心和推动下，出台《中长期青年发展规划（2016—2025年）》，推动青年发展纳入“十三五”规划、“十四五”规划和2035年远景目标纲要；推动青年发展纳入国民经济与社会发展统计监测机制；发布《新时代的中国青年》白皮书，出版

《中国青年发展报告》蓝皮书。

为切实把党的温暖充分传递给青年，各级党委和政府聚焦青年急难愁盼问题，围绕高校毕业生就业、“双减”政策落实、大城市住房、婚恋生育等热点、难点、痛点，开展多轮次大样本调研，制定出台一系列服务青年发展的具体政策举措，各级团组织联合相关职能部门加强政策倡导和政策宣传。

惟改革者进，惟创新者强，惟创新者胜。共青团的政治底色充分彰显，群团特色日益鲜亮，青春本色更加充盈。面向新征程，中国共产主义青年团将坚定不移沿着党指引的中国特色社会主义青年运动方向，把广大青年紧密团结在以习近平同志为核心的党中央周围，乘着改革东风，为建设富强民主文明和谐美丽的社会主义现代化国家汇聚起磅礴的青春力量。

三、纵深推进共青团改革

共青团改革只有进行时，没有完成时。必须始终锚定保持和增强政治性、先进性、群众性的改革方向，着力克服机关化作风和行政化依赖，着力巩固去贵族化、去娱乐化成效，坚持问题导向、目标导向、结果导向相统一，加强改革举措系统集成、协同推进，树牢大抓基层的鲜明导向，推动改革举措落到基层，使共青团更好扎根基层、扎根青年，努力成为适应国家治理体系和治理能力现代化要求、紧跟党走在时代前列的先进组织。[①]

（一）继续深化团的领导机关改革

推动构建扁平化工作机制，着力改变不同层级团的领导机关“上下一般粗”情况，切实厘清职能分工、明晰工作重点，推动形成各有侧重、协同高效、支持基层的领导方式，实现工作信号、资源、方法、力量形成一线。树立科学化、精细化、项目化理念，持续优化全团抓学校工作机制，聚焦主责主业对各项工作进行全面评估、系统“瘦身”，优化团内考核机制，做到工作可量化、成效可评价。不断完善专挂兼相结合的干部选任机制，充分激发团干部队伍活力。自觉树立青年导向，充分尊重青年主体地位，建立健全共青团工作青年评议机制。大兴调查研究，革新调研理念，完善调研机制，改进调研方法，切实把调查研究贯穿决策、执行、评价全过程。持续加强中央团校建设，带动各级团校加快改革进程，全面建设党在青年工作领域特色鲜明的政治学校。加强团的机关所属单位规范管理，发挥功能作用，消除风险隐患。

（二）持续推进共青团基层改革

一是持续推进县域共青团综合改革。创新工作力量选用机制，主动争取党委支持，健全完善符合群团组织特点的干部管理方式，不拘一格选拔政治素质好、事业心强的优秀青年从事团的工作。革新基层

---

① 阿东：《在习近平新时代中国特色社会主义思想指引下 动员引领广大青年为全面建设社会主义现代化国家而团结奋斗——在中国共产主义青年团第十九次全国代表大会上的报告》，《中国青年报》2023年6月26日。

组织建团模式，适应经济社会结构、青年聚集方式新变化，加强园区、楼宇、社区等空间型团组织建设，建好用好枢纽型“青年之家”，创新建设活动型青年社团、互动式青年社群，丰富完善团的基层组织网络。革新团的工作方式，打造常态开展、长期坚持、功能稳定的工作项目，积极探索动员引领网络化、生存资源社会化、运行机制扁平化，推动县域共青团功能充分彰显。

二是全面开展城市社区共青团改革。社区是青年服务社会、发展个性的重要领域，是共青团参与社会治理的重要空间。要积极适应社会治理要求，着力构建以区域基层团组织为堡垒、以青年社会组织为伙伴、以基层社区为发力方向、以社会化动员为基本路径的社会领域共青团工作体系。创新凝聚新兴青年群体的组织方式，注重运用地缘、学缘、业缘、趣缘、育缘、益缘等，广泛联系、培育与共青团紧密协同的青年社会组织。创新激活基层社区的工作方式，从社区青年的生活方式和实际需求出发，在志愿服务、创业就业、文艺体育、社会实践、婚恋生育等领域，打造务实有效、贴近青年、常态开展的活动载体和工作项目。创新汇聚社会力量的动员方式，健全完善动员机制，着力激发青年力量、挖掘社会资源，增强共青团社会化生存和自持发展能力，构建项目、资金、人才、阵地共建共治共享的社会动员“生态圈”。

三是大胆探索基层团支部改革。创新“三会两制一课”制度落实方式，健全基层团内民主制度，增强支部组织生活政治性、时代感、青年味，让团员在组织生活中充分交流思想、表达意见、学习成长，更好焕发团支部活力。适应时代发展要求、青年行为习惯、团员普遍愿望，积极推进团费制度等基层组织工作制度改革，切实增强组织原则的适用性和团员正确履行义务的便捷性。[①]

四是深化中学共青团改革和建设。加强中学团课和团校建设，大力开展以志愿服务为主要载体的实践教育，完善团教协作机制，加强对中学共青团工作的支持保障。加强中职学校团的建设，探索具有职业学校特点的共青团育人机制。

五是切实加强高校共青团改革与工作。构建党委领导下团组织主导的高校团学组织体系，推进团支部政治理论学习规范化，加强团学骨干政治举荐和能力建设，充分发挥共青团在高校学生思想政治工作中的主力军作用。[②]

（三）继续推进共青团运行机制改革

团的组织成员众多、体系庞大，必须克服“科层制”运行弊端，否则就会脱离群众，这是习近平总书记强调的群团组织中存在问题的实质。项目化、扁平化是打破“科层制”弊端的重要方法，着眼于把行政体系依赖性降低，通过社会化动员、网络化动员来推动团的组织现代化。项目化，作用是有效配置资源，就是通过建立一套科学的管理流程，使我们做的事情有始有终，事先要设计准备投入多少资源、达到什么目标，过程中要有跟踪、督促，完成后要做检验、评估。扁平化，作用是提高效率效能，就是依托交通、信息技术等条件的巨大改善，探索直接面向青年、面向基层的扁平化运行机制，防止工作信

---

① 阿东：《在习近平新时代中国特色社会主义思想指引下 动员引领广大青年为全面建设社会主义现代化国家而团结奋斗——在中国共产主义青年团第十九次全国代表大会上的报告》，《中国青年报》2023年6月26日。

② 共青团中央：《共青团中央关于认真学习宣传贯彻习近平总书记重要讲话精神 动员引领广大团员青年在强国建设、民族复兴伟业中挺膺担当的决定》，《中国青年报》2023年7月30日。

号在层层传导中弱化、失真。要通过项目化和扁平化，实现资源的高效配置和对基层的有效支持。围绕建功主攻方向，织密行业系统团组织网络，充分发挥“条”的带动作用，建立上下贯通、执行有力的组织体系。优化“智慧团建”系统，创新运用数字化手段推动团的组织建设。

（四）协同推进青联、学联、少先队改革

持续深化青联改革，着力强化青联组织的政治功能和社会功能，着力加强对青联委员和团体会员的政治引领，着力壮大青联的社团组织基础，着力推进从严治会，不断彰显青联组织价值。持续深化学联学生会改革，努力贴近广大同学，紧紧抓住同学成长发展的迫切需求，切实增强服务实效，不断提升同学满意度和社会认可度；积极推进中学中职学生会建设。持续深化少先队改革，充分发挥少先队在学校育人体系中的独特作用，加快构建少先队社会化工作体系，坚持组织教育、自主教育、实践教育相统一，注重发挥混龄教育优势，不断提高育人成效。

第三讲

切实提高新时代共青团思想引领力

2022年5月10日，习近平总书记在庆祝中国共产主义青年团成立100周年大会上指出，“共青团要增强引领力、组织力、服务力，团结带领广大团员青年成长为有理想、敢担当、能吃苦、肯奋斗的新时代好青年”。2023年6月26日，习近平总书记在同团中央新一届领导班子成员集体谈话时指出，共青团“要顺应全面从严治党的要求，坚持问题导向，敢于刀刃向内，纵深推进团的改革，全面从严管团治团，坚定不移走好中国特色社会主义群团发展道路，不断保持和增强政治性、先进性、群众性，不断提高团组织的引领力、组织力、服务力”。同时再次强调，要着力加强对广大青年的政治引领。新时代共青团工作在习近平总书记关于青年工作的重要思想指引下，紧紧围绕引领青年听党话、跟党走的使命任务，形成了全新工作格局，焕发了蓬勃青春活力，取得了历史性成就，共青团组织的思想引领力得到显著提升。

一、思想引领力是共青团的核心能力

党的思想引领力体现为党创造新思想、传播新思想、运用新思想引导人们改造主观世界和客观世界的能力。站在理想信念的高地上，用党的科学理论武装青年，用党的初心使命感召青年，用党的光辉旗帜指引青年，用党的优良作风塑造青年，是党的青年组织的光荣使命。共青团思想引领力是党的思想引领力的重要组成部分，是共青团组织的核心能力。

（一）习近平总书记关于青年工作的重要思想的根本要求

第一，培养社会主义合格建设者和可靠接班人的起点在于政治引领。习近平总书记强调："共青团作为青年在实践中学习中国特色社会主义、共产主义的大学校，必须时刻把为党和人民培养人的工作摆在首位、贯穿始终。"[①]这说明，实现共青团组织价值的根本依靠在于在培养听党话、跟党走的社会主义建设者和接班人上发挥作用。习近平总书记关于青年工作的重要思想明确强调党的青年工作的战略地位，其战略性正是从接班人的角度考虑的。

---

① 习近平：《论党的青年工作》，中央文献出版社2022年版，第28页。

第二，贯穿“七个明确”[①]的主线是对青年的政治引领。青年工作战略地位的体现、中国青年运动时代主题的凸显、青年工作职责使命的达成、青年一代的健康成长，都必须坚持正确的政治方向，加强对青年的政治引领；青年工作最有效的路径方法就是站在理想信念的制高点上引领青年，共青团改革的重要取向就在于聚焦为党育人的主责主业，而加强党对青年工作的领导关键在于加强对青年的政治领导。

第三，做好政治引领是党的青年工作的底线要求。习近平总书记曾意味深长地指出：“如果青年一代不能坚定理想信念，不能坚持中国特色社会主义，不能接好我们的班，那无数革命先辈换来的成就就可能付之东流！”[②]

（二）共青团组织性质使命的基本要求

第一，团章规定，“中国共产主义青年团是中国共产党领导的先进青年的群团组织，是广大青年在实践中学习中国特色社会主义和共产主义的学校，是党的助手和后备军”。学校的任务就是育人，育人的核心在于政治思想的引领。

第二，团章指出，共青团建设必须贯彻的基本要求有六个方面，其中第二个方面规定：“坚持把帮助青年确立正确的理想、坚定的信念作为首要任务。”

第三，共青团不是一般的兴趣爱好组织或权益性组织，而是执政党的青年组织，是一个思想性、政治性很强的青年组织。在任何时候，

---

① 参见习近平：《论党的青年工作》，中央文献出版社2022年版，第153—154页。
② 习近平：《论党的青年工作》，中央文献出版社2022年版，第155页。

任何情况下，只有把引领青年的任务抓好了，才符合团的根本属性，才能在本质意义上实现团的思想性、政治性功能。

（三）共青团百年征程的实践要求

习近平总书记指出："百年征程，塑造了共青团坚守理想信念的政治之魂。"①

第一，政治之魂是共青团最根本、最持久的凝聚力。共青团把青年人组织起来，是在理想信念感召下坚定信仰的结合、科学主义的结合。团一大就明确提出了建设共产主义社会的远大理想，亮出了社会主义的鲜明旗帜，在一代又一代青年心中点亮理想之灯、发出信念之光。

第二，政治之魂是共青团跟党奋斗百年的结晶。历史充分证明，只有始终高举共产主义、社会主义旗帜，共青团才能形成最为牢固的团结、锻造成最有战斗力的组织，始终把青年凝聚在党的理想信念旗帜之下。塑造政治之魂的历程，就是共青团持续加强政治引领的历程。

二、新时代共青团思想引领力的内涵

新时代共青团的思想引领力，包括共青团进行思想创新、传播、疏导、感染、转化的能力。也就是说，共青团的思想创新力、思想传播力、思想疏导力、思想感染力、思想转化力共同构成共青团的思想

---

① 习近平：《论党的青年工作》，中央文献出版社2022年版，第5页。

引领力。提高共青团思想引领力，既要紧紧围绕举旗帜、聚民心、育新人、兴文化、展形象的使命任务，又要准确把握当代青年思想特点，形成全团抓思想引领的工作格局。

（一）共青团的思想创新力

新时代孕育新思想，新思想指导新实践。没有探索未知、创造新知的思想创造和理论创新，就不可能真正对人们的思想、行为和社会实践起到指导和引领作用。党的创新理论不能被青年所认知和接受，就无法指导青年的实践与发展。新时代共青团的思想创新力，集中体现在创新推动习近平新时代中国特色社会主义思想“青年化”。

第一，“青年化”阐释具有扩大新思想伟力的重要意义。党的理论只有赢得青年，才能赢得大众。用习近平新时代中国特色社会主义思想“化”青年与青年“化”两个过程是辩证统一的，这也正是党的科学理论保持生机活力的重要途径。

第二，党的理论“青年化”阐释要掌握正确的思想方法。要明确“向谁化”，把握分层递进的内在机理，提高工作针对性，切合不同年龄、不同阶层、不同青年群体的思维逻辑和认知水平，运用青年群体喜闻乐见的方式方法；要明确“用什么化”，用“当事人讲当年事”的方法，增强党的科学理论的亲和力，还要用好政策案例，广泛宣传党的具体政策及实践成果，增强党的理论对广大青年群体的感染力；要明确“谁来化”，要准确把握青年社会生活的规律特点，在符合社会认知、青年实际的基础上宣传和阐释党的科学理论，坚持分众化、精准化原则，避免空对空。要努力在认同中、在教育中、在发展中，甚至在交锋中，推动习近平新时代中国特色社会主义思想“青年化”。

第三，党的理论“青年化”阐释要常态化、体系化。常态化就是持续对党的创新理论进行阐释，而不是三天打鱼，两天晒网；体系化就是完整地对党的理论进行阐释，而不是零敲碎打、挂一漏万。要通过有效制度保障，努力使共青团对党的科学理论进行“青年化”阐发实现常态化、体系化，使学习党的科学理论成为团内组织生活的鲜明主题和基本内容、成为广大青年的思想自觉和行动自觉。

总之，“青年化”阐释党的理论，就要坚持以青年的实践为基础，在深入调查研究的基础上，形成规律性的认识，并把这种规律性的认识运用于指导和推动实践，促进青年发展。“青年化”阐释党的理论，就要坚持以青年现实问题为中心，在深入探索并解决青年面临的新挑战、新矛盾、新问题的过程中，推进党的青年工作实现新发展。

（二）共青团的思想传播力

共青团的思想传播力，体现为共青团用党的理论武装青少年和广泛传播党的思想的能力。不断推进思想传播，党的创新理论才能走进青少年、指引青少年。共青团的思想引领力，在很大程度上取决于共青团对党创造的新思想、新理论传播的广度、深度和力度。共青团对党创造的新思想、新理论的传播力、辐射力、影响力越强，共青团的思想引领力也就越强。

第一，传播力来源于好渠道。在我国报刊出版等传统传媒领域，共青团组织拥有众多优秀的平台和渠道，《中国青年报》、《中国青年》杂志、《青年文摘》杂志、《北京青年报》、《儿童文学》杂志、《中国少年报》等都是具有强大影响力的报刊。中国少年儿童新闻出版总社是我国少儿出版领域的龙头，中国青年出版社也是极具影响力的综合出版社。在新兴传媒领域，中国青年网、未来网、共青团中央微信公众号、全国少工委公众号等共青团新媒体传播矩阵影响力巨大。传统传媒与新型传媒共同构成共青团组织传播党的创新理论的好渠道。

第二，传播力来源于好产品。近年来，各级团组织坚持产品化战略，坚持社会化合作，千方百计推动各方文化力量共创青年文化好产品。为适应网络传播可视化趋势，团中央自2016年起实施共青团宣传思想产品化战略，就是在全团推行大规模原创制作图文、视频等产品的工作项目。该项目实施以来，共青团网络新媒体工作树立了“寓引导于产品”的理念，将原创产品制作摆在宣传思想工作的重要位置，依托团属媒体、新媒体中心兴起了共青团网络文化产品的创作高潮，为青年思想引领工作提供了丰富内容：《跟总书记学》《中国好青年》《青春之我》《出彩90后》等视频节目广受赞誉，《今日中国，如您所愿》《拒绝冷漠，雷锋归来》等网络短片看哭了无数青少年。全团每年生产重点宣传思想产品超千个，形式包含短视频、H5、动漫、歌曲、网络直播、VR、AR、游戏、表情包等各种样态，多个产品传播量过亿，在鲜活生动的视听体验、润物无声的文化滋养中引导青年。

第三，传播力来源于好方法。增强共青团思想传播力，要注重分类传播、分层推进、分级引领。比如，共青团思想传播和理论武装的重点首先是团干部和青年骨干，抓住骨干队伍，才能带领广大团员青年深入推进新时代中国特色社会主义实践。比如，增强思想传播力要紧密结合青年实际，运用青年喜闻乐见的生活体验、鲜活案例、生动语言、传播方式深入浅出地阐释党的创新思想和创新理论，使习近平新时代中国特色社会主义思想入耳、入脑、入心，成为青年真正掌握、深刻认同和自觉遵循的行动指南和思想武器。

（三）共青团的思想疏导力

共青团的思想疏导力，是共青团思想引领力的重要组成部分。新时代，我国的经济体制、社会结构、利益格局发生了深刻变化，经济全球化、社会信息化、文化多样化的交互影响，青少年的理想信念、价值观念、道德观念更加多元多样多变。青少年在这种复杂多变的现实环境下，产生一定的思想迷茫、困惑、分歧、分化，甚至出现一些受到西方社会思潮和价值观念误导的错误思想和观点，是必然的。对青少年的思想疑惑加以疏通引导，是共青团组织的经常性工作。

第一，要加强与青少年深度的思想交流与互动。“键对键”的交流和“面对面”的交流对青少年都很重要，不可偏废。要通过民主沟通、学术研讨、深度访谈、网络互动等多种方式，让青少年讲真话，真心帮青少年解决问题，在具有广度和深度的思想交流互动基础上，为青少年指点迷津、答疑解惑。

第二，要加强思想的比较与分析。加强不同思想比较与分析的目的是明辨是非。有困惑不可怕，可怕的是分不清什么是正确的思想，什么是错误的思想。共青团的思想疏导力就体现在指导青少年作出正确的辨别和选择，把青少年的认识统一到正确的思想上来。

第三，要加强思想的疏通与引导。青少年出现思想不通的问题，往往是由于认知没有到位。提高共青团思想引领力，就要从青少年思想不通的地方入手，坚持建设性和批判性相结合，加强思想疏导、明确批判错误思想，引导青少年作出正确判断、作出正确选择。

（四）共青团的思想感染力

让青少年在无意识和不自觉的情况下，受到环境等的影响、熏陶、感化而接受教育的能力，就是思想感染力。思想感染力是共青团思想引领力的重要组成部分。

第一，要传承共青团长于思想感染的传统。从引领者角度看，共青团作为一个群团组织，乐于组织富有感染力的活动，长于创造富有感染力的场景，善于运用富有感染力的方法开展工作，从而达到思想引领的目标。比如，共青团少先队强调仪式教育，如入队、入团仪式，18岁成人仪式，青年集体婚礼等，都因其富有感染力而取得显著效果。共青团的组织标识和组织形象、共青团塑造的榜样对青少年也具有较强的感染力。

第二，要把握青少年易受感染的特征。从被引领者角度看，感染教育引领的方法，对于青少年效果更为突出。因为青少年思想活跃、感情丰富，乐于参加集体活动，具有激发情感、接受感染的客观条件。共青团组织的活动大多都是年龄相仿的青少年一起参加，其过程中朋辈的激励与互动，能有效增强群体感染力。

第三，要着力提升共青团文化的感染力。青年文化的影响力不断扩大，强化了青年工作的重要性和战略价值。传统观点认为，青年文化是亚文化，是社会主流文化的重要组成部分。但在移动互联网普及的今天，青年文化在一定意义上已经成为“主流文化”。共青团具有紧跟党走、朝气蓬勃、扎根青年、勇于创新等文化基因，新时代要与青年文化更加紧密结合起来，进一步增强感染力和影响力。

（五）共青团的思想转化力

一个组织是否具有思想引领力，需要靠实践来检验。新时代共青团的思想引领力，还体现在思想转化力上。共青团对青少年的思想能否产生引领力，关键在于党的创新理论和创新思想能否成功转化为青少年为实现中华民族伟大复兴而努力奋斗的实践。

第一，团的思想转化力就是把党的理论转化为青年的思想共识和共同实践的能力。思想只有被大多数人接受，才具有施展伟力的土壤。党的理论只有被大多数青年接受，成为他们的思想共识和共同行动，才能在青年中扎根，开花结果。

第二，理论学习的深化内化是思想转化的基础。在理论学习的深化上下功夫，就要全面学习领会习近平新时代中国特色社会主义思想的科学体系、精髓要义、实践要求，准确把握这一重要思想的世界观、方法论和贯穿其中的立场观点方法，努力掌握蕴含其中的道理学理哲理，知其言更知其义、知其然更知其所以然。[①]在理论学习的内化上下功夫，就要自觉用习近平新时代中国特色社会主义思想改造主观世界，不断增进对党的创新理论的政治认同、思想认同、理论认同、情感认同，做到至信而执着、执着而笃行，使党的创新理论入脑入心，用党的创新理论凝心铸魂。有了深化学习和内化领悟，思想转化就水到渠成了。

第三，把青年的思想状况及时报告给党是团的思想转化力的重要方面。不同时代的青少年会有不同的特征。青年与时代是互动的。每

---

① 参见仲音：《坚持不懈在深化内化转化上下功夫——把理论学习贯穿始终》，《人民日报》2023年7月17日。

一代青年有每一代青年的际遇，每一代青年有每一代青年的新特征。当代青年面对的是一个中国千载难逢的新时代，新时代必然会形塑一代新人，造就一代新人。对当代青年，社会上争议较大，80后、90后、95后、00后、Z世代都曾引起广泛讨论，这与时代的剧烈变革密切相关。“代表广大青年，赢得广大青年，依靠广大青年，是我们党不断从胜利走向胜利的重要保证。”[①]代表、赢得、依靠的前提是了解，所以，及时把青年的温度如实告诉党，是共青团的职责，是共青团思想转化力的重要体现。

三、新时代共青团思想引领工作的发展

伟大的新时代，召唤担当民族复兴大任的新青年。面对世界百年未有之大变局和中华民族伟大复兴战略全局，面对规模庞大、更加自信自强、富于思辨精神，同时被各种社会思潮影响的新时代青年，共青团作为党的助手和后备军，必须坚持政治建团、思想立团不动摇，切实肩负起为党育人的使命任务，不断加强团的思想引领工作，切实提高团的思想引领力。

（一）青年理论武装取得实效

共青团开展青年理论武装的目标是大力推动习近平新时代中国特色社会主义思想在青年中入耳入脑入心，让新时代党的思想旗帜和精

① 习近平：《论党的青年工作》，中央文献出版社2022年版，第27页。

神旗帜在青年心中高高飘扬。近年来，共青团聚焦青年所思所想、所需所惑，着力增强青年学习习近平新时代中国特色社会主义思想的主动性、实效性，推动青年理论武装常态化、体系化、制度化，引导广大青年学而信、学而用、学而行，切实用党的创新理论统一思想、统一意志、统一行动。

第一，通过“青年化”阐释，让党的创新理论深入基层、走进青年。坚持青年化阐释、元素化解析、分众化传播，共青团围绕青年思想特点和接受习惯，将党的科学理论的“大体系”解析为青年日用而不觉的、蕴含着基本立场观点方法的“微元素”，不断提升青年对习近平新时代中国特色社会主义思想的获得感、认同度。用“青言青语”“童言童语”对习近平总书记重要讲话和重要著作进行解读阐释，努力面向青少年把故事讲生动、把逻辑讲明白、把理论讲透彻。线上主题团课每期有5000多万团员青年参与。

第二，全面实施“青年大学习”行动和“青年讲师团”计划。完善“导学、讲学、研学、比学、践学、督学”体系，办好“青年大学习”网上主题团课，坚持线上线下相结合，打造政治性、思想性、青年味俱佳的理论课程，全团广泛开展学习研讨、理论培训、宣讲交流、仪式教育、知识竞赛、实践体验等学习活动430余万场，直接覆盖团员青年2.3亿人次，青年理论学习的自觉性显著提高。落实《关于加强和改进新时代党委讲师团工作的意见》部署，突出青年特点和共青团优势，组织起一支两万人规模的青年讲师团队伍，51万场面向青年、面向基层的宣讲活动，受众达4.5亿人，这支“轻骑兵”在丰富青年理论武装工作路径、把党的理论在青年中讲实讲活方面发挥了积极作用。[1]

第三，新时代“青马工程”提质扩面。近年来，“青马工程”聚焦青年政治人才培养，着力提质扩面，在培养大学生骨干基础上，向国企、农村、非公企业、社会组织等各领域优秀青年延伸，每年对20万人进行理论、实践、体验等相结合的培养。构建起“四三二”培养体系，统一规范全团的培训内容、培训教材、培训师资等，青年马克思主义者培养制度化、机制化建设取得实效：一届届学员从薪火传承中走来，成长为具有忠诚的政治品格、浓厚的家国情怀、扎实的理论功底、突出的能力素质，忠恕任事、人品服众的青年政治骨干，让当代中国马克思主义在青年中更广泛地传播。

（二）青少年形势政策主题教育效果显著

共青团开展青少年形势政策主题教育的目的在于引导青少年不断增强对党和国家大政方针的政治认同、思想认同、情感认同，使全团解读宣传党的政策水平显著提升，形成青少年形势政策教育的内容体系、活动体系、传播体系。

第一，紧扣重大节点开展主题教育。党的二十大召开、建党百年、新中国成立70周年……结合重大契机，共青团广泛开展“学习二十大 永远跟党走 奋进新征程”“学党史、强信念、跟党走”“青春心向党・建功新时代”等主题教育实践活动，深入宣传党和国家取得的历史性成就、发生的历史性变革，广泛开展国情和形势政策教育，全团

① 参见杜沂蒙：《凝聚起中国青年奋进新时代的精神力量——共青团深入开展青年思想政治引领综述》，《中国青年报》2023年6月1日。

开展各类活动超过100万场，覆盖青少年超过3亿人次，广大青少年唱响了永远听党话、跟党走的昂扬旋律。

第二，深入开展党史学习教育。各级团组织牢牢把握“让红色基因、革命薪火代代传承”的重要要求，深入开展党史学习教育这一大规模、集中性青少年思想政治教育，通过系统的历史学习，让青少年感受党的伟大，坚定跟党走的信心。“一起学党史”“我为同学做实事”“百问出真知”成为线上线下最活跃的活动品牌。

第三，立足现实开展主题教育。把我国发展实践作为最鲜活的教科书，用好全面建成小康社会决定性成就、脱贫攻坚历史性成果、疫情防控重大战略成果等现实教材，广泛开展实地学习、参观寻访活动，通过青年公开课、网络面对面等渠道，帮助青年全面理性地了解国家、认知社会、规划人生，进一步增进了对习近平总书记和党中央的情感认同和行动追随，增强政治定力、发展信心、奋斗精神。①

（三）实践引领丰富多彩

实践育人是共青团开展思想政治引领的特色优势。近年来，共青团紧密结合青年思想行为特点，精心设计内涵丰富、形式新颖、互动性强的实践教育内容，让广大青年在沉浸式体验中把个人追求与国家前途命运紧密结合起来，筑牢团结奋进的共同思想基础。

第一，品牌活动持续推进。“西部计划”、“研究生支教团”、“三下乡”、“返家乡”、大学生社区实践计划深入实施，引导广大青少年在奉

---

① 参见杜沂蒙：《凝聚起中国青年奋进新时代的精神力量——共青团深入开展青年思想政治引领综述》，《中国青年报》2023年6月1日。

献社会、服务人民中锤炼思想、体悟成长，在祖国和人民最需要的时刻冲得出来、顶得上去，在生动的实践中实现思想引领。

第二，志愿服务亮点纷呈。《新时代的中国青年》白皮书指出，截至2021年底，全国志愿服务信息系统中14岁至35岁的注册志愿者已超过9000万人。[①]自2003年启动实施以来，西部计划累计招募派遣46.5万余名大学生志愿者在2000多个县（市、区、旗）开展扶贫支教、卫生医疗等基层服务。[②]一批又一批有志青年始终行走在志愿服务的路上，展现着新时代青年的好样子。以北京、河北两地团组织为主体，动员1.8万名赛会志愿者、30多万名社会志愿者服务北京冬奥会、冬残奥会，弘扬奥林匹克精神和志愿服务精神，向世界展现中国青年良好风貌。全国各级团组织闻风而动、主动请战，累计组建十几万支青年突击队、青年志愿服务队，动员300多万名团员青年，积极投身抗击新冠疫情防控工作，在这个亲身参与的过程中，广大团员青年思想得到了升华，爱党爱国的朴素情怀进一步巩固。[③]

第三，实践阵地日益丰富。共青团积极建设青少年学习实践阵地，围绕青少年在校外实践方面快速增长的实践需求……聚焦主责主业、借力社会资源，搭建校外实践教育新体系，广泛开展以革命传统教育、国防教育、法治教育、安全教育、劳动教育、民族团结进步教育等为

① 中华人民共和国国务院新闻办公室：《新时代的中国青年》，人民出版社2022年版，第33页。
② 参见《今年大学生志愿服务西部计划报名工作启动 全国项目实施规模将继续保持两万人》，《人民日报》2023年4月13日。
③ 杜沂蒙：《凝聚起中国青年奋进新时代的精神力量——共青团深入开展青年思想政治引领综述》，《中国青年报》2023年6月1日。

主要内容的实践教育，每年覆盖青少年超过1亿人次。[①]

（四）青少年文化引领不断加强

在青少年中大力弘扬中华优秀传统文化、革命文化和社会主义先进文化，在文化建设中加强共青团对青少年的思想引领，是共青团引领工作的重要途径。新时代以来，各级共青团组织聚焦青少年日益增长的精神文化生活需求，坚持项目化实施、集中性开展、品牌化打造，青少年文化引领工作取得新成效。

第一，青少年文化活动影响力扩大。共青团接连举办国风音乐盛典、中国华服日等活动，突出新媒体矩阵直播，话题阅读量达4.7亿；联合央视推出五四青年节特别节目，累计阅读量达56.2亿；举办“艰苦奋斗、强我中华”主题文化活动，千余所高校学生通过话剧团课、寻访体验、青年大讨论等多种形式感悟艰苦奋斗精神实质；组织开展“新时代·新征程·新青年”青春歌会、“青春中国”青年好声音展示交流活动、“童唱新时代”全国少年儿童歌曲征集推广活动等，吸引超过3亿人次青少年参与……

第二，大力实施青年文化精品工程，推出大量对青少年极具亲和力、感染力的优秀文化精品。如出版《习近平与大学生朋友们》等重磅图书；推出歌曲《青春组歌》、纪录片《沐浴党恩 百年风华》、电影《望道》、电视剧《大三女生》等一系列现象级文化精品，面向青年推出优质图书、歌曲、戏剧、电影、电视剧、广播剧、动漫、美术作品

① 杜沂蒙：《凝聚起中国青年奋进新时代的精神力量——共青团深入开展青年思想政治引领综述》，《中国青年报》2023年6月1日。

等1000余部，生动反映了广大青少年在党的带领下矢志奋斗的故事和精神风貌，让青少年在精良的文化作品中受到影响和引领。[①]

（五）网络引领跨越发展

过不了互联网这一关，就过不了长期执政这一关；过不了互联网这一关，也过不了引领青年这一关。新时代青年“无处不网、无时不网、无人不网”，互联网已经成为当代青少年不可或缺的生活方式、成长空间、“第六感官”，更是共青团加强青少年思想引领的重要阵地。共青团网络新媒体工作通过把握网络新媒体趋势，顺应青年特点需求，从“进军网络新媒体”到进驻新媒体平台，从“产品化战略”到网上共青团工程，再到全媒体融合发展，逐步探索出具有鲜明特色的青少年网络思想引领工作体系、格局和机制。

第一，共青团通过网络触达青年的能力大幅提高。共青团全面入驻微博、微信、B站、抖音、快手等26个网络平台，覆盖国内所有主要社交媒体；拥有国内规模最大、门类最全、增速最快的网络新媒体矩阵账号3万多个，粉丝数突破8亿，广泛覆盖和联系各方面青年；全团新媒体账号年阅读量370多亿次、团中央新媒体账号总日活超过1500万……共青团建立起日常直达青年、高效联络基层、运转活跃有序的互联网阵地。[②]

第二，团网融合度大幅提升。共青团通过网络融入青年群体，大

---

① 参见杜沂蒙：《凝聚起中国青年奋进新时代的精神力量——共青团深入开展青年思想政治引领综述》，《中国青年报》2023年6月1日。
② 参见杜沂蒙：《凝聚起中国青年奋进新时代的精神力量——共青团深入开展青年思想政治引领综述》，《中国青年报》2023年6月1日。

力实施网上共青团工程，形成“互联网+共青团”格局，实现团网深度融合、团青充分互动、线上线下一体运行，营造风清气正的网络环境，引领青年思想。

第三，共青团网上活动吸引力大幅提升。“中国青年网络音乐节”、“明辨”网络对话、“网络青晚”、“主播看中国”等多个大型网络活动，打破“次元壁垒”，COS圈、国风音乐圈、电竞圈、体育圈、主播圈等网络青年共同参与；联合“蜗牛读书”推介“总书记同款书单”，联合“唱吧”动员网友“万人歌唱祖国”，联合B612向数百万网友分发“国旗贴纸”……唱响励志奋斗的青年好声音。

第四，共青团开展网络舆论斗争的能力大幅提高。共青团旗帜鲜明开展网络舆论斗争，主动融入网络舆论斗争总体格局，主动参与跨境舆论斗争，组织引导青年网民开展“帝吧出征”等爱国网络行动，旗帜鲜明表达中国青年立场；主动设置话题，设计并首发国际青年发展指数，探索打破西方舆论霸权的可行方法。特别是在香港“反修例事件”、“加多宝侮辱英烈”、“不良大V污蔑共产主义”、知名导演聘用“台独”艺人、“四行仓库模仿日军合影”、“邪典视频”、“侵害红领巾尊严”等否定党的领导、攻击国家制度、虚无革命历史、抹黑英雄模范、宣扬“台独”“港独”、丑化中国形象、帝国主义霸凌以及损害青少年权益的恶性事件中举旗亮剑、针锋相对、冲锋在前，坚决维护意识形态安全，树立阳光热血的良好青年形象，展现共青团的政治担当和斗争精神。①

① 参见杜沂蒙：《凝聚起中国青年奋进新时代的精神力量——共青团深入开展青年思想政治引领综述》，《中国青年报》2023年6月1日。

（六）青年外宣实现突破

适应中国日益走近世界舞台中央的大趋势，广泛开展对外舆论宣传，讲好中国故事、中国共产党故事、中国青年的故事，向世界展现真实全面的中国，是共青团思想引领工作的重要方面。

第一，在平台上的影响力在扩大。共青团先后在Twitter、Facebook、Instagram等海外社交平台，建设并发展了一批各具特色、各有侧重的平台账号，中华全国青年联合会、中华全国学生联合会海外社交媒体账号粉丝稳步增长，互动量显著提升，成为中推圈较有影响力的枢纽账号和舆论斗争旗帜，在Facebook、Instagram等平台积极发布各有特色的内容，影响力不断扩大。

第二，推出作品的影响力在扩大。青年原创画手、机构账号、爱国青年“大V”、海外留学生、央企驻外青年员工和具有“出海”意愿的本土网红，从多角度、多方面展现中国青年形象，突破西方社会舆论封锁，舆论斗争战斗力不断提升。重点发力原创视觉产品，打造视觉工作室IP，构建CYStudio工作流程，形成内容贴合、具有实际传播效果的供给模式，创制表情包、海报、讽刺漫画等视觉产品700余幅，境外曝光量100余万，境内转载阅读量突破8000万，《美国“独立日”变“枪击日”》《新疆棉花不吃这一套》《傀儡》《十问德特里克堡》等爆款作品被境内外账号广泛转发。[①]

---

① 杜沂蒙：《凝聚起中国青年奋进新时代的精神力量——共青团深入开展青年思想政治引领综述》，《中国青年报》2023年6月1日。

四、共青团思想引领力建设的挑战

新时代共青团思想引领力建设在取得巨大成就的同时，也面临严峻的挑战，这些挑战长期存在又有所变化。团十七大报告指出，共青团“思想引导工作在青年中的吸引力和感染力还不够，针对性和实效性有待增强”；团十八大报告指出，“全团抓主责主业的自觉性还不够，思想引导的吸引力感染力尚需持续加强”；团十九大报告指出，“面对青年思想观念和价值选择日趋多元多变、影响因素更加纷繁复杂，共青团思想引领的穿透力仍显不足，需要尽快实现从‘影响’到‘引领’、从‘亮眼’到‘润心’的转变”。目前看，共青团思想引领力建设面临的挑战集中地体现在以下四个方面。

（一）思想引领内容不接地气

共青团思想引领内容不接地气、“大与空”的问题依然存在。

第一，“大道理”转化为“小道理”的能力不足，“青年化”阐释党的理论还不普遍。存在讲授党的理论时“上下一般粗”的问题，面向大学生和中学生讲相同内容的问题，分众化分层化引领工作深入不够。

第二，理论普及存在“知识化”倾向，照本宣科多，结合实际不足。一些团组织习惯于通过知识竞赛等方式开展理论宣传，把理论普及工作等同于知识普及工作，难以展现理论的魅力。

第三，理论阐释浅表化，深入解读不足。目前看，团内推出的深受青少年喜爱和接受的理论阐释作品还不多见，难以满足青少年理论引领工作的需要。

（二）思想引领形式相对陈旧

青年的思想引领工作不仅需要好内容，也需要好形式。

第一，便捷的思想引领形式不足。当代青年的生活是快节奏的，如果参加活动需要占用很多时间，程序烦琐，大概率是难以吸引青年的。

第二，生动的思想引领形式不足。思想引领不一定要正襟危坐、一板一眼，那样反而会引起青年的逆反心理。生动有趣、润物无声的思想工作才是当代青年欢迎的。

第三，新颖的思想引领形式不足。一代人有一代人的生活场景，一代人有一代人的兴趣爱好。把新媒体、短视频、人工智能等新颖的形式同思想引领的内核有机结合起来，是不少团干部面临的挑战。

（三）思想引领力量比较薄弱

在共青团基层存在“四缺”①的背景下，基层思想引领工作力量更为薄弱。

第一，基层缺乏高水平的理论宣讲者。虽然全团组织起了2万人左右的“青年讲师团”，但与庞大的青少年群体相比是远远不够的，同时讲师团中优秀的讲师基本都集中在大城市，县城和农村普遍缺乏高水平的理论宣讲者。

第二，基层宣传平台缺乏高水平的内容。比如，占全团新媒体账

---

① 缺编制、缺力量、缺经费、缺场所。

号大多数的基层共青团网站和公众号，基本都是以转发上级网站内容为主，缺乏自主创作能力。

（四）思想引领渠道存在壁垒

当代青年深受二次元文化等的影响，并且形成了牢不可破的文化壁垒。青年圈层相对封闭的话语体系可以最大程度降低圈层内的交流成本，却大大提升了引领难度。目前看，以二次元文化为代表的网络圈层，本身有着极广的圈外产业布局和超强的社会动员能力，已经形成了坚固的话语壁垒，而且壁垒内是一种名副其实、持续单向外输的亚文化，这给共青团思想引领带来巨大挑战。

五、加强共青团思想引领力建设的对策建议

做好新时代共青团思想引领工作，增强新时代共青团思想引领力，既要守正，也要创新，还要抓住主要问题，实现重点突破。

（一）把“青年化”阐释党的理论推向深入

“青年化”阐释党的理论，是共青团思想引领工作的基础工程。要把“青年化”阐释党的理论工作从点推到面，从浅表推向深入。要进一步深化对“青年化”阐释党的理论工作重要性的认识，进一步壮大“青年化”阐释党的理论工作的专业队伍，进一步加大“青年化”阐释党的理论产品的提供力度。

第一，要聚焦回应关切、释疑解惑，区分不同年龄不同群体青少

年，探索对体系化内容进行元素化解析。党的理论中许多元素具有直击人心的力量，如“绿水青山就是金山银山”“中国式现代化”等，把这些核心元素讲透彻，有利于青少年全面学习和理解党的理论。

第二，对宏大的理念、理论进行政策性解读。先进的理念、理论、思想，必然要通过务实的政策才能落实。把党的理论与党的政策结合起来解读，就能够更好地与青年的实际结合起来。比如，可以把教育优先理念与我国教育经费投入政策结合起来讲解，把经济高质量发展思想与青年就业结合起来分析等。

第三，对文件理论语言进行“青言青语”转化。文件理论语言一般都比较宏观、概括、抽象，要结合具体场景，结合现实事例，结合青少年个人成长情况，用青年熟悉和喜欢的表达方式去讲述党的理论，才会更加生动、明白、透彻。

（二）进一步发挥和巩固“组织化”“网络化”思想引领优势

“组织化”思想引领是共青团的看家本领，“网络化”思想引领是共青团的新式武器。

第一，要充分发挥共青团组织的独特优势，开展“组织化”思想引领。要将面向青少年开展思想政治引领工作作为各级团、队组织的核心职责，以组织化学习为基本方式，以团支部、少先队中队为基本单元，将“三会两制一课”、主题团队日等作为开展思想政治引领工作的基本载体，不断强化党、团、队相衔接培养链条的思想政治引领工作功能。要依托组织体系实现全面覆盖、深入基层、直达青少年，让青少年在组织中得到思想引领和升华。

第二，要发挥共青团善于运用新媒体新技术开展工作的优势，进一步巩固和拓展“网络化”思想引领工作。要持续推动网络新媒体为思想政治引领工作“赋能”，深入实施共青团宣传思想产品化战略，不断创作推出有思想内涵、有精良品质、有广泛影响的共青团网络文化产品。

第三，探索线上线下深度融合，将共青团网络新媒体优势与组织化动员优势结合起来，形成思想政治引领的强大合力。①

（三）继承和创新实践育人中的引领力建设

通过社会实践引领青年是共青团组织为党育人的独特优势。共青团是青年学习中国特色社会主义和共产主义的大学校，这所学校没有围墙，课堂遍布社会的每一个场所，教育课程的最大特征是实践性和活动性，实践育人具有学校课堂教育不可替代的独特功能。

第一，实践育人的内涵必须与时俱进。新时代青年社会实践要聚焦红色基因传承、聚焦理论普及宣讲、聚焦发展成就观察、聚焦服务党政大局、聚焦就业创业实践、聚焦基层志愿服务等领域，在实践中感受思想伟力。

第二，实践育人的组织机制要不断创新。以大学生社会实践为例，全团已构建了全国、省级、校级、院系四级基本组织格局，形成了前期筹备、中期实施、后期总结较为成熟的工作机制和环节。要通过深化改革，实现大学生社会实践活动内涵更深、机制更优、体系更全、保障更强、成效更实，更好发挥思想引领作用。

第三，要加强对实践育人的研究。要加强对共青团实践育人理论

---

① 《新时代加强和改进共青团思想政治引领工作实施纲要》，中国共青团网2022年4月20日。

与规律的研究，加强对青年社会实践案例的研究，加强在大学生社会实践中有效开展思想引领工作机制的研究，提升育人效果。

（四）大力开展文化育人中的引领力建设

文化是推动人类社会发展最深层、最持久的力量。共青团在百年发展过程中积累了宝贵的历史经验和精神财富，逐渐形成了独具特色的组织文化，这是共青团引领青年的独特力量。

第一，用共青团始终坚持党的领导的文化本质感召青年。讲政治是共青团的灵魂，政治性是共青团的第一属性，党旗所指就是团旗所向。要在增强“四个意识”、坚定“四个自信”、做到“两个维护”的过程中引领青年。

第二，用共青团红色基因赓续的人文底蕴感染青年。习近平总书记多次强调，要将红色基因代代传下去，并集中从坚定的理想信念、为人民服务、忠诚于党、将革命精神代代相传等方面阐述红色基因理念。红色基因是共青团组织价值信仰的要求，是团干部与团员青年坚持党的领导的逻辑必然与实践自觉。各级共青团组织要重视运用红色资源，充分利用红色歌曲、红色故事、红色箴言、红色经典等元素开展“唱响红色歌曲，传承红色基因”“红色经典阅读”等活动，充分发挥文化雕像、文化阵地的功能，推动团员在学习党史、新中国史、改革开放史、社会主义发展史中坚定信仰，激活和深植当代青年的红色基因，努力形成青年传承红色基因的历史自觉，推动青年成为传承红色基因、构建民族精神的代表。

第三，用共青团团结奋进的文化主旋律激励青年。团结奋进是共青团作为先锋队、生力军、突击队的力量之源，凸显积极向上的发展能量。共青团是青年组织，必须尊重、爱护、关心、团结各界青年，维护青年权益，凝聚青年力量，所以“团结”是前提；“奋进”意味着共青团要把牢工作主线，带领青年积极作为，所以“奋进”是目标。共青团团结奋进的文化主旋律既是激励广大青年的精神旗帜，也是引领青年的重要方式。

第四，用共青团朝气蓬勃的文化氛围熏陶青年。朝气蓬勃是共青团组织突出的文化气质，是共青团组织的活力所在和精神文化的体现，也是共青团有别于其他组织的显著文化标志。朝气蓬勃是共青团组织对青年特征的深刻阐发和清晰归纳，是共青团应有的精神状态，是共青团组织文化的鲜明特征。朝气蓬勃寓意共青团组织既需要尊重朝气蓬勃的青年文化特性，又需要按照青年接受观念的思维逻辑，促使青年的理念、目标、价值观、道德规范、行为准则与共青团组织文化价值相融合，这一过程本身就是有效的思想引领。

第四讲

持续优化新时代共青团组织力

2023年6月26日，习近平总书记在同团中央新一届领导班子成员集体谈话时指出，共青团“要顺应全面从严治党的要求，坚持问题导向，敢于刀刃向内，纵深推进团的改革，全面从严管团治团，坚定不移走好中国特色社会主义群团发展道路，不断保持和增强政治性、先进性、群众性，不断提高团组织的引领力、组织力、服务力”。可以说，构建“三力一度两保证工作格局”成为新时代共青团面貌整体性变革的关键经验。而共青团的“组织力”则成为国家能力与社会权力之间关系优化的重要中间力量。共青团成为“引领中国青年思想进步的政治学校、组织中国青年永久奋斗的先锋力量、党联系青年最为牢固的桥梁纽带、紧跟党走在时代前列的先进组织”，很大程度上得益于组织力的构建与优化。

一、共青团组织力的概念内涵

组织是管理学、社会学、政治学中最为重要的核心概念之一，组织学就是研究、解释与预测组织现象的一门学科。组织就是人们为了达到某种特定目标而有意识地结合在一起、具有正式关系的群体。现代社会是一个组织社会。现代组织力量超越个体力量之处就在于，它借由现代性的观念、技术、资源，使现代性的组织得以实现组织力的空前扩张，使得人们紧密地嵌入结构之中。这种融整体性和结构性于一体的活动，具体包括组织的确定目标以及每个成员的目标、组织独特的心理结构和技术结构、基于独特结构的整体活动，从而产生出由内而外的组织力量。这种力量可以称之为组织力。[1]

要厘清组织力建设的目标、内容、路径、方法，并有效评估组织力建设的绩效，就必须从不同层次清晰界定组织力概念的内涵和外延。从结构功能论看，组织力是一个组织在特定结构中实现功能的能力总和。[2]组织力的本体论问题指向的是一种影响力、一种权力关系。理论上，权力结构、权力关系和权力过程，往往体现为有效实现凝聚成员、

---

① 胡献忠:《共青团组织力的内涵、结构与逻辑》,《中国青年社会科学》2020年第1期。

② 在管理与组织研究中，组织力也常常被视为是“组织能力”的简称，与英文中“Organisational Capacity”一词相应。

组织成员、动员青年的能力。在现实中，测量这种影响力或权力关系大小的一个重要参数，就是参与共同行动人员的数量。一般来说，数量越多，组织力就越大。组织力同时又是一种能够相互凝聚的合力，其内涵远远超出个体意义，它是组织者与追随者相互作用而迸发出的一种思潮与行为。[①]从这个意义上说，“三力”所对应的实际上是“人”的三种存在形态，作为形而上的引领力的核心变量是认同，“力”的关键作用方式是濡化；作为形而中的组织力的核心变量是关系，“力”的关键作用方式是嵌入；作为形而下的服务力的核心变量是利益，“力”的关键作用方式是配置。而组织力在这其中又是具有鲜明的中间性、中介性的力量。

从广义上讲，共青团组织力包括组织引领力、组织建设力、组织服务力等各个维度。从中义上讲，组织力包括组织嵌入力、组织建设力（组织实体、组织网络、组织覆盖、组织动员）、组织骨干力（作为组织骨干的团干部队伍建设）、组织规模力（作为组织基础的团员队伍建设）、组织发展力等维度，它涵盖了共青团组织中观层面组织本体、结构、过程、关系各个维度的能力建设与权力关系调整。从狭义上讲，组织力主要指向的是结构化的组织建设力（实体力、网络力、覆盖力）或过程化的组织动员力。

我们这里主要是从中观层面界定共青团组织力的内涵与边界，因为在这个层面，我们既能在本体论层面相对合理地确定引导力、组织力、服务力的边界，又能够在认识论层面确定共青团战斗力、领导力、凝聚力、号召力、动员力、创造力的来源，并能在方法论层面解决共

① 参见胡献忠：《共青团组织力的内涵、结构与逻辑》，《中国青年社会科学》2020年第1期。

青团“团结起来、组织起来、动员起来”的路径和方法问题。

表1 共青团组织力理论逻辑一览表

汲取能力 调控能力 强制能力	国家治理	吸纳能力 统领能力 濡化能力
共青团引领力	共青团组织力	共青团服务力
思想道德能力 教育技能能力 健康休闲能力	青年发展	婚恋生活能力 就业创业能力 参与融入能力

截至2022年12月底，全国共有共青团员7358.3万名，共青团组织409.3万个。

中国共青团的组织力是指共青团组织为了完成党赋予的使命和任务，对职能、干部、团员、制度、资源、空间、项目等各种要素进行科学、必要的汲取、整合、配置，使各类要素与体制机制、环境系统等互动互联互通互融，以达到“团结、组织、动员”目标的能力架构。进入新时代，共青团组织力的重心在于坚持和完善内部结构体系，推动组织治理现代化，进一步激活基层活力和战斗力，使之成为广大青年“信得过、靠得住、离不开”的组织。团十九大通过的《中国共产主义青年团章程》指出：“中国共产主义青年团要完成新时代的基本任务，必须毫不动摇坚持中国特色社会主义群团发展道路，把握政治性这一灵魂，聚焦先进性这一重要着力点，立足群众性这一根本特点，深化团的改革，全面从严治团，不断提高团的建设科学化水平。要发扬优良传统和作风，生动活泼、富于创造性地开展工作，把共青团建设成为团结教育青年的坚强核心。”

二、共青团组织力建设的特点

与政府等行政组织，企业等市场组织，医院、学校等事业单位，社团、宗教、基金会等社会组织不同，共青团作为以培养中国特色社会主义建设者和接班人作为根本任务，把巩固和扩大党执政的青年群众基础作为政治责任，把围绕中心、服务大局作为工作主线，具有鲜明的政治性、先进性、群众性的群团组织，其组织力呈现出明显的群团逻辑和青年特征。

（一）共青团组织力的政治逻辑在于发挥引领中国青年思想进步的政治学校功能

我们党用“共产主义”为团命名，就是希望党的青年组织永远站在理想信念的高地上，用党的科学理论武装青年，用党的初心使命感召青年，用党的光辉旗帜指引青年，用党的优良作风塑造青年。新时代，正是因为站在理想信念的制高点上，共青团才能够用科学的理论武装青年、用历史的眼光启示青年、用伟大的目标感召青年、用光明的未来激励青年，共青团也才能够让自己的组织体系优势更好地发挥出来，把一个个原子化、个体化的青年“组织起来”，让他们在经济建设主战场、文化发展大舞台、社会建设新领域、科技创新最前沿、重点项目第一线、基层实践大熔炉贡献聪明才智、书写青春篇章。

（二）共青团组织力的实践逻辑在于发挥组织中国青年永久奋斗的先锋力量功能

奋斗是青春最亮丽的底色，行动是青年最有效的磨砺。有责任有担当，青春才会闪光。青年是常为新的，青年中间蕴含着改造客观世界、推动社会进步的无穷力量。但是，这种力量绝不仅仅是个人的力量，我们可以看到，在脱贫攻坚战场摸爬滚打、在科技攻关岗位奋力攀登、在抢险救灾前线冲锋陷阵、在疫情防控一线披甲出征、在奥运竞技赛场奋勇争先、在保卫祖国哨位威武守护的青年当中，的确有很多青年榜样发挥了突出作用，但是在现代化突飞猛进、专业分工日益精细的今天，优秀的个体越来越离不开群体，离不开“有组织的”干事创业体系和环境的支撑保障。面对现代性的增强和个体自主性的增强，在新时代，如何将个体化、原子化的青年建构为“群”，就离不开以共青团为核心的青年组织体系发挥团结、组织和动员作用。

（三）共青团组织力的价值逻辑在于发挥党联系青年最为牢固的桥梁纽带功能

不同于西方“国家”与“社会”二元对立的逻辑理路，中国的“国家”之于“市场”和“社会”的结构不是二元对立的，而是形成嵌入性的组织结构关系，即党和国家通过基层党组织、群团组织深度嵌入到各个地域和各个领域。共青团是党领导的群团组织，也是青年人自己的组织。团的最大优势在于遍布基层一线、深入青年身边，这种嵌入性的组织结构使得共青团既可以通过党建带团建这种“党建引领”的整合性治理逻辑嵌入党和国家治理体系，也可以通过分布于机关企事业单位以及城市乡村的组织网络来双向嵌入国家和嵌入青年，构成了桥梁纽带功能的基础性结构特征。因此，通过共青团的组织力的生成与发挥，一方面，将党和国家对青年的塑造性、规范性、引导性的要求贯穿到青年发展的全员、全过程、全方位之中；另一方面，也使各个职业领域、各个年龄阶段、各个地理区位、各个社群的青年，尤其是普通青年、基层青年、弱势青年的多样化、紧迫性诉求都能通过共青团的组织体系汇聚起来，进入党委的政治议程，进入政府治理议程，并通过共青团组织化的力量推动进入学术议程、社会议程、舆论议程，使青年发展成为具有广泛公共性的需要优先解决的公共议题和治理议题。

（四）共青团组织力的时代逻辑在于发挥紧跟党走在时代前列的先进组织功能

共青团组织只有勇于自我革命，才能跟上时代前进、青年发展、实践创新的步伐。必须坚持党建带团建，把党的全面领导落实到共青团工作全过程各领域，让党旗所指就是团旗所向成为高度自觉，自觉对标党的建设，增强政治性、先进性、群众性，坚持用习近平新时代中国特色社会主义思想武装群团组织，做到真学真懂真信真用，切实提高政治判断力、政治领悟力、政治执行力，始终把牢新时代共青团工作的正确方向，让生力军紧跟主力军，突击队、预备队紧跟先锋队，团的组织力提升才有先进的思想指导和明确的方向和目标。

三、共青团组织力的结构逻辑

基于上文所提到的中观层面的共青团组织力概念界定，出于实现组织目标和组织功能的判断，我们主要将从以下几个维度划分其结构要素。

（一）组织嵌入力

主要从“党团关系”角度考察共青团组织有机嵌入党政组织体系、国家治理体系、党团队链条的深度和效果，形成整体性治理、整合性治理、协同性治理，汲取及拓展政治资源、人财物资源的能力。其核心观察点包括党建带团建制度机制运行状况，共青团主导或承担协调督促职能的跨部门领导小组或联席会议工作机制运行状况，与人大、政协议程对接情况，党团队政治社会化链条的完善程度等。

（二）组织覆盖力

组织覆盖力主要考察共青团组织体系建设完整性、科学化和合理化水平。其核心观察点主要包括共青团组织层级关系优化，基层组织建设水平和运行活力，通过组织创新实现对“两新”组织、新兴青年群体的组织和工作覆盖率，青联、学联、团属青年社会组织建设水平及覆盖水平，以及青年组织建设模式创新，如网络共青团建设、共青团组织的空间实体阵地建设等。此外，这一维度也将在讨论共青团组织层级逻辑、水平逻辑、创新逻辑、虚拟逻辑、空间逻辑的基础上回答共青团组织协同的问题。其中，组织设置是团组织运行的基础，这是共青团组织力生成、提升的前置条件。组织活力是组织覆盖力效度的具体体现。

（三）组织规模力

主要从要素角度考察共青团组织微观结构中“人”的因素与组织力的关系。主要观察点包括共青团专职、挂职、兼职团干部队伍规模及建设水平，共青团员队伍规模、结构及先进性发挥水平，对于优秀分子的政治吸纳、政治培养以及政治录用能力。

（四）组织制度力

主要从制度角度考察支撑共青团使命实现、组织建设、工作开展的制度、体制、机制状况，包括组织运行制度规范、组织与党政衔接制度规范、组织与青年联系的制度规范等中观和微观的制度体系。制度是行动者采取行动所依据的最为重要的环境要素之一，从顶层设计层面的“根本任务、政治责任、工作主线”转为中观层面的制度安排、体制机制的关键环节，是共青团组织力可持续的来源。

（五）组织发展力

主要考察共青团组织随时代变迁、技术变革、形势变化而展现出的适应性、发展性、前瞻性组织能力，主要包括中长期规划能力、持续贯通能力、组织学习能力、组织创新能力、组织适应能力、新技术的运用能力、工作话语创新能力等。组织发展力指向的是组织与环境的关系问题。

（六）组织动员力

主要从行动角度考察共青团组织围绕“政治学校”“先锋力量”“桥梁纽带”“先进组织”定位，对接党政需求、社会期待、青年期盼所进行的党政动员、团内动员、社会动员以整合人财物的能力和水平。包括常规状态下动员方式的运用情况、急难险重情况下动员方式运用情况、新机制的形成情况、把工作对象转变为工作资源的程度，以实现组织功能发挥和服务供给能力的提升。

表2　共青团组织力结构化评价指标一览表

一级指标	二级指标	三 级 指 标
组织嵌入力	政治嵌入	完善党管青年工作制度体系，加强对共青团工作的领导和支持情况
		党委听取共青团工作汇报、专题研究共青团工作中的重大问题
		团委书记列席同级党委常委会议
	治理嵌入	建立和完善在党的领导下各部门齐抓共管青年发展事业的工作格局，建立及运行共青团主导或发挥督促协调功能的领导小组或联席会议机制情况
		出台青年工作领域法律法规、发展规划
	政治渠道	共青团工作相关议题通过人大、政协法定渠道进入两会议程
	衔接吸纳	推优入党与党团衔接情况
		推优入团与团队衔接情况
		学社衔接情况
		党团队育人内容的成长性、衔接性与连贯性
组织覆盖力	组织设置	团组织数量、规模以及组织体系贯通情况
		团的领导机关改革
		团属事业单位、企业单位、社会团体、基金会改革
		团的领导机关扁平化运转机制
	组织活力	县域共青团综合改革
		城市社区共青团改革运行
		基层团委配备率与换届率
		团支部运行活力情况
		团组织扁平化、项目化运作情况

续表

一级指标	二级指标	三 级 指 标
	组织创新	行业、园区、楼宇、社区等团组织建设新模式与团组织对“两新”组织领域和新兴青年群体的覆盖
		青联、学联、团属青年社会组织组织建设水平及覆盖水平
		联络、培育、服务青年社会组织规范化发展情况与团的基层组织网络构建
		活动型青年社团、互动式青年社群创建
	空间拓展	数字时代团组织多样化设置（含智慧团建、网络共青团）建设情况
		“枢纽型”青年之家等实体空间阵地（门脸）建设基层共青团组织边界拓展情况
	组织协同	地域性、领域性共青团工作联盟建立及运行情况
		驻外团组织建设及运行
		共青团对口支援工作开展情况
组织规模力	干部队伍	作为团队骨干力量和中坚成分的专、挂、兼职团干部队伍配备规模与质量
		团干部接受政治培训和业务训练情况
		团干部述职考核制度
	团员队伍	团员数及团青比、团学比情况
		团员发展、教育、管理与引导工作流程规范化
		团员先进性发挥情况
	人才队伍	对各类青年人才的组织培养和政治吸纳能力
组织制度力	运行制度	“三会两制一课”等团组织内部治理制度运行情况
		团员先进性建设与入团激励、评议激励、荣誉激励、机会激励、发展激励等激励机制落实情况

续表

一级指标	二级指标	三 级 指 标
	联系制度	完善“一专一站两联”机制，建设横向覆盖各领域、纵向联通各层级、普遍联系团员青年的工作体系
		“1+100”（团干部直接联系青年制度）、“8+4”（常态化下沉基层制度）、“4+1”（向基层服务对象报到制度）等直接联系青年的制度运行情况
		共青团调查研究制度
	从严治团	严格执行和维护团的各项纪律情况
		开展基层团组织规范化建设对标定级和突出问题专项治理，持续整顿软弱涣散团组织
组织发展力	规划能力	共青团工作中长期规划能力
		共青团试验试点与经验推广能力
	学习能力	组织学习能力建设与学习型组织建设
		智库建设与共青团专业化发展
		共青团调查研究能力
	创新能力	数字技术运用能力
		工作话语创新能力
组织动员力	党政动员	党政对共青团工作政策、资源的支持情况
		党政对共青团工作鼓励、表彰情况
	青年动员	“号岗赛手”等常规动员载体规模、数量
		“急难险重”青年突击队、青年志愿服务队规模、数量及贡献情况
	网络动员	运用网络载体、共青团思想引领产品开展青年动员情况
		青年工作共建共治共享情况

总的来看，共青团组织力评价的6项一级指标的设定，以习近平总书记关于青年工作的重要思想和共青团工作的重要论述精神为指导，尤其是习近平总书记一再强调的三个“根本性问题”，同时结合一般性政治组织的基本要素、群团组织的功能特点和共青团的独特属性，将团的基层组织力操作化为一个一般的可测量的评价体系，这个体系能够发挥一定的评价作用和导向作用。具体来说，组织嵌入力体现的是“把培养社会主义建设者和接班人作为根本任务”，组织覆盖力、组织规模力、组织制度力、组织动员力共同支撑“把巩固和扩大党执政的青年群众基础作为政治责任”，“把围绕中心、服务大局作为工作主线”落实在发展推动力上。而组织发展力，是以上5种能力的内在基础。二级指标主要是依据管理学、组织学、政治学、社会学、共青团工作学的原理，结合新时代共青团工作的实际情况进行综合判定而形成的。三级指标构成是动态性、流变性的，根据不同阶段共青团组织力建设优化的任务和重点进行调整，多为可以测量的微观指标。

四、共青团组织力建设的实践与经验

进入新时代，针对团组织有效覆盖不足、基层活力不够、组织动员能力不强、团员先进性不彰等突出问题，全团大力激发自我奋斗精神，打出系列“组合拳”，推动团的基层薄弱状况初步扭转，团的组织力稳步提升。

（一）组织嵌入力建设的做法及经验

第一，推动青年工作嵌入党治国理政的政治议程。《中长期青年发展规划（2016—2025年）》（以下简称“规划”）颁布实施以来，党管青年原则落地生根，青年优先发展理念深入人心，经济与社会发展总体规划更加衔接，共青团组织与政府职能对接更顺畅，党领导下各部门齐抓共管青年发展事务的工作格局基本建立并逐步完善，共青团组织力发挥的宏观组织环境和工作机制支撑进一步优化。在规划落实中，共青团协调督促功能发挥更有保证，共青团与青年工作落地见效力度空前显现。具有中国特色的青年发展政策体系和工作机制初步形成这一阶段性目标已基本提前完成，“国家+地方”的规划体系更加完善。聚焦青年急难愁盼问题，一系列服务青年发展的具体政策举措制定出台，青年发展政策体系和制度体系日臻完善。《规划》在实施最初就着力构建党委主导、政府负责、共青团协调、各部门齐抓共管的实施机制，并到2021年底实现国家、省、市、县级青年工作联席会议机制全覆盖。

第二，建设青年发展型城市（县域）普遍成为城市发展愿景，基层团组织也得以更加系统、全面、深入地纳入地方治理议程。17部门联合印发《关于开展青年发展型城市建设试点的意见》，是纵深实施《规划》的最新探索，45个试点城市结合自身实际大胆试、大胆闯，努力走在青年发展型城市建设前列。据不完全统计，全国已有10个省级、127个地市级、581个区县级两会政府工作报告关注青年发展型城市建设，已有187个城市提出建设青年发展型城市，13个省份在党代会或政府工作报告中将《规划》和青年发展相关内容纳入其中。“城市对青年更友好，青年在城市更有为”的生动局面正逐步形成，越来越多城市与青年开启“双向奔赴”。[①]

第三，推动共青团与青年发展议程不断进入各级两会正式议程，推动开启更多政策之窗。2008年起，共青团持续开展“共青团与人大代表、政协委员面对面”活动，广泛动员人大代表、政协委员倾听青年心声、了解青年需求，把青少年所思所想所愿有序反映给有关方面。多年来，各级共青团累计开展“青听”活动4.4万余场，在各级两会期间提出与青少年发展相关的议案、建议和提案10.5万余件。2019年以来，共青团中央持续开展全国青少年模拟政协提案征集活动，每年有数十万青少年参加活动、提交作品，在实践中更加深刻了解到中国之治的运作逻辑与魅力所在，青少年政治参与更加有序。2020年起开展的“青声@全国两会”网络建言征集活动，把青少年最关心的热点话题“速递”到全国两会，并邀请全国人大代表、全国政协委员对青年的心声予以交流回应，同时在两会上围绕相关话题建言献策。

第四，不断嵌入依法治国进程，共青团组织力功能发挥的法治环境不断优化，青少年立法工作得以不断推进。共青团积极参与青少年领域立法建设，陆续推动未成年人保护法、预防未成年人犯罪法修订实施，对刑法修正案（十一）、社区矫正法等多部法律法规提出有针对性的意见建议。参与立法过程特别注重了解反映青年想法、发挥青年权益代言人作用。共青团还大力倡导和推动青年发展领域专门立法，整合专业力量开展基础研究，着力把党和政府促进青年发展的政策安

---

① 王姗姗：《感知青年温度 传递党的温暖——五年来青少年权益保护工作综述》，《中国青年报》2023年6月6日。

排上升为法律规范。《广州市青年创新创业促进条例》于2022年11月正式颁布，成为地方先行先试探索青年领域专项立法的重大突破。

第五，推动完善贯通党、团、队一体化育人链条。一些地方已经开启了高中、高校共同探索建立“推优”一体化连续培养、接续育人链条。近年来，经过少先队组织推优入团的比例超过90%，各地普遍建立团员先进性评价常态化机制，细化推优入党具体措施，团员中经过团组织“推优”成为党员的比例明显提升。以党建带团建、队建，使得少先队的政治嵌入得以持续优化。党委领导、政府支持、共青团牵头、团教协作、社会协同的少先队工作体制机制不断建立健全，少先队工作制度环境全面优化。党中央将少先队工作机制性纳入党的教育工作顶层设计，中央关于义务教育、教育督导等多个文件中，多次强调“党建带团建、队建”，为推动党、团、队育人链条相衔接、相贯通强化了制度保障。省、市、县级党委负责同志担任同级少工委名誉主任、政府负责同志联系少先队工作的体制普遍建立，少先队工作普遍纳入各地中小学党建督导考核，以重点项目为抓手的跨部门协同不断加强。少先队工作制度性纳入《中国儿童发展纲要（2021—2030年）》、关工委建设、未成年人思想道德建设、儿童友好城市建设等相关规划部署和工作项目中，更好链接各方资源。①

（二）组织覆盖力建设的做法及经验

共青团组织力建设面临的关键问题是“基层团组织薄弱的状况尚

① 参见杜沂蒙：《为红领巾增添新时代的光荣——五年来少先队改革发展工作综述》，《中国青年报》2023年6月2日。

未得到根本改变，有效覆盖面不足问题依然突出”。习近平总书记为加强团的基层组织建设指明方向：“青年在哪里，团组织就建在哪里”，“怎么有利于做好工作、就怎么建组织”，“探索团的基层组织建设新思路新模式”。“流动的现代性”造就了“流动的青春”，共青团要“依据青年工作生活方式新变化新特点，探索团的基层组织建设新思路新模式”。新时代，共青团把扩大基层组织有效覆盖作为着力点，适应基层组织形态多样化趋势，固根基、去盲点、补短板，在对传统单位团组织深化改革的基础上，旗帜鲜明进军社会领域，拓展组织覆盖，提升组织效能，努力构建纵横交织、覆盖广泛的组织体系。共青团有效覆盖不断扩大，传统领域组织建设不断巩固，“两新”组织团建加快推进，新型行业系统团组织快速发展，社会领域团组织数量实现翻番，各领域协同发展的团建工作格局基本形成。

第一，共青团中央率先启动以倾斜基层为导向的组织体系优化改革。2016年8月，中共中央办公厅印发《共青团中央改革方案》，随着方案落地，团的领导机关开启了“精简瘦身”和“倾斜基层”试点和改革：一方面，团中央机关通过精简三分之一的编制，让团的领导机关主业聚焦度显著提升，也带动了省级“减上补下”，充实基层团的力量，县以下基层工作力量得到补充。另一方面，大力革新组织机制，推进团的各级代表大会和委员会建设，持续增强代表和委员的先进性、代表性，团的各级代表大会、委员会、常委会中来自基层一线的成员比例大幅提高。共青团负责管理的青联、学联、少先队等群团组织也都同频改革。青联团体会员和委员结构持续优化，贵族化、娱乐化问题有效纠治，青联在新时代爱国统一战线中的作用日益彰显；学生会机构“瘦身”、功能聚焦、力量下沉，学联引领服务同学的形象更加鲜明；少先队全面推行分批入队，建立全周期、阶梯式培养激励机制，少先队员光荣感切实增强。坚持问题导向，机关基层联动，团青学少协同，系统推动团的工作理念、工作机制、工作方式深刻变革。聚焦主责主业，团的各级机关紧紧围绕党对共青团的职能定位，省、市、县三级联动，大幅退出偏离主责主业的直属机构，剥离、整合、关闭偏离主业的单位，改建壮大事业发展急需的机构，主业聚焦度、贡献度有效提升，功能完备、协同高效的事业化工作平台初步形成。

第二，学校、机关、国企传统领域的共青团基层组织建设不断探索设置方式和运行方式新模式，不断提升组织力，焕发出新的活力。在大、中学校，除了原有的校、院、年级、班等组织形式，一批适应学生团员校内外学习生活方式，在学生社团、书院、“一站式”学生社区、校地共建见习基地等建立的功能型团组织应运而生，学校共青团组织在学生思想政治引领和社会实践教育方面的独特价值更为突显。在党和国家机构深化改革背景下，“团组织+青年理论学习小组”、机关部门牵头行业大团委建设等拓宽基层团建视野的组织设置方式焕发出新的活力，机关团建的示范带动效应更加显现。在国有企业，工程项目建团、产业链建团、公寓建团、青年突击队建团等多种模式成为新的有益探索，在更好服务企业生产经营、组织动员青年岗位建功、履行社会责任中发挥了重要作用。

第三，根据新兴领域的特点分类施策推动共青团组织和工作覆盖，困扰共青团向新领域拓展的难题正在不断得以破解。要把工作做实做具体，使广大青年融入以团为主导的青年组织体系中。面对新兴领域“团员难找、组织难建，建而不活、存续不长”等问题，立足社会领域青年流动分布聚集特点，共青团坚持突出重点、稳妥有序、应建尽建的原则，采取多种方式推进社会领域团建工作，大力创新基层组织形态和组织动员方式，注重通过党建引领、区域联动、行业牵动、园区推动、总部驱动、产业带动等路径，团组织主导的枢纽型“青年之家”、功能型青年社团、互动式网络社群等蓬勃发展，社会领域团的建设稳步推进，成为有效组织动员青年的“左膀右臂”，有效提升组织覆盖质量。通过持续攻坚，团十八大以来，新建“两新”团组织超过50万个，带动社会领域每万名青年拥有的团组织数量翻了一番，社会领域组织密度较2018年翻了一番。快递、外卖、美发美容等新兴行业领域团组织建设实现整体性突破，共青团扎根青年的组织基础更加广泛。

第四，青年社会组织工作稳中求进，基层团组织与青年社会组织协同工作格局不断完善，多元组织覆盖新模式持续拓展。以青年社会组织为战略依托，出台《关于全面加强新时代青年社会组织共青团工作的意见》，明确青年社会组织共青团工作的基本思路、目标方向和保障措施，提出“建、聚、育、融”4方面总体任务。推动团属青年社会组织县域全覆盖，联系培育各类青年社团25.1万家，有效推动团的基层组织形态创新，有力延伸团的基层工作手臂，初步形成了基层团组织同青年社会组织紧密协同的工作格局。[①]5年来，基层团组织协同度不断提升，凝聚青年人才的平台作用有效发挥，服务大局、服务青年的社会功能明显增强。5年来，各地扎实推进“县县建协会”工作，进一步健全青年志愿服务组织动员体系，切实发挥青年志愿者协会在实践中培养社会主义事业建设者和接班人的重要组织平台功能。截至

① 李川：《把广大社会领域青年紧紧团结在党的周围——五年来共青团联系服务引领社会领域青年工作综述》，《中国青年报》2023年6月7日。

2022年底，全国超过91.5%的县（市、区、旗）规范成立了青年志愿者协会，为基层共青团形成稳定社会功能提供了重要组织支撑。[①]

（三）组织规模力提升的做法及经验

第一，抓团干部队伍骨干建设，探索创新工作骨干选用机制。“四缺”之难，难在基层、首在“缺人”。共青团努力破解“行政化”选人用人模式，大力拓宽团的工作骨干来源渠道，充实基层工作力量，建立完善目标责任制，努力把“好苗子”选出来、用起来。团的领导机关干部专职挂职兼职相结合的制度全面建立，实践中，各地严格按照政治素质、事业心等核心条件，改体制内“单通道”考为社会化“五湖四海”选，身份、职业、年龄、级别等选拔“杠杠”开始打破，探索形成了挂职兼职、专项招考、岗位聘用、择优转任、开发公益性岗位、增设事业化平台等多种方式畅通用人渠道，真正把愿意为党做青年工作、热爱共青团事业的人选拔到团的岗位。[②]持续净化团内政治生态，突出事业心教育、强化干部培训、改革考核评价、加强惩戒警示。

第二，抓团员队伍建设，锻造党的忠实助手和可靠后备军。“团员应该有先进性，有光荣感”，“宁可少一点，也要好一点”，“抓好入团以后的教育实践”——贯彻落实习近平总书记对团员队伍建设“五个模范、五个带头”的要求，共青团紧密围绕为党育人的根本任务，抓住先进性建设这个关键，不断严格团员发展、教育、管理各项工作，

---

① 陈凤莉：《新时代 新探索 新成效——五年来中国青年志愿者行动工作综述》，《中国青年报》2023年6月8日。

② 参见杜沂蒙：《大抓基层 建强基层 组织起来的团员青年更有力、更有为——五年来深化共青团基层建设和改革工作综述》，《中国青年报》2023年5月26日。

逐步把团员培养锻造成该有的样子，让团员展现出应有的作为。在团员发展中，按照“严格标准、提高质量、控制增量、管好存量”的要求，制定实施分领域入团标准细则，严把团员入口，推行推优、积分、评议入团，入团标准和门槛明显提高，全国团青比控制在35%以下，团员规模结构持续优化，团员先进性充分彰显。加强教育管理，在日常教育中，强化政治教育、政治训练。通过创新“三会两制一课”、主题团日等组织生活的形式载体，加强辨析式讨论、沉浸式体验、仪式化教育、社会化实践，强化组织育人功能。探索建立自下而上、分段分类、阶梯晋级的新时代共青团激励机制和先进性评价机制，制度化在志愿服务、社会实践中充分彰显新时代团员先进性。

第三，共青团组织凝聚青年人才工作体系化、系统化、规模化水平再上新台阶。坚持“党管人才”“党管青年”原则，最广泛地团结、凝聚青年人才，实施青年政治人才培育行动、青年科技人才支持行动、青年技能人才锻造行动、青年经营管理人才赋能行动、乡村振兴青年人才开发行动、青年公益人才成长行动，做实用好育人链条，为党的事业提供坚强的人才保证。2022年6月，《共青团做好新时代青年人才培养工作的行动计划》正式印发，构建了以青年政治人才培养为核心，统筹加强青年科技人才、青年技能人才、青年经营管理人才、乡村振兴青年人才、青年公益人才培养的“1+5”工作格局，团中央本级制定各类人才相关政策文件和工作指引17份，推动建设骨干人才库14个，直接联系青年人才7000余人，创新打造“青马学员说”“青科讲堂”“青耘中国”“青年发展说”“青社学堂”“伙伴讲堂”等一系列青年喜闻乐见的新品牌。①

（四）组织制度力建设的做法及经验

第一，推进县域共青团的组织改革和机制优化。基层改革，县域是重中之重。深入实施基层团组织规范化建设，制定出台机关、国有企业、农村等领域团的基层组织工作条例，基层工作制度体系逐步完善。2019年10月至2022年6月，团中央先后开展两轮县域共青团基层组织改革试点。持续“强三性、去四化”，强化县域共青团政治功能，形成社会功能，聚焦基层组织方式单一和工作方式低效，破除县级团委机关化、行政化依赖，创造性解决“四缺”问题。2022年8月，团中央印发指导意见全面推开县域基层组织改革。在不断取得丰富认识和实践成果的同时，全团总结形成了一批务实管用的制度机制成果，先后制定、修订和完善团的基层制度规范67件，深化改革“投石问路”和建章立制“巩固成果”形成良性互动。组织起来力量大，持续大抓基层建设、深化基层改革，努力把更多团员青年凝聚起来、组织起来，在全面建设社会主义现代化国家、全面推进中华民族伟大复兴的伟大实践中体现更大担当、展现更大作为。②

第二，推进团支部工作规范化、标准化、活跃化。通过严格“三会两制一课”、加强团员先进性评价、开展支部对标定级、强化学社衔接等举措，整顿软弱涣散团支部超过10万个。“三会两制一课”制度

---

① 参见杜沂蒙、印晨辉、刘世昕：《踔厉奋发 谱写青春华章——新时代党的青年工作成就综述》，《中国青年报》2023年6月18日。

② 参见杜沂蒙：《大抓基层 建强基层 组织起来的团员青年更有力、更有为——五年来深化共青团基层建设和改革工作综述》，《中国青年报》2023年5月26日。

是共青团组织加强对团员教育管理的基本制度，认真执行这一制度，严肃团内政治生活，是全面从严治团的根本要求，更是对各级团组织进行革命性锻造、强化组织肌体、优化团的政治生态、形成风清气正的政治文化的重要载体。对团员的表现和作用发挥进行综合评价，并通过评优和处理等方式，达到激励团员、整顿队伍、纯洁组织的目的。团员年度团籍注册时对团员团籍的连续认定，是团组织掌握和了解团员履行义务、参加活动情况的重要途径，是团员管理的关键环节。

第三，推进直接联系青年的制度机制建设。群团逻辑差别与行政逻辑的本质特点就在于，它不能以科层制“横向分科、纵向分层”的机制设计来履行“桥梁纽带”的职能，因为“桥梁纽带”必须在自身组织内部实现上下贯通，并且组织内部的每个层级都需要直面青年聆听意见、提供服务。提升团的组织效能、激活团组织政治功能和社会功能，把广大团员青年紧密团结在党的周围，就必须解决共青团组织各层级直接联系服务青年的制度建设及其操作机制、配套政策建设的问题。一方面，团内的权力机关和领导机关扩大了普通青年的配额比例，促进领导机关的“桥梁纽带”政治功能充分发挥，制定出台《中国共产主义青年团中央委员会工作条例》，示范引领各级委员会科学化建设，严格落实团的代表大会和委员会基层一线比例要求，提升团的领导机关代表的广泛性。另一方面，积极创新工作方式，推行团干部联片挂点、“驻校蹲班”和“一专一站两联”制度，有效发挥青年观察员作用，开创“委员－代表－团员青年”扁平化联系路径，机关联系基层、干部联系青年进一步密切。

第四，青年发展调查研究制度。团中央专门印发《关于加强和改进全团调查研究工作的决定》，召开青少年研究专题会议。各级“机关开放日”“青年汇智团”等活动也在探索中向着项目制升级，并在此基础上进一步向机制化和制度化迭代。在中长期青年发展规划颁布后，共青团中央依托部际联席会议机制建立了中长期青年发展规划统计监测机制，有关于青年发展的数据统计口径被正式纳入政府统计序列进行统计，这在技术层面为青年发展治理现代化提供了数据支撑，而对于青年发展的更加精细精准的数据测算也有助于掌握青年发展目标的过程性实现程度，从而更加科学地评估规划实施效果，并及时对重大项目和重点举措的协同推进和落地实施进行综合调度、督促协调。此外，依托中长期青年发展规划专家委员会等智库，中国青少年研究中心等智库实体，中国青少年研究会等智库平台，全国学校共青团研究中心等共建协同创新智库模式①，推动共青团工作专业化的机制更加完善，这些无疑也是共青团组织力的重要组成部分。

第五，项目化混合型资源筹措机制广泛采用。项目制的采用有助于先易后难开展工作，降低基层共青团探索成本风险，同时降低行政化依赖，积极探索面向社会募集款物、帮助青年解决难题的资源整合机制。各级团组织广泛运用网络化手段，探索建立网上青年社群，提高组织动员效率和感知青年敏锐度。推行项目化管理，建立协同机制，工作内容宽泛、工作推进粗放、工作绩效不明等问题明显减少。横向实施项目化管理模式，主责主业更加聚焦，资源、力量有效集中。纵向建立扁平化工作机制，实现各级团组织内部步调一致、协同一体、运转流畅，全面构建社会化工作格局，完善全团联动、面向社会、开放共享的资源配置机制。

---

① 朱峰:《我国青年政策智库发展现状及趋势研究》,《中国青年研究》2007年第2期。

(五)组织发展力建设的成就及经验

第一，依托数字赋能加速推进面向未来的网络共青团建设。借助数字技术赋能共青团组织力优化，历史上长期困扰共青团的不能摸清“家底”的难题得到了根治。全团建成“智慧团建”系统，建立覆盖全团400多万个团组织、7300多万名团员的数据库，第一次比较精准性、动态化地摸清了共青团的“家底”，历史性实现团的组织体系实名到支部到团员，基层建设的精准性大大增强。提升组织活力，压茬推进县域共青团基层组织改革，部署开展城市基层组织改革试点，积极探索基层组织建设新思路新模式，推动工作力量、工作资源、工作项目向基层倾斜，基层团组织的功能不断强化。与此同时，通过改革，共青团依托网络新媒体开展思想引领的能力大幅增强，全网粉丝总数突破8亿，团中央本级平台粉丝数超过2.7亿、日均阅读量超过5000万次，影响力长期居全网政务账号前列，在微博、微信、B站位居政务账号第一。

第二，建设学习型组织，依靠学习积蓄可持续发展潜力。建立认真贯彻落实习近平总书记重要指示批示和党中央决策部署督查督办机制，实施台账管理，完善工作链条，努力使“两个维护”具体化、落到底、可检验。理论武装持续深化，建立“第一议题”学习机制，把学懂弄通做实习近平新时代中国特色社会主义思想作为首要政治任务，建立了共青团中央书记处理论学习中心组集体学习和专题学习工作机制，以上率下，在全团倡导学习。依托“青年大学习”、“红领巾爱学习”以及各级团组织牵头组建的“团组织+年轻干部理论学习小组”等载体加强青年和年轻干部、团干部理论武装，全团党史学习教育支部覆盖率达99.3%，“请党放心、强国有我”成为团员青年共同心声。推动团的各级领导班子切实履行抓党建的主体责任，建立重大事项请示报告工作机制，严格落实党的意识形态工作责任制，党建质量全面提升，党的全面领导在全团得到有效落实。

第三，通过完善全面从严管团治团制度体系为共青团发展保驾护航。全面从严治团需要完整的制度体系作支撑，把管团治团的实践成果转化为制度成果，把用制度管团治团贯穿全面从严治团全过程。学习借鉴党加强党内法规建设的经验做法，构建体现全面从严要求、紧扣治团关键环节，抓政治建设从严、抓团组织建设从严、抓团干部队伍管理从严、抓团员队伍管理从严、抓制度建设从严“1+3+1”工作体系。坚持问题导向，自觉对标全面从严治党高标准，坚持整体设计与急用先行相结合，突出重点、分步推进，补齐团内制度建设短板，系统构建推进全面从严治团长效机制，管团治团制度体系初步构建。着力增强制度执行力、树立制度公信力，持续强化各级团干部的制度意识、规矩意识，推动各级团的领导机关严格执行制度、维护制度权威，切实做到有章必循、有规必依。①

第四，“青年之家”等共青团门脸体系网络在城市、乡村越织越密，不断拓展着基层团组织组织力发展的空间。针对县域共青团和城市基层共青团面临的突出问题，推动创新基层组织形态，在县域培育超过1万个团属青年社团，建成6万多个“青年之家”，联系25万个青年社团，全团有400多万个基层团组织，团在基层的组织触角和工作手臂

① 参见杜沂蒙：《锤炼严实作风 健全制度机制 推进全面从严治团向纵深发展——五年来共青团推进全面从严治团工作综述》，《中国青年报》2023年5月17日。

进一步延伸，彰显出更为广泛和多层次的组织力。

（六）组织动员力建设的成就及经验

组织动员广大青年围绕中心、服务大局，在科技创新最前沿、乡村振兴大舞台、服务社会第一线、网络空间舆论场、国际交往新天地、急难险重任务中施展抱负、建功立业，共青团生力军和突击队作用在服务大局中得到彰显。

第一，科技报国与岗位建功。深化拓展挑战杯、创青春、青年文明号、青年岗位能手、振兴杯等品牌项目，扎实做好新时代青年人才培养工作，着力培养青年科技人才，“挑战杯”全国大学生课外学术科技作品竞赛、“揭榜挂帅”专项赛、红色专项和“黑科技”活动，参赛规模和辐射范围屡创新高，“中国青少年科技创新奖”“小平科技创新实验室”，带动更多青少年参与科创实践。依托“青”字号品牌动员青年岗位建功，广泛组建形式多样的青年突击队，在急难险重新任务中充分发挥突击攻坚作用。不断擦亮“青年文明号”、“青年岗位能手”、“青年安全生产示范岗”、“青年技能大赛”等金字招牌。助力新经济新业态发展，举办“新兴青年助力新经济大展”，提供全天候开放、常态化运营大展“云平台”。

第二，社会治理与统一战线。深入实施西部计划、社区青春行动等项目，组织团员青年在西部地区、边远乡村、基层社区贡献力量，动员数百万青年志愿者服务北京冬奥会、冬残奥会、上海进博会等重大活动。组织1.4万家青年社会组织实施服务项目2.6万个，覆盖慈善救助、生态环境、健康卫生等多个领域。动员青年社会组织持续参与易地扶贫搬迁安置社区治理，在支持搬迁青少年身心健康、关爱陪伴、社会融入等方面作出积极贡献。争取中央财政支持，启动实施“伙伴计划”示范项目，支持青年社会组织在社区开展特色项目，共青团主导青年社会组织参与基层治理取得实质性突破。一体化推进青少年事务社工队伍建设、管理、使用，深入实施社区青春行动。持续开展“新时代·艺起来”——新文艺青年进社区（乡村）项目，推出“文艺+公益”“文创+共建”“技能+帮扶”等新兴青年参与社会治理新模式。①

第三，志愿服务与疫情防控。全团深化重点项目示范引领，3年累计组织50多万支青年突击队、志愿服务队投身抗疫斗争，直接动员960多万名团员青年奋战在疫情防控一线。在抗震救灾、防汛抗旱等急难险重关键时刻，科学有序开展应急志愿服务。西部计划已经成为西部地区青年干部、青年人才队伍的重要来源渠道，为乡村基层引“人”、汇“智”、留“才”作出积极贡献。在服务国庆70周年、建党100周年、北京冬奥会和冬残奥会等党和国家的重大活动中，展现了新时代中国青年的良好形象。将社区作为青年志愿服务的主场景，持续深化“结对+接力”的项目运行机制，常态化开展“金晖行动”助老志愿服务，带动“寸草心爱老敬老行动”等一大批具有鲜明共青团特色的项目广泛实施。培育形成了“阳光行动”一大批具有新时代特点的助残志愿服务项目。5年来，94万余名青年志愿者在火车站、机场、道路客运站等场所为旅客提供引导咨询、秩序维护、便民利民等服务。志交会逐渐成为志愿服务项目展示、组织交流、资源对接、文

① 参见李川：《把广大社会领域青年紧紧团结在党的周围——五年来共青团联系服务引领社会领域青年工作综述》，《中国青年报》2023年6月7日。

化引领的综合性平台。5年来，中国青年志愿者行动在组织化动员基础上的社会化动员方式进一步成熟，组织、项目、队伍、制度、文化、活动、海外和创新等工作体系进一步健全。①

第四，脱贫攻坚与乡村振兴。围绕打赢脱贫攻坚战，大力解决贫困家庭青少年的学业就业创业问题，聚焦易地扶贫搬迁安置社区脱贫群众后续帮扶，接续实施乡村振兴青春建功行动，实施“大学生志愿服务西部计划”，建立“研究生支教团”。深入基层乡村一线开展“三下乡”社会实践，创设深化“返家乡”项目，结合乡村振兴的内在机理和乡村青年流动特点，逐步形成一批特色鲜明的工作项目和服务品牌。“全国农村青年致富带头人”“全国乡村振兴青年先锋”“村村都有好青年”“高素质青年农民培育”，营造了全社会青年投身“三农”的浓厚氛围。②动员青少年广泛参与光盘行动、垃圾分类、“三减一节”等活动。共青团在社会动员方面的协同生态逐步建立，以组织化动员为基础，综合运用社会化、网络化动员能力，探索构建社会动员生态圈。联合团属基金会、高校、互联网平台、青年环保组织等各方力量，创新开展“绿色长征”“绿植领养”“净滩行动”“光盘打卡”等实践活动。共青团积极与团内外多元社会力量深化合作、协同发力，引导一批基金会、企业设立“保护母亲河”行动、青少年节约粮食、青少年碳中和倡导等专项基金，常态化对接智库机构、互联网企业获得智力、技术支持，共青团广泛开展社会动员的体系初具雏形，动员青年的方

① 参见陈凤莉：《新时代 新探索 新成效——五年来中国青年志愿者行动工作综述》，《中国青年报》2023年6月8日。

② 参见王姗姗：《让广大青年在希望的土地上激扬青春放飞梦想——五年来共青团投身脱贫攻坚与乡村振兴工作综述》，《中国青年报》2023年5月18日。

式更加丰富。

五、共青团组织力建设的趋势展望

（一）共青团组织力存在的问题

团十八大以来，共青团经受全方位锻造、实现深层次变革，在革命性磨砺中更加充满活力、更加坚强有力。[1]在新征程上，回答好新时代中国青年运动和青年工作的重大课题，共青团组织力建设依然任重道远。

第一，从功能看，面对青年结构分化加深、社会流动频繁，聚集方式和组织机理发生深刻变化，共青团在城市社区和农村的组织功能亟待增强，把新兴青年群体组织起来的方式方法还不够丰富有效。

第二，从机制看，面对社会治理中不断出现的新情况、新挑战，城乡基层在治国理政中的战略意义日益凸显，共青团的组织机制、运行机制、工作机制还无法完全实现灵敏感知社会、高效动员青年，团在社会领域的工作和建设亟待加强。

第三，从技术看，面对新一轮科技革命和产业变革突飞猛进，人工智能、虚拟现实、区块链等新技术对青年影响不断加深，共青团迫切需要全方位革新工作理念、工作方式、技术手段。

---

① 参见阿东：《在习近平新时代中国特色社会主义思想指引下 动员引领广大青年为全面建设社会主义现代化国家而团结奋斗——在中国共产主义青年团第十九次全国代表大会上的报告》，《中国青年报》2023年6月26日。

第四，从队伍看，面对党对群团干部的高标准严要求，一些团干部的精神状态、能力素质、工作状态亟须提升，急功近利、作风虚浮、不思进取、患得患失等不良倾向仍然存在。

随着现代性的增进，组织的现代化发展既获得了理念、技术、资源的支撑，又面临着青年群体脱嵌性、脱域性、脱魅性带来的新的课题，面临内外部环境变化的挑战。目前，把青年组织起来已然刻不容缓，共青团组织力建设需要被置于共青团改革的议程之中加以整体思考、科学谋划、系统推进。

（二）共青团组织力建设的趋势展望

第一，优化组织嵌入力。着力推动形成优化上下贯通、左右协同、齐心协力促进青年发展的工作合力。健全完善党、团、队一体化育人链条，一体化设计共青团、少先队组织教育基本内容，加强与学校思政课配合衔接，使青少年在常态化、接力式的团、队组织生活中接受红色教育、赓续红色血脉。规范和加强少先队推优入团、共青团推优入党工作机制，规范推优程序，畅通推优渠道。

第二，提升组织覆盖力。加强改革举措系统集成、协同推进，推动改革举措落到基层，使共青团更好扎根基层、扎根青年，努力成为适应国家治理体系和治理能力现代化要求、紧跟党走在时代前列的先进组织。

第三，扩大组织规模力。一是创新工作力量选用机制，健全完善符合群团组织特点的干部管理方式。不断完善“专挂兼”相结合的干部选任机制，为团干部精神舒展工作、理直气壮履职提供良好制度环境和软性氛围。二是严格标准、严把入口，落实少先队推优入团相关规定，健全积分入团、评议入团制度，不断提升团员发展质量，优化团员发展结构，合理调控团青比，深化先进性评价、荣誉激励机制，引导团员在实践中展现先进和优秀。三是遵循青年人才成长规律，助力科技、技能、经营管理、乡村振兴、文化、公益等领域青年人才更好更快成长，激活国家战略人才力量的源头活水。紧紧抓住青年人才发现、使用、举荐、激励等关键环节，不断优化服务机制，搭建展示舞台，赋能人才成长。

第四，强化组织制度力。一是深入实施共青团组织体系贯通工程，深化“一专一站两联”工作机制，建设横向覆盖各领域、纵向联通各层级、普遍联系团员青年的工作体系，推动团的领导机关发挥政治功能。实施行业系统团建攻坚行动，持续扩大“两新”组织团建覆盖，构建纵横交织、上下贯通的组织体系。定期开展基层团组织规范化建设对标定级和突出问题专项治理。二是深化密切联系青年机制，推动团干部进万家门、访万家情、结万家亲，和广大青年打成一片。三是大兴调查研究，充分依托党赋予的资源和渠道，深入了解青年所思所盼，革新调研理念，完善调研机制，改进调研方法，切实把调查研究贯穿决策、执行、评价全过程。四是抓紧制定完善团内教育、管理、监督、执纪、问责等方面制度，做到有章必循、有规必依，切实保障各项规章制度落地见效。

第五，拓展组织发展力。一是充分发挥数字化、智能化技术赋能共青团组织力提升，优化“智慧团建”系统，创新运用数字化手段赋能团的组织建设。二是下大气力加强学习型团组织建设，唯有依靠学习才能走向未来、创造未来。深入学习贯彻习近平新时代中国特色社会主义思想，自觉用党的创新理论统一思想、统一意志、统一行动。

建立健全政治理论学习制度，坚持完善“第一议题”学习机制，不断提高政治判断力、政治领悟力、政治执行力。三是革新团的工作方式，优化项目化、扁平化、社会化的运行方式。四是自觉树立青年导向，充分尊重青年主体地位，建立健全共青团工作青年评议机制。

第六，提高组织动员力。一是持续深化新时代青年岗位建功行动，丰富拓展“队、号、手、岗、赛”等品牌项目时代内涵，强化政策保障、阵地依托、资金扶持、项目示范、典型选树。推动“小平科技创新实验室”、少年科学院、青年科学家进校园、青年科技成果直通车、揭榜挂帅等科技协同实践活动机制化制度化。二是汇聚社会治理创新的青春活力。深化实施乡村振兴青春建功行动，深化中国青年志愿者行动，深入实施社区青春行动，广泛动员青少年投身社区建设。建立健全共青团应急响应机制，强化青年突击队、青年志愿者组织应急响应能力。三是展现发展全过程人民民主的青春热情，增强“共青团与人大代表、政协委员面对面”活动效能，着力提升青年政治参与获得感。深化青少年模拟政协提案征集活动，组织青年有序参与基层民主实践。四是广泛开展群众性青年文化活动，实施“书香青春”全国青少年新时代悦读计划，持续深化国风音乐节、中国华服日等活动，扩大青年文化影响力。用心创作动漫、微电影、短视频等青少年喜闻乐见的网络文化产品。组织动员青少年积极践行绿色低碳的生产方式和生活方式，从身边小事做起，积极参与节能降碳技术研发和推广应用。[①]

---

① 参见阿东：《在习近平新时代中国特色社会主义思想指引下 动员引领广大青年为全面建设社会主义现代化国家而团结奋斗——在中国共产主义青年团第十九次全国代表大会上的报告》，《中国青年报》2023年6月26日。

第五讲

不断增强新时代共青团服务力

共青团引领力、组织力、服务力的提出是基于共青团引领青年、组织青年、服务青年的工作职责。2020年,《共青团中央关于认真学习宣传贯彻习近平总书记五四寄语精神的通知》就提出，全团要“紧扣履行好引领凝聚青年、组织动员青年、联系服务青年的职责，不断提升团的组织力、引领力、服务力，切实提升团在推进国家治理体系和治理能力现代化中的贡献度”。团十九大报告指出:“全团……切实履行引领凝聚青年、组织动员青年、联系服务青年职责，……逐步形成了以增强团的引领力、组织力、服务力为重点，以提升共青团工作的大局贡献度为目标，以深化改革攻坚、全面从严治团为保证的工作格局，推动团的建设和工作取得突破性进展，共青团面貌发生整体性变革”。

一、共青团服务力的重要性

引领力、组织力、服务力三者构成了共青团工作能力的整体，其中共青团服务力在共青团能力建设中的重要性不断提升。共青团强调服务力建设主要是基于以下原因。

一是政党执政转型的需求。党与共青团等群团组织之间形成了“轴心－外围”结构，新中国成立前经历了从轴心到外围的向心性整合，党通过其外围组织动员群众并最终夺取政权；新中国成立后经历了从外围到轴心的同构性整合，随着共产党由革命党变成了执政党，导致原来不断向社会深处延伸的外围组织反向发展，而且在服从党的领导过程中日益趋向政党化、官僚化。[①]在计划经济体制下，全能主义政党对社会进行总体性支配，社会自主性和民众自治空间十分狭小，在这种传统体制下，导致执政党出现严重的官僚化、行政化趋势，并日益脱离群众，这影响了党和群众关系以及党的合法性。[②]立党为公、执政为民，始终保持党同人民的血肉联系，党必须把为人民服务作为工作的出发点和立足点。中国共产党在自身转型的背景下也对共青团

① 参见林尚立：《轴心与外围：共产党的组织网络与中国社会整合》，《复旦政治学评论》2008年第1期。

② 参见邹谠：《二十世纪中国政治》，香港·牛津大学出版社1994年版，第69页。

的功能转型提出了要求，要求共青团服务青年。

二是适应国家经济社会转型的需要。改革开放后，农村的人民公社、城市的单位制解体，青年从村庄、单位等社区中脱离出来，成为越来越独立的个体。中国社会开始从一个政治化的社会转化为世俗化的社会，人们关注的焦点日益转向经济生活领域。[①]原来计划经济体制下依托共青团组织系统对青年的组织动员方式也就不再适用，而需要在满足青年需求和利益的基础上实现对其组织和引领，这也就要求共青团与青年之间保持平等关系，共青团要以青年为本位来开展工作。

三是适应青年群体新特点的需要。随着全球化、市场化、信息化的发展，青年群体不断发生分化，青年群体的利益诉求也出现分化，青年群体出现分众化、异质化、个体化等特征。20世纪90年代末期以来，随着网络社会的崛起，传统媒体在青年中的影响日益式微，青年接收到越来越多的信息以及各种舆论思潮，价值观越来越多元化。90后、00后作为在丰裕社会中成长的一代，利益诉求和个人主体性更强，分层分化趋势明显。他们主要以兴趣、爱好为纽带聚集在网络上，形成了各种各样的圈层文化，而且圈层隔离、圈层冲突越来越激烈。青年群体的这些新特点无疑对共青团团结凝聚青年提出挑战，对其工作方式和手段提出了更高的要求。

共青团服务力的建设具有重要意义，可以从以下三个方面进行理解。

一是从党的政治建设的角度看，共青团服务力与党的性质、宗旨、

---

① 参见周晓虹：《中国青年的历史蜕变：国家与社会关系的视角》，《江苏社会科学》2015年第6期。

责任、使命等密切相关。共青团是在党的领导下建立起来的，不管在哪个历史时期，共青团都坚持党的领导，履行党赋予的职责。这就要求共青团要坚持人民至上原则，将服务青年工作作为生命线。

二是从群众路线的角度看，共青团服务力建设的实践要旨就是要时刻密切联系青年，走好新时代党的青年工作群众路线，一旦脱离了青年，共青团就无法满足党对共青团的要求，当然也就无法发挥其桥梁纽带作用。

三是从巩固党执政的青年群众基础角度看，共青团服务力建设关乎党执政根基的坚实稳固。共青团担负着为党培育社会主义建设者和接班人的重任，服务力是共青团建设的重要内容，是增强共青团的活力、凝聚力、战斗力的重要保证。

共青团在党的领导下，经历了从革命到建设、从传统的计划经济体制到社会主义市场经济体制的转变，已发展成为具有中国特色的社会主义群团组织。共青团服务力的提出是共青团适应国家经济社会转型以及青年群体新特点的一种需要，共青团服务内容和方式区别于政府的公共服务，具有特殊性，对于构建中国特色社会主义群团理论具有重要的理论与实践意义。

二、共青团服务力的基本内涵

“服务力”是由“服务”直接派生出的一个概念。服务力指组织通过整合内外资源、高效动员协作以满足受众需求的能力。对共青团服务力概念内涵的理解应将其放在“三力一度”总体格局中来考察。共青团的引领力、组织力、服务力三者之间构成一个既相对独立又相互依存、相互制约的有机体系。其中，引领力是精神之核，组织力是基础，服务力是动力。共青团的组织力、服务力依托引领力，只有坚定的理想信念，才能够凝聚青年共识。习近平总书记强调："只有思想上精神上的吸引力和凝聚力，才是内在的强大的持久的。"①共青团治理能力的发挥，不仅取决于引领力、组织力、服务力的健全和完善，更取决于三者之间相互协同和配合的程度。2019年，在共青团十八届三中全会上，贺军科在讲话中对引领力、组织力和服务力三者之间的关系做出了精辟的概括，他指出，"引领力与组织力、服务力都是共青团的核心竞争力……提升团的引领力尤其要强调协同发力。要在全团形成以组织力为支撑、以引领力为牵引、以服务力为推动，全面协同发力、整体提升团的吸引力凝聚力战斗力的生动局面"②。从服务力在"三力一度"总体格局中的位置，可以将共青团服务力概括为共青团依托于团组织及其组织优势，通过调动与整合内外资源，高效动员协作以满足青年的多元化需求，并通过青年群众工作不断增强团的引领力和组织力，从而不断增强团的吸引力和凝聚力，进而实现为党育人的能力，即调动整合资源以满足青年需求并服务大局的能力。

可以从以下四个维度来理解共青团服务力的内涵：

第一，团青关系转变的维度。共青团强调服务力建设意味着共青团要以青年为本位，坚持以人民为中心，坚持把青年群众对美好生活的向往作为自己的奋斗目标。

① 习近平：《论党的青年工作》，中央文献出版社2022年版，第30页。
② 《全团动手 全线统筹 建立具有强大引领力和塑造力的宣传思想文化工作新格局》，《中国共青团》2019年第10期。

第二，共青团职能历史演进的维度。从共青团职能的历史演进来看，共青团服务职能的重要性不断提升，在经济全球化的背景下，中国政府由全能的管制型政府向服务型政府转变[①]，作为党的助手和后备军以及政府重要帮手的共青团必然也要随着党政机构的转型而相应进行转型。

第三，共青团职能调整的维度。强调共青团在于为青年提供公共服务，随着政府由全能主义政府转向服务型政府，公共服务职能向市场和社会进行转移，然而市场在提供青年公共产品上有些失灵，譬如在婚恋服务、课后教育服务、托育服务等方面，给青年造成了经济负担，这为共青团承接青年公共服务提供了机遇。

第四，服务组织网络建设的维度。作为互联网原住民的当代青年处于数字化生存状态，这也就意味着共青团的服务必须延伸到网络上，要求共青团建立线上线下服务组织网络，既包括线下的“青年之家”“青少年综合服务平台”等服务组织网络，也包括线上建立“两微一端”网络矩阵，并进驻小红书、B站、知乎等互联网平台，在空间维度上拉近共青团和青年之间的距离，从而培养团干部对青年的服务态度和服务精神，从实践层面上向服务型团组织的目标靠拢。

评估服务力一般由资源投入、转化、产出、反馈四个因素构成。资源投入包括资金、人力、物质设施等方面的投入；资源转化指将各种投入转化为具体的服务载体，譬如品牌项目、服务阵地、服务机构等，好的服务载体能节约资源并取得较好的效果；产出指相关方面的

---

① 刘熙瑞：《服务型政府——经济全球化背景下中国政府改革的目标选择》，《中国行政管理》2002年第7期。

公共服务，目的是满足群众的多样化需求；反馈指服务对象的满意度。服务力与资源投入密切相关，但是资源投入高服务效果不一定好。结合共青团服务职能的发展历程，可以将共青团服务力分为这四个方面：一是服务资源整合力，二是服务创新力，三是服务成效力，四是服务转化力。

（一）服务资源整合力

共青团作为群团组织，既不具有行政权力，也没有执法权力，那么共青团如何为青年提供服务？在实际工作中，共青团通过发挥其组织优势整合资源为青年提供服务，这也正是共青团的优势和可为之处。

一是通过争取党委政府的重视和支持，根据需要与具有行政权力或社会影响力的部门一起整合资源。习近平总书记强调："努力使团组织成为联系和服务青年的坚强堡垒。"[①]可见团组织是联系和服务青年的基础和依托。青年工作涉及诸多部门、机构，当青年工作涉及各委办局的交叉领域时，各委办局由于各自的职责范围所限而介入意愿不高时，共青团可以作为牵头人争取党组织的支持，采取制度化的方式推进青年工作。青年工作议事协调机构采取制度化的方式以整合资源，譬如青年工作联席会议、青少年权益维护办公室，等等。除了采取制度化的方式整合资源外，还要注重采取非正式方式以整合资源，这就要依托于团组织的声誉和团干部自身的协调能力。共青团以正式或非正式方式去整合资源，发挥共青团的平台作用。

二是充分调动、挖掘社会资源，包括企事业单位、社会组织等，

① 习近平：《论党的青年工作》，中央文献出版社2022年版，第31页。

切实解决青年问题。譬如，12355青少年服务台着力面向青少年提供成长咨询，依托5000余名心理、法律咨询师等志愿者，每年提供咨询服务48万余次，干预处置个案8500余起，有力化解青少年成长困惑和精神焦虑。[①]以青年大赛、号、奖章、岗位、标兵等为标志的共青团工作品牌，在服务青年成才的工作中承担的是载体和平台作用，它不生产具体的内容，而是发挥引导、整合资源、发掘人才等作用。这也正符合共青团的定位和优势，即共青团不具有资源上的优势，而在于发挥整合资源的优势。[②]团组织运用社会化、市场化、项目化等方式开展品牌活动，可以充分借助党政、企事业、社会组织等各种资源来发挥自己的社会服务职能，拓展自己的生存和发展空间。[③]

（二）服务创新力

随着党政职能的变迁以及青年群体的变化，服务也需要不断创新，这不仅包括已有品牌项目的创新，还包括服务方式方法的创新。共青团服务创新力不是为了创新而创新，而是为了适应环境的改变而做出的调整。

第一，要珍视品牌成果。品牌工作创新要紧密结合时代发展需要和共青团自身特点，不能刻意追求；共青团发展不同阶段形成的工作品牌，凝聚了一代又一代团干部的智慧和付出，有较高的知名度和美誉度，仍然具有强大的生命力。面对这些倾注了大量组织资源的品牌，

① 参见《用心感知青年温度 用情传递党的温暖——12355青少年服务台工作综述》，《中国青年报》2023年5月15日。
② 汪永涛：《共青团服务青年成才的现状及对策研究》，《中国青年研究》2020年第4期。
③ 参见李艳：《共青团品牌工作的回顾与探讨》，《中国青年研究》2014年第6期。

要通过一系列调整，帮助其重新回归“为党育人”的价值定位，在新的时代背景下继续迸发出新的活力、影响力、号召力。其中，既包括涉及全局的结构性革新，也包括小而美的微型或局部创新。工作中，始终坚持品牌的创新是为了更好开展共青团工作，善于把品牌工作面临的各种矛盾、不适应变成推动其创新发展的内驱力，而不是另起炉灶、本末倒置。

第二，要创新共青团服务青年的方式方法。全球化、市场化以及移动互联网的发展等都对共青团服务青年的方式方法提出挑战。各职能部门、人民团体、非政府组织和企业等，也都在为特定的青年群体提供相应的服务。社会化、市场化主体在服务青年上具有灵活性、互动性、专业化等特征，能够更好地回应青年的需求，而且移动互联网的便捷性、即时性也改变了青年获取服务产品的渠道。共青团在直接提供服务方面并不具备优势，共青团的优势主要在于整合资源，因此，共青团更重要的在于提供服务平台整合资源。此外，青年群体逐渐发生内部分化，共青团对新兴青年群体等群体的服务覆盖面和方式方法有效性不足。①其他服务青年机构和组织的发展以及青年群体自身的变化要求共青团必须创新服务方式方法，否则就会面临发展困境，无法实现对青年的吸引和凝聚。

（三）服务成效力

要实现共青团对青年的吸引力和凝聚力，关键在于共青团要切实

---

① 参见孙鹏：《共青团服务青年的方式方法研究：理论、形态与发展》，《中国青年研究》2020年第4期。

解决青年在教育、就业、婚恋、社会融入等方面面临的实际困难，以高质量的服务赢得青年的认可。因此，青年满意度成为衡量服务成效力的重要标准。一是要提升联系服务青年的精准度。随着社会经济的发展，青年群体越来越分化，体制内青年、新兴青年、大学生等不同青年群体有着不同的需求，这就要求对青年群体进行细化分类，提高服务的精准度。如针对新兴青年群体，要深化共青团“筑梦计划”，分层分类开展“网著梦想”“音为梦想”“美绘梦想”“速递梦想”等特色工作。二是要提升青年服务需求的匹配度。在对青年进行细化分类的基础上，更关键的是要将服务与青年的需求匹配起来。在行政化的逻辑下，往往存在团的服务与青年需求不匹配的问题，影响了共青团服务的成效力，虽然投入了大量的资源，但是有的青年并不满意，对共青团的认可度并没有提升，这影响了共青团育人功能的发挥。要提高青年服务需求的匹配度关键在于要以青年为本，及时回应青年的需求，帮助青年切实解决问题。

（四）服务转化力

团十九大报告指出：“培养社会主义建设者和接班人，是党对共青团工作最本质的要求，也是共青团组织最重要的价值。要把牢政治组织的根本定位和政治工作的根本逻辑，坚定不移推动一切工作项目、工作资源、工作力量向主责主业聚焦，把政治功能发挥、政治价值实现作为衡量各项工作的最终标准，让团的引领力、组织力、服务力最终转化为为党育人的实际效果。”[①]共青团服务青年工作、青年群众工作是“有温度”的。习近平总书记要求，共青团“要紧扣服务青年的工作生命线，履行巩固和扩大党执政的青年群众基础这一政治责任，既把青年的温度如实告诉党，也把党的温暖充分传递给青年”[②]。因此，共青团在服务青年时要凸显其政治价值，也就是要寓引领于服务之中，在服务青年时不能为服务而服务，而是将服务作为载体，在服务中将党团的思想贯穿下去，宣传下去，将服务力转化为为党育人的实际效果，发挥政治学校作用，确保党的事业薪火相传、后继有人。譬如，12355青少年服务台已经覆盖全国31个省份及新疆生产建设兵团，全国一共有123家，热线接听率基本稳定在90%以上，是青少年“找得到”共青团的重要端口，是共青团参与基层社会治理的重要抓手。青少年在咨询服务中加强了对共青团的认同，感受到了党的温暖。[③]

三、新时代共青团服务青少年工作的发展

共青团自成立起就具有为青年服务的职能。《关于建立中国新民主主义青年团的决议》指出，“青年团应在最大多数人民的最大利益的基

① 阿东:《在习近平新时代中国特色社会主义思想指引下 动员引领广大青年为全面建设社会主义现代化国家而团结奋斗——在中国共产主义青年团第十九次全国代表大会上的报告》,《中国青年报》2023年6月26日。
② 习近平:《论党的青年工作》，中央文献出版社2022年版，第9页。
③ 参见《用心感知青年温度 用情传递党的温暖——12355青少年服务台工作综述》,《中国青年报》2023年5月15日。

础上，经常地注意和努力为青年群众的特殊利益与切身需要而服务”[①]。不过，在社会主义革命和建设时期，共青团在工作职能上主要以政治社会化为主。改革开放后，随着国家与社会关系的转变，共青团传统的政治社会化功能受到挑战，共青团在功能结构上发生了从以政治社会化为轴心向以维护青年权益、服务青年为轴心的转变。[②]改革开放后，共青团服务力建设呈现出以下几个特点：一是共青团服务力在共青团工作总体格局中的重要性不断上升。共青团对服务青年这个问题的认识，经历了一个逐步递进、演进的过程：从服务青年职能的单独提出到共青团服务青年的工作定位，从“切入口和突破口”上升到“出发点和落脚点”，再上升到“工作生命线”。共青团服务青年从手段上升到目标，从一般目标上升到核心目标，这是共青团适应政党转型、经济社会转型以及青年新特点的一种需要。二是共青团服务力体系建设不断完善，从法律法规出台、政策倡导、品牌项目创立，到服务阵地建设、个案帮扶，形成了较为完善的青年服务体系。三是共青团不断延伸服务力，通过不断培育和联系青年社会组织、青年志愿组织，不断将服务力进行延伸。共青团不同于普通青年社会组织，它具有政治性，服务内容与一般的青年社会组织有所不同，因此需要和青年社会组织协作，相互补充。

党的十八大以来，以习近平同志为核心的党中央高度重视青年工作，将党的青年工作作为一项战略性工作来抓。2015年2月发布《中

① 青运史研究室中央档案馆：《中共中央青年运动文件选编》，中国青年出版社1988年版，第709页。

② 康晓强：《国家治理视域下的群团组织转型：逻辑路线与突出短板——以改革开放40年来的中国共青团为例》，《人文杂志》2019年第1期。

共中央关于加强和改进党的群团工作的意见》，并于2015年7月首次召开党的群团工作会议，批评脱离群众的“四化”问题，强调要保持党的群团工作和群团组织的政治性、先进性、群众性。团十七大要求共青团“竭诚服务青年、切实维护青少年合法权益”，在团十八大上进一步将服务青年的要求凸显出来，指出要“坚持服务青年这一工作生命线”，服务青年由共青团工作的“出发点和落脚点”进一步上升到“工作生命线”，服务青年不仅作为工作的目标，而且在共青团总体工作格局中的重要性进一步上升。

《中长期青年发展规划（2016—2025年）》将青年发展分为十个领域：青年思想道德、青年教育、青年健康、青年婚恋、青年就业创业、青年文化、青年社会融入与社会参与、维护青少年合法权益、预防青少年违法犯罪、青年社会保障，这意味着共青团的服务职能主要体现在这十个领域中，可以概括为青年的就业创业、身心健康、成长成才、婚育和家庭服务这四大领域。下面主要从这几个领域分析共青团服务力的发展。

（一）服务青年就业创业

青年就业关乎民生。2023年，中国国家统计局公布数据，24岁以下青年失业率首次破20%，达到20.4%，创下2018年以来的新高。近年来共青团着力服务青年就业，抓住高校毕业生这一重点群体，扎实推进共青团促进大学生就业行动，深化拓展大学生志愿服务“西部计划”、大学生就业实习“扬帆计划”、社区实践计划等，力争每年扶持5万名青年创业，帮助10万名一般院校低收入家庭毕业生找到工作，组织100万名大中专学生参与就业实习。相关调研发现，一般院校低收入家庭学生受到就业挤压的现象比较突出，在就业形势比较严峻的情况下，就业空间向下挤压不可避免。不管是“小镇做题家”还是“孔乙己脱不下长衫”，当前大学生的社会化能力较低，存在着大学高中化现象，他们追求工作稳定，考试成为他们的一种路径依赖，因此考公、考编、考研成为大多数学生的选择。共青团服务青年着力于提高大学生的社会化能力，帮助其树立正确的择业观和奋斗观。2018年6月召开的团十八大，号召各级团组织聚焦学业就业创业扶贫，“力争到2020年，在建档立卡的贫困人口中资助10万名学生完成学业、帮助10万名大中专毕业生找工作，同时扶持10万名有志青年扎根农村创业”。截至2020年年底，全团募集社会资金6.73亿元，资助建档立卡贫困家庭学生26万名，帮助22.7万名建档立卡贫困家庭学生找到工作，联系扶持15.6万名青年扎根贫困地区创业。①

共青团以“创青春·中国青年创业行动”为统领，着力塑造“创青春”工作品牌，打造中国青年创客服务体系，举办青年创新创业系列大赛，包括“紫光阁计划”、“领头雁计划”、中国青年创新创业大赛、“挑战杯”，等等。各种创新创业大赛不仅仅是一个比赛，还是一个项目展示、人才汇聚、信息交流、投融资对接的综合平台。②共青团以搭建创新创业教育互动平台和综合服务平台为载体，为青年实现从创业点子起步到创业企业成长发展提供全方位、全程化、一体式的服务。平台整合创投机构、创业园区、创投基金、创业导师等资源，不断帮助青年创客培养创业意识、增强创业能力、提升创业成功率，为广大

① 王姗姗：《让广大青年在希望的土地上激扬青春放飞梦想——五年来共青团投身脱贫攻坚与乡村振兴工作综述》，《中国青年报》2023年5月18日。

② 汪永涛：《青少年综合服务平台建设研究》，《中国青年研究》2016年第4期。

青年的创新创业做出积极的贡献。

（二）服务青少年身心健康

青少年身心健康是践行“健康中国”战略的基石，关乎培养青少年成为堪当民族复兴重任时代新人这一重大课题。青少年健康成长是一项长期复杂的系统工程，共青团在党的领导下协同政府、学校、社区、家庭、医院等其他机构共同保护和促进青少年健康成长。逐步形成了体育相关部门牵头、教育相关部门组织、共青团中央宣传引导的协同工作机制，合力打造出“阳光体育大会”“奔跑吧·少年”等诸多青少年体育活动品牌。[①]共青团中央联合其他部委深入开展大学生“走下网络、走出宿舍、走向操场”主题群众性课外体育锻炼活动，帮助大学生在体育锻炼中增强体质、健全人格。共青团着力服务青少年心理健康，倡导开展形式多样的群众性文体活动，动员专业力量帮助青少年缓解工作、学习、生活中面临的心理压力，涵养自信达观、积极向上的心理素质。如实施“童心港湾”农村留守儿童关爱保护项目，在118个县（市、区）直接建设项目点356个，指导各级团组织建设项目点3709个，服务留守儿童13.26万人次。[②]2016以来，全团广泛开展青年志愿者关爱农村留守儿童“七彩假期”志愿服务项目，截至2018年，全国2324个项目服务点直接服务47.4万名农村留守儿童，覆盖率达77%，参与结对的志愿服务团队5.56万多个，青年志愿者近600

---

① 肖林鹏、武旗红、任新新等：《中国青少年体育活动促进：推进重点、面临问题与建设路径》，《中国体育科技》2023年第6期。

② 王姗姗：《让广大青年在希望的土地上激扬青春放飞梦想——五年来共青团投身脱贫攻坚与乡村振兴工作综述》，《中国青年报》2023年5月18日。

万人。[①]“七彩假期”志愿服务项目成为基层团组织服务当地经济社会发展的重要抓手，成为高校团组织参与精准扶贫和乡村振兴的重要载体，成为共青团关爱农村留守儿童和随迁子女的重要品牌。共青团中央依托12355青少年服务台，组织专业力量为青少年提供心理服务，团十八大以来，为超过180万人次青少年解答心理困惑、排解焦虑情绪。[②]

（三）服务青年成长成才

共青团着力助力青少年享有公平而有质量的教育，推动新时代希望工程提质升级，聚焦助学育人目标，以拓宽视野、提升素质、结对帮扶为重点，每年为20万名需要帮助的青少年提供帮助、播种新希望。落实“双减”要求，发动中小学团、队组织积极推进四点半课堂、爱心暑托班、红领巾夏冬令营等项目，为4600万人次青少年提供优质课外服务。深入贯彻落实科教兴国战略、人才强国战略、创新驱动发展战略，持续推进“青少年科技创新攀登行动”，持续深化“挑战杯”全国大学生课外学术科技作品竞赛改革、不断完善中国青少年科技创新奖励基金支撑工作体系、稳步推进“小平科技创新实验室”建设、从严评选“中国青少年科技创新奖”，组织引领广大青少年勇攀科学高峰、投身科创报国，为全面建设社会主义现代化国家提供坚实青年科技人才保障。深入开展“三下乡”“返家乡”社会实践活动、中国大学

---

① 参见陈凤莉：《坚持服务青年的工作生命线》，《中国青年报》2018年6月15日。

② 参见阿东：《在习近平新时代中国特色社会主义思想指引下 动员引领广大青年为全面建设社会主义现代化国家而团结奋斗——在中国共产主义青年团第十九次全国代表大会上的报告》，《中国青年报》2023年6月26日。

生社会实践知行促进计划等，对大学生开展实践教育，成为共青团实践育人载体的重要组成部分。

（四）服务青年婚育和家庭

当前青年的婚育观发生变化，他们不再将结婚生子作为人生的必选项，而是作为可选项，对于婚恋对象有着更高的情感需求。婚恋成本的高昂、生活交际面的狭窄、学习工作的繁忙等都制约了当代青年的婚恋选择，使他们面临情感焦虑。而在生育方面，青年面临着无人帮忙照料、养育教育成本高昂、工作繁忙没有时间陪伴等困境，从而导致他们不敢生、不愿生。共青团着力服务青年婚育和家庭需求，组织开展形式多样、富有实效的联谊交友活动，加强婚恋观、生育观、家庭观引导，深化拓展养老托育志愿服务。共青团搭建线上和线下交友信息服务平台，在青年社交、情感辅导、婚庆活动等工作领域，为青年提供婚恋服务。共青团服务青年婚育和家庭需求发生以下转变：一是从提供服务到做好平台的转变。通过搭建线上线下交友平台，整合相关资源。二是从被动向主动转变。中国当前面临着人口生育率持续下降的问题，人口问题具有重要的战略意义，共青团在服务青年婚育方面应主动作为。三是从服务向引领的转变。共青团在提供婚恋交友等服务时并不仅仅局限于此，而是在服务中引导青年树立积极健康的婚育观念。

总体而言，共青团主要通过以下方式加强服务力建设。

一是以政策法规推动共青团服务青年工作进一步深化。2017年，新中国历史上第一个青年发展规划《中长期青年发展规划（2016—2025年）》印发，为共青团协调争取资源提供强有力的顶层设计。推动《规划》落实见效也就成为服务青年成长、维护青少年合法权益的根本抓手。为了贯彻落实好《规划》，建立了从中央到地方的青年工作联席会议机制和青年发展规划体系，建立党委和政府领导、相关部门共同参与、团组织具体运作的青年事务议事协调机制，积极与有关政府部门联合开展工作，形成党管青年原则下各部门协同促进青年发展的工作格局，推进青年发展型城市建设，聚焦青年关心的就业、教育、健康、婚育、住房等重点领域推动出台针对性、实效性强的政策举措。青年工作联席会议机制的建立以及青年发展型城市建设实现了组织化嵌入政府序列，为协调解决青年事务提供了正式制度方式，使青年工作的重要性进一步提升。

二是在移动互联网时代，共青团积极构建“互联网+共青团”的运行机制。共青团的品牌项目强化互联网思维，坚持组织化、社会化、网络化相结合的动员机制，运用新技术手段提升社会公众参与的可及性和便捷性。

三是通过联系、服务、引导青年社会组织，不断增强团组织的服务能力。青年社会组织日益成为服务青年的重要力量，具有灵活性、公益性、民间性等特征，能够及时回应青年的需求。面对青年需求层次的不断提升以及需求的多样化，共青团服务青年的专业化水平、规范化水平不断提高，通过政府购买服务等形式将青年社会组织纳入共青团服务体系的构建中。

四、共青团服务力建设存在的问题

新时代以来共青团服务力建设取得了重大的进展，无论是政策出台、服务的方式方法还是服务的精准度、专业化程度都有了很大的进步和提升，然而面对青年需求层次的不断提升、差异性的显著加大，共青团服务力建设仍然存在着以下不足之处。

（一）存在共青团服务供给与青年需求不匹配的情况

共青团服务供给与青年需求不匹配具体体现在三个方面：一是共青团服务内容与青年需求不匹配。当前青年的需要与价值观越来越多元化，然而一些团组织一时难以转变以往的行政化思维，主要围绕着党和政府的中心工作自上而下地提供相关服务内容，而不是自下而上从青年切身利益与需求出发，从而导致共青团服务内容与青年需求不匹配，进一步导致共青团开展的活动没有吸引力，难以实现共青团对青年的有效凝聚。

二是服务手段的短期性与青年成长成才的长期性不匹配。基层共青团服务阵地包括青年之家、社区青年汇、青少年综合服务平台等是开展青年服务的重要载体，然而受行政化、机关化、团干部流动快等因素的影响，共青团的服务阵地建设由于耗时长、投入大、费人力等原因，而代之以举办“短、平、快”的活动项目。青年成长成才是一个长期的过程，难以通过“短、平、快”活动产生效果。服务活动的短期性与青年成长成才的长期性产生矛盾，当青年在活动中的获得感较低时，就会影响他们持续参与活动的积极性，进而影响共青团对青年的有效服务和引导，部分实体服务阵地出现功能失灵或功能异化现象。

三是服务方式的传统性与青年数字化生存的特点不匹配。当代青年习惯于数字化生存方式，平常都活跃在网络上，然而一些团组织仍然主要采取传统的团建方式推动服务，这已经不再适应青年数字化生存的现实。以服务“两新”青年（新经济组织青年、新社会组织青年）为例，当前共青团服务“两新”青年主要采取党建、团建等传统方式，然而这些“两新”组织一般没有动力建立团组织，“两新”组织人员流动性很强，如果共青团不能给他们带来实际的利益，就会出现抵触情绪，团建工作比较难推动，这也就导致共青团对新兴领域青年群体的凝聚力不足。“两新”青年主要聚集在互联网上，采取传统的团建方式难以推动建立团组织，即便建立了发挥作用也有限，因为青年只是把这些组织当成工作的地方，他们与组织的联系越来越单一，他们主要的社会交往和需求主要通过组织之外来满足。

（二）共青团资源有限，影响其服务青年的能力

共青团处于双重领导体制之下，即“各级共青团组织由同级党委领导为主，同时接受上级共青团的领导”，意味着共青团处于服务大局和服务青年的双重服务格局下。共青团作为中国共产党领导的先进青年的群团组织，自成立起就担负着双重角色。一方面，共青团是中国共产党的助手和后备军，是党联系青年的桥梁和纽带，是国家政权的重要社会支柱；另一方面，共青团在维护国家和人民利益的同时代表和维护青年的具体利益，被赋予引领青年、组织青年、服务青年需求、维护青年权益等工作职责。共青团的双重角色定位决定了共青团不仅

是青年利益的维护者，也是党和国家经济建设的参与者和组织者。

共青团的双重角色定位要求共青团围绕党的中心工作开展青年工作，把广大青年群众团结在党的周围，使青年听党话、跟党走，也就是要将服务大局和服务青年结合起来，共青团工作要放到全党全国的大局中去思考；同时，服务大局也需要共青团立足于共青团的职责定位，立足于青年，寻找工作结合点和着力点。习近平总书记强调，“共青团要坚持围绕中心、服务大局，主动对接国家重大战略和重大任务，组织动员广大青年立足本职岗位，积极投身中国式现代化建设，在科技创新、乡村振兴、绿色发展、社会服务、卫国戍边等各领域各方面工作中争当排头兵和生力军”[①]。

随着党与政府工作从以经济建设为中心到政治、经济、文化、社会并重，基层党政部门出现了多中心主义的运作模式[②]。文明城市建设、生态文明建设等都成为党政的中心工作。共青团的双重角色定位也就意味着要通过参与党政多中心工作任务去服务青年。随着党政治理任务的激增，共青团参与党政多中心工作任务的要求与共青团资源能力的有限，青年需求旺盛和共青团供给能力薄弱之间成为一个结构性矛盾。共青团服务供给与青年需求不匹配客观上与共青团的资源有限相关，尤其是一些经济不发达的中西部县城，团组织人员不充足、经费无保障、活动无场所，无法满足当代青年的多样化需求。共青团参与党政多中心工作任务，意味着它需要动员更多的资源以满足青年的多

① 《习近平在同团中央新一届领导班子成员集体谈话时强调 切实肩负起新时代新征程党赋予的使命任务 充分激发广大青年在中国式现代化建设中挺膺担当》，《人民日报》2023年6月27日。
② 参见仇叶：《行政权集中化配置与基层治理转型困境———以县域“多中心工作”模式为分析基础》，《政治学研究》2021年第1期。

元需求，尤其在涉及青年就业、住房、教育等切身利益时，往往需要非常强大的资源协调能力，共青团资源的有限客观上影响了共青团服务青年的整体能力。

（三）受行政化逻辑影响，部分团干部服务意识不强

面对青年在学习发展、就业创业、婚恋交友、文化娱乐、权益维护等方面的需要，共青团服务也像政府机构一样通过设置考核指标来开展，譬如联系青年次数、开展活动次数等指标，共青团也主要通过技术治理和目标责任制加强对团干部的管理和监督。但在考核指标的压力下，团干部通常将完成指标任务作为目标本身，将手段当成目标，服务的数据指标与服务目标本身并不完全一致，其后果是团干部的服务意识在实践中被异化，即团干部在服务青年时是基于考核指标的被动应对，而不是基于服务青年意识提升的主动作为。

在上级考核压力下，地方共青团为了在竞争中排名靠前，会围绕着指标考核任务，采取以下方法和策略：一是设置较高的指标数据。在指标考核压力下，一些团组织往往更为重视服务的覆盖面。由于共青团的资源、人数有限，导致每个指标背后所投入的资源有限。虽然从数据指标来看，实现了较高的覆盖率，但是由于每项指标的资源投入有限，这客观上影响了服务效果，服务指标难以完全反映服务状况。二是有选择性地开展服务。由于资源少、任务多、时间紧，为了完成指标任务，团干部往往会选择资源投入少、不怎么需要协调资源、比较容易开展的活动开展，譬如思想引领类的专家讲座、志愿服务，而非寓教于乐的实践类活动，这类活动互动性不够，趣味性不足，青年参与的积极性不高，服务效果一般。

部分团干部的服务意识没有因为数字指标的设置而提高，这是因为他们服务青年仍然主要受行政化逻辑的影响，团干部被裹挟进完成指标任务的考核中，而不是在服务青年工作中充分发挥自身的能动性，主动联系青年，深入到青年群体中了解青年的诉求，并主动回应青年的诉求。这也导致青年的诉求不能被有效回应，青年在服务中的获得感不高，影响了共青团对青年的有效引领和帮助。作为党的工作法宝的群众路线，不仅仅要依靠数字指标，更要依靠与青年的血肉联系，想青年之所想，急青年之所急，解青年之所难，这有赖于团干部打破行政化思维，真正提高服务意识。

五、提升共青团服务力的实践路径

（一）坚持党的领导，确保共青团服务力建设的正确方向

“政治性是群团组织的灵魂，是第一位的。”[①]保持和增强共青团的政治性，关键在坚持中国共产党的领导。坚持党的领导能够确保共青团服务青年的正确方向。共青团服务青年的根本目的是引导青年听党话、跟党走，将党的意识和主张贯彻落实到青年群体中，将青年最广泛最紧密地团结在党的周围。如果脱离了党的领导，共青团就会迷失方向，丢掉灵魂，甚至有可能走上邪路。坚持党的领导是实现共青团服务青年职能的根本保证。习近平总书记指出：“百年征程，塑造了共

① 习近平：《论党的青年工作》，中央文献出版社2022年版，第107页。

青团坚守理想信念的政治之魂。”[①]“党有号召，团有行动。”这是共青团在长期工作实践中形成的坚持党的领导的光荣传统。希望工程、青年文明号、青年志愿者行动、保护母亲河行动等工作品牌，就是共青团紧紧围绕党在不同历史时期的中心任务主动设计、率先倡导的服务品牌，并且随着党和国家的中心任务的转移而进行相应的改革创新，在新的历史时期重新迸发活力。因此，共青团服务工作需要随时根据党的中心工作的转变而进行相应的调整，以此加强对广大青年的有效引领，在党的工作大局中作出贡献、彰显价值。

（二）坚持群众路线，构建团青互动机制

共青团加强服务力建设，要回归群众工作的基本逻辑，这也就要求共青团深入青年、依靠青年。“代表广大青年、赢得广大青年、依靠广大青年，是我们党不断从胜利走向胜利的重要保证”[②]，习近平总书记的重要论述蕴含着深刻的群众工作精髓。

共青团应该加强联系青年，加强其群众性。一是团干部下基层活动要常态化制度化。团干部要深入青年，推行团干部联片挂点、“驻校蹲班”和“一专一站两联”制度，机关联系基层、干部联系青年进一步密切。二是依靠青年。共青团自身的资源、人手、经费有限，如果完全依靠共青团去推动相关工作，那么共青团就容易走向官僚化、空壳化。而且“群团组织开展工作和活动要以群众为中心，让群众当主角，而不能让群众当配角、当观众”[③]，因此应该充分动员青年发挥主

---

① 习近平：《论党的青年工作》，中央文献出版社2022年版，第5页。
② 习近平：《论党的青年工作》，中央文献出版社2022年版，第153页。
③ 习近平：《论党的青年工作》，中央文献出版社2022年版，第108页。

体性和创造性，让他们自我服务、自我管理，变服务对象为服务力量，共青团主要起组织者和引领者的作用。三是要创新活动方式，提高团组织的服务效果。针对青年、团员对基层团组织关注度及参与度相对较低的问题，基层团组织需要不断创新活动方式，将活动从“注重形式”向“注重实效”、“传统老旧”向“创新变革”改变。譬如深圳共青团推出“港澳青年e站通”一站式服务平台，有效解决了港澳青年创业者查策难、办事难等问题；建设港澳青年驿站，满足港澳青年住宿多样化需求。要通过创新理念、方式方法和技术手段等，构建团青互动机制，增强共青团服务的主动性、精准性、便捷性，提高青年的获得感和满意度。

（三）强化基层团组织力量，提高共青团服务能力

增强共青团的自主性能为共青团服务力的提升提供制度空间。共青团的自主性能够有效调整团青关系，提高其回应青年需求的能力。共青团坚持党的领导同坚持依法依章程独立自主开展工作是有机统一的。“党的领导不是代替群团组织，而是要支持群团组织更好发挥作用，让党的领导通过群团组织具体而深入地落实到群众中去。”[①]共青团只有增强自主性，充分发挥自身独特的职能才是真正地坚持党的领导。而要增强共青团的自主性，也就要求强化基层团组织的力量。基层团组织普遍“缺编制、缺经费、缺办公场所、缺工作人员”，很多县级团委只两三名团干部，却要联系服务众多青年，这就要求将力量和资源充实到基层团组织中，使基层真正强起来。团中央机关带头减编，

① 《习近平著作选读》第一卷，人民出版社2023年版，第362页。

精减机关行政编制，补充相应数量的挂职干部，带动省级团委根据实际情况适当精简编制、充实县级团委和直接服务青年的工作领域，县以下基层工作力量得到补充。各地基层团组织通过社会化的渠道选用挂兼职团干部，注重从机关企事业单位、学校、社会组织中选拔优秀人才，把善于联系服务群众，敢于担当奉献、工作能力强的干部选派到团的干部队伍中，团的工作力量得到显著增强。

第六讲

共青团维护青少年权益工作

青少年权益保护工作直接关系着青少年的健康成长和全面发展，直接关系着中国特色社会主义事业可靠接班人和合格建设者的培养。“充分依托党赋予的资源和渠道，为青年提供实实在在的帮助，让广大青年真切感受到党的关爱就在身边、关怀就在眼前。”这是习近平总书记对共青团提出的重要要求，更是新时代青少年权益保护工作的重要遵循。代表和维护青少年合法权益、促进青少年健康成长，是共青团的重要职责之一，是团组织更好地团结凝聚青年的要求，也是发挥党和政府联系青年的桥梁和纽带作用的具体体现。党的十八大以来，共青团深入贯彻习近平总书记关于青年工作的重要思想，始终心系广大青年，聚焦服务青少年普遍性发展权益，积极参与法律修订与实施、政策倡导与协调，开展代表协商与表达、权益保障与支持等工作，不断增强政策倡导和社会倡导能力，努力成为青少年信得过、靠得住、离不开的贴心人。

一、维护青少年权益工作概述

（一）青少年权益的相关概念

关于青少年的概念和年龄界定，不同组织或机构的定义差别较大。青少年是心理学、人口学和法学等的综合概念。2006年世界卫生组织全球官网发布的《关于青少年健康管理手册》表明世界卫生组织将“青年”（youth）年龄界定为15—24岁，“青少年”（adolescents）年龄界定为10～19岁。联合国《儿童权利公约》规定：“儿童系指十八岁以下的任何人。”《中华人民共和国未成年人保护法》（以下简称《未成年人保护法》）第二条规定：未成年人是指未满十八周岁的公民。我国法律规定的未成年人与联合国《儿童权利公约》中的“儿童”概念是基本一致的。从共青团维权工作和青少年全面发展的角度解读，青少年的范围是指6周岁以上至25周岁的人。[①]

青少年权益是指青少年依法享有的权利和利益。《未成年人保护法》明确提出，未成年人的权利包括生存权、发展权、受保护权和参与权等权利。未成年人依法平等地享有各项权利，不因本人及其父母

---

① 参见刘俊彦主编:《共青团工作12讲》（第二版），天津社会科学出版社2018年版，第79页。

或者其他监护人的民族、种族、性别、户籍、职业、宗教信仰、教育程度、家庭状况、身心健康状况等受到歧视。

（二）维护青少年权益的概念和内容

青少年权益保护主要是指党政机关、立法司法机关和社会组织，依法保护青少年的生存、发展、受保护和参与等权益。共青团是代表和维护青少年合法权益的重要力量。共青团维权工作就是指共青团组织在法律和政策框架内，通过多形式、多渠道表达和维护青少年合法权益，改进和完善青少年健康成长的政治空间、制度空间和社会空间的相关行动和举措。

（三）维护青少年权益的探索与发展

共青团自诞生之日起，维护青少年权益就鲜明地写在团旗之上。共青团维护青少年权益是顺应时代发展的重要举措，有其深刻的逻辑内涵。从政党的宏观方位来看，共青团经历了从一个夺取政权的革命党的助手和后备军转向执政党的助手和后备军的变化。从人民利益和青年利益互动来看，它经历了强化青年利益——强化人民利益——再次凸显青年利益的一种螺旋式走向。[①]

1922年中国社会主义青年团第一次全国代表大会通过的《中国社会主义青年团纲领》提出，中国社会主义青年团要“为改良青年工人、农人的生活状况而奋斗，并为青年妇女、青年学生的利益而奋斗”[②]。新

① 吴庆：《利益格局的变迁与政党青年组织的策略》，《中国青年政治学院学报》2012年第2期。
② 中共中央党史和文献研究院、中央档案馆编：《中国共产党重要文献汇编》第二卷（1922年），人民出版社2022年版，第123页。

中国成立前夕，党明确要求共青团“在最大多数人民的最大利益的基础上，经常地注意和努力为青年群众的特殊利益与切身需要而服务”[①]。从1958年开始，受到极左思想的影响，共青团的权益工作开始步入徘徊甚至混乱无序状态，缺乏适合青年特点的活动，这在一定程度上影响了青年一代的健康成长和共青团作用的发挥。[②]

党的十一届三中全会后，我国实行改革开放，共青团贯彻党的路线、方针和政策，带领青年积极投身社会主义现代化建设。对共青团权益工作来说，1988年是重要的转折年份。这一年多项政策文件的出台成为我国青少年立法和青少年权益保护工作进入制度化发展的标志。1988年到2008年的20年间，是共青团在社会主义体制改革过程中进一步明晰权益职责定位的20年，也是共青团权益工作大发展的20年。[③]

党的十八大以来，中国特色社会主义进入新时代，党、国家、社会创新青少年工作思路，调整青少年权益保护体制机制，基本形成了以宪法为根本，以《未成年人保护法》《预防未成年人犯罪法》为核心，以《民法总则》《侵权责任法》等法律为重要来源，以行政法规、地方性法规和国际条约为有益补充的青少年权益保护法律体系，构建了家庭、学校、政府、社会共同参与的维权机制。[④]

---

① 中共中央文献研究室、中央档案馆编：《建党以来重要文献选编（1921—1949）》第二十六册，中央文献出版社2011年版，第3页。

② 郭元凯：《新中国成立70年共青团权益工作的积极探索与创新发展》，《中国青年研究》2020年第4期。

③ 郭元凯：《新中国成立70年共青团权益工作的积极探索与创新发展》，《中国青年研究》2020年第4期。

④ 参见王建敏：《新中国70年来青少年权益保护变迁与发展》，《中国青年社会科学》2019年第3期。

（四）新时代青少年权益保护工作的理念

第一，树立青少年权利主体理念。青少年权利主体理念是伴随着对儿童、童年的认识和理解逐渐发展起来的。儿童作为权利主体的观念，产生于20世纪中后叶的西方儿童权利运动，人们开始认识到儿童不仅仅是被保护的对象，儿童与成人一样也应当是有权利的，儿童的人性应当同成人一样受到平等的尊重。1989年11月20日，在第44届联合国大会上，《儿童权利公约》获得一致通过。《儿童权利公约》的通过标志着儿童作为权利主体的观念在国际社会得以广泛认同与普遍接纳。《儿童权利公约》（以下简称《公约》）规定，“每一位儿童既是家庭和社会的一分子，又是一个独立的个人，儿童享有一个人的全部权利”。

近年来，青少年的权利主体地位越来越受到各方面的重视，尤其是在《未成年人保护法》修订过程中，充分征集和采纳了未成年人意见，初次审议后，修订草案网上公开征求意见一个月内，共有19028名未成年人提出了22629条意见，约占网上意见总数的44%，同时还通过上海虹桥基层立法联系点直接听取华东政法大学附中学生对未成年人保护法二次审议稿的意见，并在之后的修改中予以充分吸收。[①]由此可见，对青少年权利主体地位的尊重逐渐引起关注。

在传统父权主义意识盛行与多元价值观念并存的较为复杂的社会意识形态下，在不断建构未成年人权利保障体系的过程中，秉持并倡导公平正义的青少年权利主体理念，是共青团开展青少年权益维护

① 参见林平：《〈未成年人保护法〉四成修法意见由未成年人提出：减负担、防欺凌》，澎湃新闻网2021年5月26日。

工作的重要基础和前提。对青少年的权益保护要注重“青少年需要什么”，而不是“我们给青少年什么”。青少年权利主体理念影响团组织工作项目的设计、运作和效果。

第二，坚持最有利于未成年人的原则。《儿童权利公约》是国际儿童权利保护的宪章，其中第三条规定了“儿童利益最大化原则”是公约实施的最具指导性的规则。儿童利益最大化原则是指关于儿童的一切行动，不论是公私社会福利机构、法院、行政当局或立法机构，均应以儿童的最大利益为首要考虑，即社会和成人作决定时应考虑并符合儿童的最高利益，尊重儿童的基本权利，应最大限度地保护儿童的生存和发展。儿童利益最大化原则作为国际范围内儿童权利保护的纲领性原则，指导有关儿童事务的立法、政策规划和资源配置，是国际社会普遍认同的处理一切关于儿童问题的首要考虑准则。

2021年6月1日实施的《未成年人保护法》第四条明确规定了最有利于未成年人原则，并且设定了六项具体要求。最有利于未成年人原则与儿童最大利益原则这一国际通行的少年司法准则具有一致性，有力地实现了儿童最大利益原则全方位、实质化的本土转化。①最有利于未成年人原则是“儿童利益最大化原则”的中国化表达。在我国，未成年人最大利益原则涵括两个方面：一是应将未成年人视为拥有权利的个体；二是未成年人利益必须高于成年人社会利益，即凡是涉及成年人的任何事宜都必须以未成年人最大利益为重，以最有益于未成年人的发展为出发点。

实现未成年人利益的最大化，应当综合考虑未成年人的生存权、

① 王广聪：《论最有利于未成年人原则的司法适用》，《政治与法律》2022年第3期。

发展权、参与权等各项权利，既要考虑眼前利益，又要考虑长远发展，从而促进未成年人的身心健康发展。最有利于未成年人的原则与“以人为本”的理念相契合，应坚持把最有利于未成年人的原则作为青少年权益保护工作的出发点和落脚点。

二、新时代青少年权益保护内容

青少年权益得到保护离不开党和国家的坚实保障。党的十八大以来，在习近平总书记的关心指引下，我国青少年权益保护工作取得巨大成就。在社会公平正义不断彰显、人民发展权益得到有效维护的大背景下，新时代中国青少年权益保护有了更好的法治环境、更有力的政策支持、更可靠的社会保障、更温暖的组织关怀。2021年6月1日施行的《未成年人保护法》规定：国家保障未成年人的生存权、发展权、受保护权、参与权等权利。《未成年人保护法》规定的四大权利与联合国《儿童权利公约》接轨。

本讲依据宪法和《未成年人保护法》等有关法律法规，参照联合国《儿童权利公约》等国际公约和文件的宗旨，结合我国青少年权益保护的实际情况，围绕青少年四大权利——生存权、发展权、受保护权和参与权展开介绍。

（一）青少年生存权保障

生存权是指青少年享有其固有的生命权、健康权和获得基本生活保障的权利，是青少年生活成长的最基础权益，该权益必须通过家庭或社会的保障来实现。青少年不仅需要获得物质层面的权益保障，还需要精神上的关怀，这些都直接影响到他们的心理健康状况和心智发展水平。

近年来，随着支撑青少年成长的物质条件显著改善，死亡率下降、身体素质提升，我国青少年生存权得到更充分保障，具体体现在：

一是青少年生存保护力度明显加大。截至2020年底，婴儿、5岁以下儿童死亡率分别从2010年的13.1‰、16.4‰下降到5.4‰、7.5‰。[①]

二是城乡青少年身体素质持续提升。在校园里，随着体育课时持续增加，更多青少年学生既在课堂内“文明其精神”，也在操场上“野蛮其体魄”。超过3700万名农村义务教育学生受惠于政府开展的学生营养改善计划，身体素质得到明显提升。[②]20至24岁这个年龄段的青年，平均身高和体重都有所提升。

（二）青少年发展权保障

青少年发展权是指充分发展青少年体能和智能的权利。青少年最基本的是受教育权，除此之外还包括游戏和休闲的权利、获得良好心理发展的权利以及获得社会技能的权利。近年来，青年优先发展理念凸显，青年受教育水平大幅提升，就业权益得到充分保障，我国青少年发展权得到极大促进，具体体现在：

一是青年优先发展理念的凸显。2017年4月，中共中央、国务院颁布实施《中长期青年发展规划（2016—2025年）》（以下简称《规

---

① 国务院：《中国儿童发展纲要（2021—2030年）》，中国政府网2021年9月27日。

② 教育部：《农村义务教育学生营养改善计划让3700万名农村学生受益》，新华网2018年12月28日。

划》),《规划》是习近平总书记亲自提议、亲自推动制定实施的第一个国家级青年发展专项规划。国家“十三五”“十四五”规划将青年发展规划纳入其中，全部省级、158个市级、530个县级编制本地区青年发展专项规划，“国家+地方”的规划体系更加完善。

为切实把党的温暖充分传递给青年，各级党委和政府聚焦青年急难愁盼问题，制定出台一系列服务青年发展的具体政策举措。随着《规划》深入实施，服务青年发展的政策“工具箱”更加丰富，政策的“集成化”更加凸显，青年发展政策体系逐步完善，青年发展状况实现质的跃升，青年优先发展日益成为社会共识和现实观照。

二是青少年享有更加平等、更高质量的教育。我国教育事业发展不断深化，青少年教育机会更加均等。截至2020年底，学前教育毛入园率从2010年的56.6%上升到85.2%。[①]2021年，九年义务教育巩固率达95.4%，高中阶段毛入学率达91.4%，高等教育毛入学率达57.8%、在学总规模达4430万人。[②]受义务教育政策影响，未上过学的青年比例显著降低。受高等教育扩招政策影响，2000年后高中和大学学历的青年占比迅速提高，初中学历的青年占比下降明显，青年学历结构实现了从小学/初中文化程度为主到高中/大学文化程度为主的转变。随着我国高等教育实现了从大众化到普及化，新增劳动力平均受教育年限也不断增长，2022年新增劳动力平均受教育年限达到14年，54.30%的新增劳动力接受过高等教育。[③]青年受教育水平的显著提升为中国式现

① 国务院：《中国儿童发展纲要（2021—2030年）》，中国政府网2021年9月27日。
② 参见教育部：《2021年全国教育事业发展统计公报》，中国政府网2022年9月15日。
③ 参见教育部：《2022年学历教育在校生2.93亿人 新增劳动力平均受教育年限达14年》，中华人民共和国教育部网2023年3月23日。

代化提供了强大动力、夯实了牢固的根基。

覆盖学前教育至研究生教育的学生资助政策体系建成且日趋完善，2020年资助资金总额超过2400亿元、资助学生近1.5亿人次，实现“三个全覆盖”。义务教育阶段进城务工人员随迁子女、农村和贫困地区学生等群体受教育权益得到充分保障。2020年，85.8%的进城务工人员随迁子女在公办学校就读或享受政府购买学位服务；2012年至2021年，农村和贫困地区重点高校专项招生计划定向招生超过82万人，让更多的青年公平享有接受更好教育的机会，阻断贫困的代际传递。①

三是青年就业始终被摆在突出位置。就业是民生之本，是青年发展之基。党的十八大以来，以习近平同志为核心的党中央高度重视青年特别是大学生就业工作，实施就业优先战略和积极就业政策，始终将大学生就业摆在突出位置，维护青年劳动权益。近年来，共青团坚持围绕中心、服务大局，把促进大学生就业作为团的主责主业，全力以赴抓深抓细抓实，着力构建起共青团服务大学生就业创业全周期工作链、价值链，有效促进了大学生学业、就业、职业、创业协同发展。在全团的共同努力下，共青团促进大学生就业取得扎实成效，为党和国家“稳就业”“保就业”工作大局作出了贡献。

四是青年婚姻和生育权益得到维护。2021年9月8日，国务院印发《中国儿童发展纲要（2021—2030年）》。纲要明确，完善三孩生育政策配套支持措施，落实产假制度和生育津贴，探索实施父母育儿假，依托社区发展普惠托育服务，推动将3岁以下婴幼儿照护服务费用纳

① 中华人民共和国国务院新闻办公室：《新时代的中国青年》，人民出版社2022年版，第9页。

入个人所得税专项附加扣除，加强住房等支持政策，多措并举减轻家庭生育、养育、教育负担，让更多的适龄青年“想结婚、想生、能生、生得好”，全面构建生育支持社会体系，提高人口生育率。

（三）青少年受保护权保障

受保护权是指不受歧视、虐待和忽视的权利。未成年人相比于成年人，身体与心理发展尚未成熟，其生存和健康发展需要依赖家庭和社会的保护。

近年来，关于青少年受保护权的法律政策体系日趋完善，受保护力度明显加大，网络空间青少年权益保护进一步加强，具体体现在：

一是关于未成年人受保护权的法律日趋完善。党的十八大以来，保障青少年合法权益的法律法规政策体系日趋完善。2021年6月1日起，新修订的《未成年人保护法》《预防未成年人犯罪法》正式施行。这为保护未成年人合法权益、促进未成年人健康成长提供坚实的法律保障，推动我国未成年人保护事业迈上新台阶。

二是青少年受保护力度明显加大。创建了未成年人保护三级团组织工作体系。2022年5月，一段未成年人被暴力欺凌的视频在网络迅速传播。同日，团中央、团省委、团市委三级专项工作群迅速建立。次日上午，提请关注并稳妥处置相关事件的建议函送达全国未保委办公室。[①]

三是多渠道维护青少年权益。共青团以创建全国维护青少年权益

① 王姗姗:《感知青年温度 传递党的温暖——五年来青少年权益保护工作综述》,《中国青年报》2023年6月6日。

岗、12355青少年综合服务平台等方式，提供法律援助、心理咨询、物质帮扶、安全教育等，积极作为、参与处置青少年权益事件，多渠道维护青少年权益的暖流不断汇聚，既扎实履行发现、报告职责，也务实关爱权益受损青少年，用心用情用力传递党的温暖。

四是切实强化未成年人网络保护。为保护未成年人身心健康和合法权益，加强对网上涉及未成年人犯罪和欺凌事件报道的管理，国家网信办依据《中华人民共和国未成年人保护法》《互联网新闻信息服务管理规定》等法律法规，印发《关于进一步加强对网上未成年人犯罪和欺凌事件报道管理的通知》，中央网信办印发《关于切实加强网络暴力治理的通知》，强化网暴当事人保护，优先处理涉未成年人网暴举报。针对青少年"互联网原住民"特征，共青团中央也通过多种渠道守护青少年网络空间安全，帮助青少年提高网络素养。

（四）青少年参与权保障

参与权是指参与家庭和社会生活，并就影响他们生活的事项发表意见的权利。青少年对一些事务，特别是涉及自身的事务，应当享有参与协商和发表意见的权利。

近年来，党和国家高度重视青年工作，为青年更好更充分地参与政治事务和社会事务创造条件，广大青少年有序参与国家政治生活，在民主实践过程中、乡村振兴大舞台、服务社会第一线、科技创新最前沿、急难险重任务中、国际交往新天地，都能看到青年积极参与的身影，青年正努力成为堪当民族复兴重任的时代新人。

一是青年追求政治进步，积极参与全过程人民民主实践。青年广泛参与各级人大、政协，积极履职尽责、参政议政，2019年县级人大、政协中青年代表、委员分别占10.9%、13.7%。[①]青年踊跃参与各类民主选举、民主决策、民主管理、民主监督，围绕经济社会发展重大问题建言献策，针对关系青年切身利益的实际问题充分行使民主权利，广泛开展协商，努力形成共识。共青团擦亮民主实践品牌，持续开展的“共青团与人大代表、政协委员面对面”活动的政治效果和社会效果不断深化；持续开展的全国青少年模拟政协提案征集活动，使青少年在实践中更加深彻了解到中国政治的运作逻辑、领略到中国制度的魅力所在；创造性开展的“青声@全国两会”网络建言征集活动，把青少年最关心的热点话题“速递”到全国两会，并邀请全国人大代表、全国政协委员对青年的心声予以回应。广大青少年通过亲身实地参与全过程人民民主实践，听党话、跟党走的思想自觉和行动自觉越发坚定。

二是青年积极投身社会实践，参与多元化志愿服务。青年志愿服务组织动员体系不断健全，切实发挥青年志愿者协会在实践中培养社会主义事业建设者和接班人的重要组织平台功能。志愿服务交易会以服务基层、带动全局为目标，持续改革创新，形成了由传统形态向线上办赛、线下交流、线上线下有机融合的新形态，逐渐成为志愿服务项目展示、组织交流、资源对接、文化引领的综合性平台，成为中国青年志愿者行动深化改革的一个缩影。青年志愿者在共青团引领下积极投身农业强国建设，在脱贫攻坚主战场、乡村振兴大舞台大展才华、实现梦想。各条战线的青年志愿者在统筹疫情防控和经济社会发展中发挥了重要作用，不断提升服务大局的贡献度。

---

① 中华人民共和国国务院新闻办公室：《新时代的中国青年》，人民出版社2022年版，第23页。

三是青年参与科技创新，在加快实现高水平科技自立自强、加快建设科技强国的时代征程中接续奋斗。北斗卫星团队核心人员平均年龄36岁，量子科学团队平均年龄35岁，中国天眼FAST研发团队平均年龄30岁[①]……“墨子”“天问”“嫦娥”，在寄托着民族复兴梦想的事业中，处处可见青年人的身影。“挑战杯”全国大学生课外学术科技作品竞赛创新举办“揭榜挂帅”专项赛、红色专项和“黑科技”活动，参赛规模和辐射范围屡创新高；中国青少年科技创新奖励基金支撑工作体系不断深化，带动更多青少年参与科创实践。

四是青年充分发挥突击队作用，展现新时代青年责任担当。2022年2月，北京冬季奥运会如约而至，中国建筑集团先后组建万余支青年突击队奋斗在生产经营、工程建设、科技创新的主战场。90后青年霍文震牵头成立冬奥场馆“冰立方”项目青年突击队，提前3个月完成架体搭设。5年来，50余万支青年突击队、900余万名团员青年，在“急难险重新”任务中充分发挥突击攻坚作用；7776个一星级全国青年文明号在窗口服务各领域，创造一流岗位业绩，引领职业文明风尚；2576名全国青年岗位能手在岗位上奋斗奉献，引领带动一大批青年成长为行业骨干、青年先锋；1274个全国青年安全生产示范岗在生产经营一线履行“安全生产、青年当先”的青春担当；400多万名青年参加各级青年职业技能赛事，坚定了“技能成才、技能报国”的青春志向。[②]

---

① 中华人民共和国国务院新闻办公室：《新时代的中国青年》，人民出版社2022年版，第30页。

② 姜洁、杨昊：《以奋斗姿态激扬青春——新时代党的青年工作成就综述》，《人民日报》2023年6月18日。

三、共青团维护青少年权益工作的路径

2015年，习近平总书记在中央党的群团工作会议上深刻指出："服务群众、维护群众权益的大旗要牢牢掌握在我们手中，哪里的群众合法权益受到侵害，哪里的群团组织就要站出来说话。"[①]并且针对包括共青团在内的群团组织提出了增强政治性、先进性、群众性的改革要求。习近平总书记的讲话为新时代共青团维护青少年合法权益工作提供了根本遵循。2023年，团十九大报告指出："共青团是青年人自己的组织，必须为维护和实现青少年合法权益鼓与呼。要大力推动未成年人保护法、预防未成年人犯罪法等青少年相关法律法规落实，加快完善青年发展领域法律法规体系。深化维护青少年权益岗创建。高度关注青少年数字安全，切实维护青少年数字隐私、防止数字沉迷、弥合数字鸿沟。推进12355青少年服务台转型升级，创新服务方式、增强服务实效，努力让青少年在遇到困难时想得起、找得到、靠得住。认真落实侵害未成年人合法权益强制报告制度，主动响应、稳妥处置青少年权益热点事件。"[②]

（一）共青团推动青少年法律和公共政策出台

作为党联系青少年的桥梁和纽带，共青团从孕育、推动第一部青

① 《习近平著作选读》第一卷，人民出版社2023年版，第364—365页。
② 阿东：《在习近平新时代中国特色社会主义思想指引下 动员引领广大青年为全面建设社会主义现代化国家而团结奋斗——在中国共产主义青年团第十九次全国代表大会上的报告》，《中国青年报》2023年6月26日。

少年专门法律的诞生和施行，到见证、参与《未成年人保护法》《预防未成年人犯罪法》的修改和完善，再到普及、促进未成年人“两法”落地和见效，积极开展法律倡导和实施，反映青少年普遍性利益诉求，有效维护青少年合法权益，充分发挥了青少年权益代言人作用。

共青团积极参与青少年、青年领域立法建设，陆续推动未成人“两法”修订实施，对刑法修正案、《社区矫正法》等多部法律法规提出有针对性的意见建议。共青团在参与立法的过程中特别注重了解反映青年想法、发挥青年权益代言人作用，据统计仅《未成年人保护法》一审稿就征集青少年建议4.9万条。在未成年人保护工作协调机制方面，最新修订的《未成年人保护法》明确了由县级以上人民政府民政部门承担，共青团、青联、学联、少先队等协助各级人民政府、公检法等单位做好未成年人保护工作，维护未成年人合法权益。“培养担当民族复兴大任的时代新人”被写入总则，这一与共青团的主责主业高度契合的立法主旨，为共青团在新时代开展未成年人保护工作赋予了更大的政治责任。2023年，共青团中央、全国少工委印发的《关于加强共青团新时代未成年人保护工作的意见》强调，要聚焦思想引领、政策倡导、关心服务、权益维护等四项主要任务深入推进共青团未成年人保护工作。要聚焦主责主业，依托现有工作品牌和项目，集中力量开展生命健康守护、心理健康守护、网络素养提升、法治意识提升、困境群体关爱等五个重点行动，进一步明确未成年人保护工作的着力点，加强机制保障、协同保障和资源保障。

在与青年相关的公共政策方面，2016年，党中央、国务院印发《中长期青年发展规划（2016—2025年）》（以下简称《规划》），为维护青少年权益工作打开新局面提供了新机遇、新契机，其中维护青少年权益与预防青少年犯罪在《规划》中单独成篇，成为青年政策体系中重要组成部分，《规划》实施以来国家层面出台的与青年发展相关政策文件超过240件。此外，青年发展型城市建设已经成为推动《规划》纵深实施、促进城市和青年共同高质量发展的重要抓手。2022年4月，共青团中央、中央宣传部、国家发展改革委、住房和城乡建设部等17部门联合印发《关于开展青年发展型城市建设试点的意见》，部际联席会议办公室确定了45个城市作为首批试点，全面推动青年发展型城市建设。在各地区各部门共同努力下，青年发展型城市建设逐步打开了局面、打出了声势，取得了初步成效。一些地区从省级层面开始探索创新，河北、山东和浙江全域推进青年发展型城市建设，江苏、上海、江西等12省探索省级试点。部分地区创新基层纵向落地载体，上海打造青年发展型社区、街区、园区、创新实验室“三区一室”，杭州打造青年发展型示范街区，苏州推出青年发展型城市主题空间。

各地着力发挥政策牵引作用，注重从青年视角补齐补强基本公共服务短板弱项，结合自身实际出台诸多青少年可感知、可受益的政策项目，涉及住房租房、就业创业、婚恋生育等多个领域，为青年带来实实在在的获得感。比如浙江推动青年发展促进条例编制；江苏省青年工作联席会议出台《关于推动住房保障政策在青年中落实的若干举措》；长沙实施“城市合伙人”超级实习生计划；贵阳推出“贵州青年卡”，提供政策、活动、公益等多元化综合服务，苏州、贵阳营造“青年发展”城市灯光秀，引导更多的青年主动参与到青年发展型城市建设之中。

（二）共青团构建青少年权益维护工作机制

共青团积极主动采取有效措施维护青少年合法权益，是贯彻党的要求，也是青少年合法权益保护的现实需求。共青团是我国青少年权益保护工作的重要主体，各级共青团组织积极推进基层青少年权益保护综合服务平台的建设，依托专业资源把青少年权益保护工作的触角延伸到学校、企业、社区等青少年较为集中的场所，并注意加强青少年权益保护工作专业人才队伍建设。通过发挥团属青年社会组织作用，示范引导社会组织依法依规向未成年人提供心理、法律、自护、家庭教育等专业化服务，宣传营造全社会共同关爱未成年人的良好环境，不断壮大青少年事务社工队伍，大力加强青少年维权在线平台建设，及时应对青少年权益保护的典型个案和热点事件。最高检和团中央积极探索社会力量参与未成年人司法保护机制。2018年，最高检和团中央签署的《关于构建未成年人检察工作社会支持体系的合作框架协议》提出，共青团组织要依托综治委预防青少年犯罪专项组、未成年人保护工作委员会，积极参与社会治理创新，与检察机关合作构建未成年人检察工作社会支持体系。2019年，共青团中央维护青少年权益部、最高人民检察院第九检察厅经过前期的联合评审论证和综合考虑，确定在全国40个地区开展首批未成年人检察工作社会支持体系建设试点，积极推动未成年人案件专业化办案与社会化保护相配合、相衔接。

针对未成年人合法权益受到侵害的情况，共青团敢于作为、善于作为，切实维护好未成年人合法权益。团十八大以来，共青团积极作为参与处置青少年权益事件，既扎实履行发现、报告职责，也务实关爱权益受损青少年，通过提供法律援助、心理抚慰、物质帮扶等，用心用情用力传递党的温暖。多年来，青少年维权岗已覆盖多个部门，在青少年权益保护工作中发挥着重要的作用。通过青少年维权岗活动，开展专项或者重点的社会环境治理工作，优化和净化了青少年成长的社会环境。共青团创建4953家全国维护青少年权益岗，扎根基层陪伴呵护万千青少年，服务青少年发展、维护青少年权益的暖流不断汇聚。在守护弱势青少年的同时，为避免犯错青少年滑向犯罪道路，2021年，共青团中央联合最高人民检察院下发《关于开展全国未成年人检察工作社会支持体系示范建设的通知》，在全国80个地区共同开展为期一年的未成年人检察社会支持体系示范建设工作，推进社会组织、社会工作者等参与涉案未成年人心理干预、法律援助、社会调查、观护帮教、教育矫治、社区矫正等工作，让青少年同时感受法律的严肃与温度，帮助他们更好回归社会、健康成长。

（三）共青团拓宽青少年的权益参与渠道

青年参与是青年个体或群体表达其利益需求并借此获得特定利益的行为，青年参与不仅仅是青年推进重大社会活动的重要手段，也是青年完成自身社会化的重要途径，共青团通过搭建平台，从政治参与、文化参与和社会参与方面引导青少年理性有序地参与各项社会事务，表达利益诉求，帮助当代青年、青少年全面成长为堪当民族复兴重任的时代新人。

共青团引导青少年通过人大、政协表达利益诉求，参与民主决策，管理与自己相关的事务，促进了广大青少年的政治参与，通过亲身实地参与全过程人民民主实践，广大青少年坚定了跟党走中国特色社会主义道路的思想自觉和行动自觉。[①]

志愿服务为青年的社会参与、成长成才提供了平台，共青团通过大学生志愿服务西部计划、中国青年志愿者海外服务计划、农民工子女志愿服务行动等形式，拓展青年志愿服务的内容，促进青年社会参与。团十八大以来，全团累计派遣21.1万余名高校毕业生到中西部22个省（区、市）及新疆生产建设兵团的2100多个县（市、区、旗）基层服务；中国青年志愿者海外服务计划组织向“一带一路”国家派遣30余名志愿者参与当地经济建设和社会发展，向14个国家的联合国机构派遣了30名青年志愿者参与国际治理；“七彩假期”志愿服务中，23万余名青年志愿者共为174万余名农村留守儿童和城市随迁子女提供服务，帮助他们度过了快乐充实的暑假。[②]此外，各地的“青年汇智团”项目为广大青年发挥聪明才智、参与社会治理提供了渠道，引导广大青年把关心切身利益与关心人民整体利益、国家民族长远利益结合起来。

（四）共青团建设阵地打造团属权益工作品牌

改革开放以来，通过几十年来的发展，共青团从事和承担了大量青少年事务和具体工作，积累了丰富的实践经验。共青团结合当代青年的特点，利用“线上+线下”等方式夯实了自身开展权益工作的阵地平台，构建了社会化工作体系，形成了一批社会认可度高、影响力

① 参见王姗姗：《感知青年温度 传递党的温暖——五年来青少年权益保护工作综述》，《中国青年报》2023年6月6日。

② 参见陈凤莉：《新时代 新探索 新成效——五年来中国青年志愿者行动工作综述》，《中国青年报》2023年6月8日。

大、辐射范围广的品牌项目，有效推动了青少年权益保护、预防犯罪工作，营造了有利于青少年健康成长的社会环境，得到了社会各界的普遍认可和广大青少年的广泛欢迎。

当前互联网已成为青少年接受新事物、新知识的最佳途径。在网络阵地的建设上，各地共青团利用各种新媒体开展工作，有效发挥了倾听青少年呼声、引导和服务青少年、扩大共青团影响力的作用。共青团着眼当代青年网络化生存特点，主动进军网络新媒体，积极进驻B站、抖音、快手、今日头条等青少年聚集的网络平台。针对青年、青少年的特点，通过喜闻乐见的方式传递党政方针，进行思想引领。针对青少年“互联网原住民”特征，共青团中央通过制作网络素养公开课、开展“清朗”行动等，既守护青少年网络空间安全，也帮助青少年提高网络素养，科学看待、使用网络。网络阵地的灵活性很大程度上为维护青少年参与权益提供了便利。

线下阵地的建设中，全团建成6万多个“青年之家”，联系25万个青年社团，有效增强对青年群体的联系服务引领。12355青少年服务台是共青团面向青少年提供心理、法律咨询援助和成长服务的实体化阵地。全国现有122家服务台，联系心理咨询师5000余人，12355热线已开通17年，针对心理健康、校园欺凌、网络成瘾、亲子冲突等热点问题，为超过180万人次青少年解答心理困惑、排解焦虑情绪[①]，为未成年人提供及时精准的回应与帮扶；热线服务孵化出的“12355中高考减压”“12355健康守护行动”“同心抗疫·静待花开”等系列项目每年可

---

① 参见阿东：《在习近平新时代中国特色社会主义思想指引下 动员引领广大青年为全面建设社会主义现代化国家而团结奋斗——在中国共产主义青年团第十九次全国代表大会上的报告》，《中国青年报》2023年6月26日。

覆盖1000余万人次；依托服务台专业力量，“青听益站”全国12355网络平台微信小程序于2023年5月正式上线。在构建社会化工作体系方面，共青团很早就有依托青少年事务社工开展青少年专项服务的实践经验，多数城市把12355转型升级为综合服务平台，以此为枢纽建设基层青少年服务站点，积极培育青少年事务社工和青年社会组织，开发服务项目，培育解决青少年问题的专业人才队伍。广州的“青年地带”、苏州的“笑果”青少年社区服务店、重庆的“市民学校”、柳州的“雷锋超市”、邯郸的“春雨乐园”、阳泉的亲情family社工服务站，昆明的红嘴鸥青少年事务服务中心、南通的心灵家园社工事务所等，虽然名称各异，但基本要素都是找准权益工作与社会组织、专业社工的衔接点，通过购买服务、项目合作等方式，形成有阵地、有队伍、有项目的社会化工作体系。

四、共青团维护青少年权益工作的展望

维护青少年权益是全面依法治国战略布局下共青团促进青少年全面发展和健康成长的重大职责使命，更是新时代共青团凝聚服务青少年、夯实党的青年群众基础的重要方法路径。经过长期的探索与发展，共青团维护青少年权益工作取得一系列成就。新时代新征程，面对更为严峻复杂的形势任务，共青团要瞄准当前维护青少年权益工作中存在的不足和难点，坚持围绕中心、服务大局，以习近平总书记关于青年工作的重要思想为指引，紧扣“党联系青年最为牢固的桥梁纽带”这一根本定位，着力在法律体系完善、工作机制建设、社会支持协同、

内容方法创新等方面进一步深化和完善，持续推动共青团维护青少年权益工作高质量发展。

（一）促进青少年权益保护法律体系的优化完善和执行落实

客观全面代表青少年群体利益，科学推动青少年权益保护法律体系建设和完善是共青团开展青少年权益维护工作的应有之义。我国在加强社会主义法治建设的同时，积极推进青少年权益保护法律体系建设。经过修订完善，当前青少年权益保护法律体系已具有更强的指导性、操作性，对青少年权益保护的范围更全面，对侵害青少年权益的现象和相关处置权限、职责有了更清晰的界定。但是在青少年权益保护法律的系统性、部分法律条规之间的协调性、法律法规的针对性等方面仍存在进一步完善的空间。[①]同时，青少年成长发展需要随着社会政治经济环境的变迁而变化。

共青团要用好制度化渠道，加强与立法机关的沟通，积极参与同青少年发展权益密切相关的法律法规的制定与修改工作，努力推动立法有效回应和保障青少年在时代进步中产生的发展新需求。贯彻落实习近平总书记关于“填补空白点、补强薄弱点”的重要要求，依照宪法第四十六条“国家培养青年、少年、儿童在品德、智力、体质等方面全面发展”的规定，共青团要积极倡导和推动青少年领域专门立法，把党和政府促进青少年长远发展、健康成长的相关政策举措上升为法律法规，推动实现青少年权益保护领域立法的系统集成，使青少年全

① 王建敏、于文建、李颖：《新时代我国青少年权益保护法律体系的完善》，《青年发展论坛》2018年第3期。

面发展拥有更为坚实的法治保障。

随着青少年群体发展需求分层化多样化，青少年权益保护涉及安全健康、思想文化、教育、卫生健康、就业创业、社会保障、社会参与等各领域。《法治中国建设规划（2020—2025年）》明确提出，“加强国家机关监督、民主监督、群众监督和舆论监督，形成法治监督合力，发挥整体监督效能”。共青团是党领导的群团组织，也是青年人自己的组织，要全力配合依法治国战略布局，组织动员青少年群体等以合理方式开展法治监督，关注家庭、学校、企事业单位等各社会主体对青少年权益保护法律法规的执行和落实情况，注意发现并及时反映法律法规实施过程中损害青少年权益的现象，推动、配合相关部门妥善解决，为青少年发展营造更好的执法环境。

（二）加强维护青少年权益工作的系统建设和机制建设

青少年权益面向的多样性决定了共青团维护青少年权益工作的复杂性。共青团尤其是基层共青团组织在开展青少年权益工作中容易受到资金资源限制、合作协调费力等方面掣肘，进而限制了维权工作的有效覆盖，影响维权工作的质量效果。从现有青年权益工作格局来看，无论是共青团的组织内部，还是团组织外部，都存在着较为明显的部门条块化分割倾向，权益工作跨部门、跨机构协同治理机制建设不完善，导致处于边界地带的青少年权益工作无人管辖，维护青少年权益政治力量和制度资源未能实现最有效的合理配置。[①]

① 郭元凯：《新中国成立70年共青团权益工作的积极探索与创新发展》，《中国青年研究》2020年第4期。

共青团是党的助手和后备军，要充分依托党赋予的资源和渠道，紧扣服务青年的工作生命线，协助党和政府做好青少年权益保护工作。要将维护青少年权益、促进青年全面发展的相关工作嵌入国家治理体系和治理能力现代化的战略部署，融入共建共治共享社会治理体系中。要坚持党管青年原则，充分用好党赋予共青团的政治资源，不断健全巩固共青团在人大、政协、政府部门间协调机构等相关机制安排，在青年发展领域推动形成党委领导、政府负责、共青团协调、社会协同的工作格局。要依托各级青年工作联席会议、未成年人保护工作委员会等工作机制和“共青团与人大代表、政协委员面对面”等活动载体，加强与相关方面的协调联动，在法定工作框架内积极代言青年发展诉求、推动解决青年发展的普遍性问题和突出难题，形成党领导下全方位、全链条促进青年发展的工作合力。①

建立青少年权益维护大数据实时共享及风险监测预警机制。深刻认识新形势下青少年权益维护工作的时代内涵，注重从整个青少年成长全生命周期的角度出发，整体谋划、全面推进共青团维护青少年权益工作。青少年权益保护工作是党的青年工作的重点，在充分发挥信息科技和数字化手段建立青少年权益维护大数据，根据各部门、各层级设置权限实现数据实时共享。建立数据实时共享及风险监测预警机制，组织党政部门，邀请心理学、教育学、法学、社会学方面的专家团队建立监测指标，定期就数据进行分析研判，预测发展趋向和重大风险可能，并对应建立跨部门联动合作机制及应急干预机制，为防范

① 共青团中央维护青少年权益部：《深入贯彻落实习近平法治思想 以法治思维维护青少年权益、促进青年全面发展》，《中国青年报》2022年2月22日。

重大风险事件提供决策参考和行动支持。

（三）充实维护青少年权益工作的专业力量和支持体系

维护青少年权益实践中涉及多学科、多专业的知识体系和工作方法技巧。随着时代发展，青少年权益的内涵和外延不断变化和延伸，权益维护需求日趋交错复杂，权益维护工作的难度、广度、深度持续提高，对共青团维护青少年权益工作在人员数量保障、人员结构配置、人员专业配备等都提出新的要求。与此同时，由于各区域、各地区经济社会发展阶段和发展水平不同，不仅共青团组织的人员配备、队伍力量、资源情况不尽相同，青少年权益维护工作的覆盖度、便利度、时效性、实效性等方面也存在一定的差异。亟须从人员队伍建设、专业能力建设、社会支持和协同治理体系建设方面充实、壮大青少年权益维护力量。

一是加强专业化人员队伍建设。尤其是广泛进行社会化动员，通过购买服务、委托服务、志愿服务等形式吸纳青少年社工、心理咨询师、律师等专业人士充实青少年权益维护队伍力量，运用各领域专业人员的理念方法、职业技能，形成“职能部门+团干部+专业人员+社会志愿者”的维权力量，满足青少年全面发展需要和权益维护的需求。二是建立标准化工作流程和质量评估指标体系，广泛开展知识能力建设，定期开展交流培训和学习互动，保障服务质量，提升专业化服务水平。三是发挥共青团枢纽型组织的特色功能，加大力度建设社会化的青少年权益维护支持体系和协同治理机制，通过项目建设、资源整合、服务平台搭建，使政府职能单位、福利机构、全团组织、村居社区、慈善组织、基金会及相关青少年服务机构能够在服务青少年过程中形成“一核多元、共建共治”的治理格局。

（四）创新维护青少年权益工作的路径方法和项目建设

新时代共青团维护青少年权益工作需要更新工作理念和思路，树立青少年是权利主体的理念，坚持未成年人利益最大化原则。成长于我国经济社会快速发展时期的青少年群体，有着优越的物质发展环境，身体素质、学历知识、综合素养、胸怀见识得到全面发展，其成长发展起点更高，机会更多。同时也意味着他们成长发展的需求更为多样化、个性化，对国家建设、社会发展和个人成长有更高的期待和更精细精准的要求。我国青少年权益维护工作取得长足发展，尤其近年来青少年社会参与、政治参与的主体意识得到一定程度的提高，根据中国青少年研究中心、中国国际青年交流中心等联合课题组研究发布的《国际青年发展指数报告2021》显示，中国青年的公共参与指数处于优先水平。但受传统观念影响，青少年权益保护工作基于对青少年处于弱势地位的定位，着眼于青少年权益侵害的预防措施、社会保障和救济方式，对重点青少年群体进行教育、管理和帮助，对违法犯罪的青少年进行社会矫治，在一定程度上忽视青少年的参与权的保障，忽视充分发挥青少年的主体意识。因此，新时代青少年权益保护工作亟须更新工作理念，创新工作路径方法，规范项目建设实施，以取得更大工作实效。

要立足青少年成长发展的时代处境和青少年生命周期发展规律，以及个人当前阶段生命任务，来评估青少年群体和个体的发展需要，对维权工作的相关活动、服务和项目进行设计。共青团的最大优势在于遍布基层一线、深入青年身边。要充分发挥共青团广泛联系青年、青少年的优势，换位思考、开展调研，充分与青少年对话，了解他们的所思所想，了解他们的迫切需求和急难愁盼问题，以青少年为本开展相关服务和工作。要求转变工作思路和方法，充分挖掘青少年的潜能，提供机会和空间让青少年发出真实声音，全面彰显个人价值和风采；充分相信青少年的使命感和责任感，赋予青少年政治参与、社会参与的角色和路径，为民生福祉、社会建设建言献策，为国家发展、民族复兴挺膺担当。要尊重青少年主体意识和人格意识，采取优势视角，丰富工作手法和形式，兼顾青少年普适性权益和个性化权益，使青少年全面健康发展。

第七讲 I

新时代共青团员先进性建设

共青团是党领导的先进青年的群团组织，是广大青年在实践中学习中国特色社会主义和共产主义的学校，是中国共产党的助手和后备军。共青团应当把保持和增强先进性作为高扬的旋律和不懈的追求。党的十八大以来，习近平总书记鲜明提出了保持和增强团员先进性这一时代课题，明确要求团员要有团员意识和光荣感，要体现先进性，必须把保持和增强先进性作为群团工作的重要着力点。2023年6月26日，习近平总书记在同团中央新一届领导班子成员集体谈话时强调，党的十八大以来，团的立身之本和政治之魂更加牢固，共青团工作的方向任务更加明确，团组织的政治性、先进性、群众性更加鲜明。习近平总书记在肯定共青团工作的同时也提出了期许与要求，即“不断保持和增强政治性、先进性、群众性，不断提高团组织的引领力、组织力、服务力”。由此可见，先进性始终是党衡量共青团工作的重要标尺。

一、团员先进性的基本内涵

团员是团的肌体的细胞和团的活动的主体，团的先进性要通过团员的先锋模范作用来体现。党旗所指就是团旗所向。党的十八大以来，共青团始终牢记新时代的职责使命，顺应全面从严治党的要求，坚持问题导向，敢于刀刃向内，纵深推进团的改革，全面从严管团治团，坚定不移走好中国特色社会主义群团发展道路，努力写好新时代增强团的先进性这篇大文章。2017年7月，共青团中央印发的《关于保持和增强团员先进性的意见》，建立了新时代团员先进性建设的四梁八柱，也为今后一段时期保持和增强团员先进性工作提供了明确路线。团中央出台《新时代共青团员先进性评价指导大纲（试行）》，将抽象的团员先进性，结合不同年龄段、不同职业团员群体的思想认知水平和行为特点，从“有信仰、讲政治、重品行、争先锋、守纪律”进行了分类测评，实现了团员先进性评价方式的创新。为深入贯彻习近平总书记在同团中央新一届领导班子成员集体谈话时的重要讲话精神，落实团十九大和团十九届二中全会工作部署，共青团中央印发了《关于新时代新征程加强和改进团员队伍建设工作的意见》。

团员先进性主要体现在共青团员群体在各方面相对于非团员青年群体的进步性和领先性。团员先进性内涵的时代要求就是要回答团员的先进性体现在哪些方面，团员先进性在这些方面的具体表现是什么等核心问题。心中有尺，行事有度，增强团员的先进性首要的是让全体团员理解团员先进的内涵要旨和评价标准。

“先进性”作为一个测量学范畴的常用术语，常指进步比较快，水平比较高，可以作为学习的榜样的①，即能力水平较高，站在前列，处于进步状态的根本属性。这种根本属性取决于评价所依据的参照物，换言之，事物的先进性是和参照物进行比较而得出的。因此，如果参照物是同一范畴或标准下的其他事物，那么，“先进性”可以理解为一事物在与其他事物相比较时表现出来的长处和优势，此时的先进性是一个比较概念，是在两个事物或多个事物相互比较中产生的②；如果标准是“进步状态”，处于一种具有时间性的动态评价（即历史评价）中，那么，“先进性”就表现为事物自身的传承与发展。由此可见，先进性是一个相对概念，具有时间和空间两个维度，从时间上来看，先进性体现的是一事物自身的传承与发展；从空间上来看，先进性是指在同一范畴或标准下，一事物与其他事物相比具有的优越性。③

团员先进性同样具有时间和空间的双重维度。时间维度下的团员先进性，主要指共青团作为社会政治组织所具有的传承与发展的特性，体现为不同历史时期无产阶级导师、理论家们对团员先进性的理解和要求，因此必然会随时代、政治环境等的变迁而有所变化和侧重。空间维度下的团员先进性，侧重于当前一段时间内，与其他青年群体相

---

① 中国社会科学院语言研究所词典编辑室:《现代汉语词典》(第六版)，商务印书馆2012年版，第1405页。

② 王娜娜:《中国共产党先进性建设基本经验研究》，山东轻工业学院2010年硕士学位论文。

③ 金婕:《新时期提升中国共产党先进性建设科学化水平的研究》，华东政法大学2011年硕士学位论文。

比，团员群体在社会生活的各方面所体现出的“能力水平较高，站在前列，处于进步状态”的相对优越性和领先性。

二、习近平总书记关于团员先进性建设的重要论述

我们党关于团员先进性的具体界定，最早是毛泽东同志基于马克思主义基本理论同中国革命和建设的实践而提出的。毛泽东同志将团员先进性集中归纳为“政治先进，成绩先进和学习先进”，即一心跟党走的“政治先进”、团结凝聚青年建功立业的“成绩先进”和掌握先进理论的“学习先进”，奠定了团员先进性内涵的理论基础。1953年6月，毛泽东同志在《青年团的工作要照顾青年的特点》中对“团员先进性”提出了基本要求，指出在坚持党的领导的基础上，团员青年必须“身体好，学习好，工作好”，结合我国团员青年的实际特点提出了团员必须达到能力强、成绩好的要求。

习近平总书记从新时代进行伟大斗争、建设伟大工程、推进伟大事业、实现伟大梦想的实践角度，进一步赋予了团员先进性时代性内涵。这种时代性体现在，以习近平新时代中国特色社会主义思想，特别是习近平总书记关于青年工作的重要思想为指导，团员先进性内涵指导思想的与时俱进不仅切中了当今世情国情变化的本质特征，而且准确把握了新时代青年和共青团工作的新特点。习近平总书记关于青年工作的重要思想，明确了共青团的职责使命、政治责任和工作主线，明确了共青团着力增强政治性、先进性、群众性的改革方向，也更加明确了共青团员先进性建设的基本内涵。

（一）阐释了团员先进性的现实表征和实现路径

新时代团员先进性的现实表征和实现路径就是要牢牢把握时代主题，为实现中华民族伟大复兴中国梦砥砺奋斗，努力成为党的后备力量。2015年7月6日，习近平总书记在中央党的群团工作会议上强调："保持和增强群团组织的先进性，必须牢牢把握为实现中华民族伟大复兴中国梦而奋斗的时代主题，紧紧围绕党和国家工作大局，组织动员广大人民群众走在时代前列，在改革发展稳定第一线建功立业。"[①]他十分明确地将群团组织的先进性定位在了围绕中心、服务大局上。团组织和团员的先进性就体现在，要把共青团的工作放到"党的中心任务和国家民族的振兴发展实践"这一中心中去谋划、去定位、去摆布；同时，做到在国家经济社会发展的大局下思考、在大局下行动，为中心工作助力、为全局工作添彩。因此，团员的先进性就与"党有号召、团有行动"的光荣传统密不可分，其具体表现是因地制宜的，是因时而变的，要从自己做起、从身边做起、从小事做起。

（二）确定了团组织先进性与团员先进性的逻辑关系

习近平总书记创造性地将团组织的先进性特别是团组织的理想信念先进作为团员先进性的重要来源，并进一步明确了团组织、团员的先进性在增强共青团的吸引力、凝聚力中的关键地位。2013年6月，习近平总书记在同团中央新一届领导班子成员集体谈话时曾就团组织和团员的先进性进行过集中阐释："共青团应该是先进青年的组织，团

① 《习近平著作选读》第一卷，人民出版社2023年版，第364页。

员应该有先进性，有光荣感。先进性、光荣感从哪里来？一个很重要的方面就是理想信念先进。如果团员同一般青年一样，是不是团员没有多大差别，那团组织就很难有强大吸引力和凝聚力。吸引力和凝聚力不能单靠组织一些活动、分发一些经费，这些也需要做，但必须明白，只有思想上精神上的吸引力和凝聚力，才是内在的强大的持久的。团组织和广大团员能不能走在时代前列、走在青年前列，是决定团的吸引力和凝聚力的关键因素。”①习近平总书记的这段论述指出了团员先进性的两方面来源。一方面，团员先进性由共青团组织的先进性所决定，正因为共青团是先进青年的组织，具有天然的先进性，所以，作为团组织成员的团员也应具有先进性，团的先进性要通过团员的先锋模范作用来体现，这也指明了团员先进性建设的基本路径和逻辑，即通过增强团的基层组织的先进性来增强团员先进性。也正是基于团的先进性和团员先进性的逻辑关系，团组织的建设情况、从严治团情况、团员组织生活等都应纳入团员先进性的评价体系。另一方面，团员先进性的一个很重要的来源就是理想信念先进。理想信念的先进性不仅体现在对共产主义理想的坚定信仰，还体现在对社会主义核心价值观的坚决实践。广大团员在理想信念的推动下，在自己的岗位上做出一流业绩，发挥先锋模范作用，并以此产生团组织的吸引力和凝聚力。这就形成了政治思想先进、时代示范先进、能力业绩先进等主要评价维度。

---

① 习近平：《论党的青年工作》，中央文献出版社2022年版，第29—30页。

（三）提出了“五个模范、五个带头”的明确要求

2022年5月10日，习近平总书记在庆祝中国共产主义青年团成立100周年大会上的重要讲话中，对新时代共青团员提出了“五个模范”的要求：“新时代的广大共青团员，要做理想远大、信念坚定的模范，带头学习马克思主义理论，树立共产主义远大理想和中国特色社会主义共同理想，自觉践行社会主义核心价值观，大力弘扬爱国主义精神；要做刻苦学习、锐意创新的模范，带头立足岗位、苦练本领、创先争优，努力成为行业骨干、青年先锋；要做敢于斗争、善于斗争的模范，带头迎难而上、攻坚克难，做到不信邪、不怕鬼、骨头硬；要做艰苦奋斗、无私奉献的模范，带头站稳人民立场，脚踏实地、求真务实，吃苦在前、享受在后，甘于做一颗永不生锈的螺丝钉；要做崇德向善、严守纪律的模范，带头明大德、守公德、严私德，严格遵纪守法，严格履行团员义务。广大共青团员要认真接受政治训练、加强政治锻造、追求政治进步，积极向党组织靠拢，以成长为一名合格的共产党员为目标、为光荣。”[①]这“五个模范”精辟阐释了团员先进性中所包含的“政治思想先进、发挥作用先进、道德纪律先进”之间的辩证关系：政治思想先进是团员先进性的首要前提，发挥作用先进是团员先进性的外在表现，道德纪律先进是团员先进性的内在保障。[②]总之，脱离了政治性的团员先进性是没有灵魂的，缺乏路径的团员先进性建设是没有实效的。

---

① 习近平：《论党的青年工作》，中央文献出版社2022年版，第10页。
② 参见宋雁慧：《“五个模范”是共青团员先进性的时代要求》，中央团校微信公众号2022年9月5日。

综合上述分析可知，习近平总书记关于青年工作的重要思想，为新时代团员先进性建设工作提供了根本遵循，也为团员先进性评价指标体系建设奠定了坚实的思想基础。团员先进性是团的先进性的基石，团组织的先进性是团员先进性的保障。团的先进性是历史的、具体的。客观地讲，团的先进性必须结合现实生活、工作和学习，具体地落实到广大团员青年和团组织的思想和工作实践中去。所以，团员先进性内涵的时代要旨可以理解为，团员个体和团组织以高尚的思想境界和精神世界为前提，以掌握的科学文化知识和专业技能为载体，以充分发挥进步作用为标志的行为特征。《中国共产主义青年团章程》《关于保持和增强团员先进性的意见》《新时代共青团员先进性评价指导大纲（试行）》《共青团基层组织建设和基层试点实施方案》《共青团推优入党工作实施办法》等对共青团员先进性的表述虽各有侧重，但都符合“五个模范”的要求，其本质是一致的。

三、新时代团员先进性的实现路径

党的十八大以来，加强对青年群体的思想政治引领、坚定理想信念是党中央对共青团工作最集中和最明确的要求。与其他各类青年社会组织相比，共青团的先进性主要体现在其是由先进的思想、先进的政治理念武装起来的组织。[①]所以，开展新时代团员先进性建设的首要工作就是紧抓对团员和青年群体的思想政治引领。

① 曾锐：《提升团员队伍先进性，应该这样做！》，《中国共青团》2015年第12期。

在庆祝中国共产主义青年团成立100周年大会上，习近平总书记要求新时代的广大共青团员，要做“五个模范”，做到“五个带头”。“五个模范、五个带头”的要求，体现了习近平总书记对青年成长成才规律的深刻把握，是习近平总书记对团员青年健康成长道路的最新概括，也是团员先进性建设的重要指引，既提出了明确要求，也指明了实现路径。

（一）做理想远大、信念坚定的模范

“理想指引人生方向，信念决定事业成败。”“青年的理想信念关乎国家未来。青年理想远大、信念坚定，是一个国家、一个民族无坚不摧的前进动力。”[①]理想信念是精神支柱，青年志存高远、信念坚定，就能激发奋进潜力，增强澎湃动力，担负起时代使命。

一要带头学习马克思主义理论。政治上的坚定源于理论上的清醒。理想信念只有建立在对科学理论的认同上，建立在对历史规律的认识上，建立在对基本国情的把握上，才能虔诚、执着、坚定。

二要带头树立共产主义远大理想和中国特色社会主义共同理想。共产主义是我们党的远大理想。共产主义远大理想激励了一代又一代共青团员英勇奋斗，谱写了一曲曲气壮山河的青春史诗。把我国建成富强民主文明和谐美丽的社会主义现代化强国，实现中华民族伟大复兴，是新时代全国各族人民的共同理想。广大团员青年必须把践行共同理想和坚定远大理想统一起来。没有远大理想，就会迷失前进方向；离开现实工作，再远大的理想也是空中楼阁。只有扎扎实实做好每一

① 习近平：《论党的青年工作》，中央文献出版社2022年版，第19、209页。

项工作，才能在青春的赛道上跑出当代青年的最好成绩！

三要带头自觉践行社会主义核心价值观，大力弘扬爱国主义精神。习近平总书记强调："核心价值观，承载着一个民族、一个国家的精神追求，体现着一个社会评判是非曲直的价值标准。"[①]广大青年要从现在做起，从自己做起，勤学、修德、明辨、笃实，使社会主义核心价值观成为自己的基本遵循，并身体力行大力将其推广到全社会去，努力在实现中国梦的伟大实践中创造自己的精彩人生。爱国是社会主义核心价值观的重要内容，是青年的立身之本、成才之基。当代中国，爱国主义的本质就是坚持爱国和爱党、爱社会主义高度一致。广大共青团员要听党话、跟党走，胸怀忧国忧民之心、爱国爱民之情，在不断奉献祖国、奉献人民的人生实践中践行热爱祖国的诺言！

（二）做刻苦学习、锐意创新的模范

"学习是成长进步的阶梯，实践是提高本领的途径。""青年是苦练本领、增长才干的黄金时期。""希望广大青年珍惜大好学习时光，求真学问，练真本领。""青年是常为新的，最具创新热情，最具创新动力。"[②]党的十八大以来，每每与团员青年面对面交流，习近平总书记都勉励他们要加强学习、增强本领。广大共青团员正处于人生积累阶段，只有把能力素质的基石打牢打深，才能行稳致远，大有作为。

一要带头立足岗位、苦练本领、创先争优。青年的素质和本领直接影响着实现中国梦的进程，建设社会主义现代化强国迫切需要青年

① 《习近平著作选读》第一卷，人民出版社2023年版，第238页。
② 习近平：《论党的青年工作》，中央文献出版社2022年版，第19、212、149、8页。

一代本领高强、素质过硬。广大共青团员要把学习作为首要任务，作为一种责任、一种精神追求、一种生活方式，如饥似渴学，时时处处学，持之以恒学，既要读万卷书，也要行万里路，既要多读有字之书，也要多读无字之书。要立足岗位、爱岗敬业，苦练本领、创先争优，把工作做到极致，努力当好伟大理想的追梦人、伟大事业的生力军。

二要努力成为行业骨干、青年先锋。美好生活需要各行各业共同支撑。三百六十行，行行出状元。新时代产业、行业和职业变迁、变动速度加快，对青年提出更高要求。广大共青团员要干一行、爱一行、钻一行，努力在工作实践中增长才干、施展才华，把青春的旗帜插在产业转型、行业创新的第一线。

三要带头成为创新创造的先锋力量。创新是第一动力，青年最能创新。我国要成为世界主要科学中心和创新高地，就要切实发挥青年创新创造的先锋作用。广大共青团员要拿出“初生牛犊不怕虎”的锐气，解放思想、与时俱进，在全面深化改革大潮中迸发创新活力，勇做创新先锋。

（三）做敢于斗争、善于斗争的模范

新时代青年处在中华民族发展的最好时期，既拥有难得的建功立业的人生际遇，也面临世界百年未有之大变局带来的风险挑战。广大共青团员只有迎难而上，自觉加强斗争历练，在斗争中长本领、强筋骨，才能担当起民族复兴的重任。

一要带头迎难而上、攻坚克难。新时代的共青团员，从来就不怕苦、不畏难，在新冠疫情防控第一线、在科技创新最前沿、在体育竞技场上、在平凡而伟大的工作岗位上迎难而上、苦干实干、坚韧不拔。

面向未来，广大共青团员要保持知重负重、直面挑战的昂扬斗志，百折不挠克服困难、战胜风险，为了胜利勇往直前。

二要做到不信邪、不怕鬼、骨头硬。历史已经证明并将继续证明，中国青年在中国共产党的领导下，从来不信邪、不怕鬼、骨头硬。广大共青团员要在各种斗争中保持坚定决心和必胜信心，在工作生活中披荆斩棘、爬沟过坎、勇闯关隘、勇攀高峰，保持“越是艰险越向前”的气概，激发“斗罢艰险又出发”的豪情，靠硬的精神、硬的能力、硬的作风有效应对各种风险挑战。

（四）做艰苦奋斗、无私奉献的模范

“奋斗是青春最亮丽的底色……民族复兴的使命要靠奋斗来实现，人生理想的风帆要靠奋斗来扬起。”[①]艰苦奋斗、无私奉献，是中华民族的动力源，是中国青年的好传统。奋斗的青春最美丽，广大共青团员要把人生志向转化为奋斗动力，负责任、勇担当，让青春在奋斗中闪光。

一要带头站稳人民立场。江山就是人民、人民就是江山。党的根基在人民、血脉在人民、力量在人民。广大共青团员要把自己的小我融入祖国和人民的大我之中，与时代同步伐、与人民共命运，才能更好实现人生价值。要坚持人民至上，尊重人民的历史主体地位和首创精神；要向人民学习，坚信智慧蕴藏于基层和普通大众；要扎根人民，始终与人民想在一起、干在一起。

二要带头脚踏实地、求真务实。新时代新征程，必然会有艰巨繁

① 习近平：《论党的青年工作》，中央文献出版社2022年版，第211页。

重的任务，必然会有艰难险阻，特别需要广大共青团员脚踏实地，做好每一件小事、完成好每一项任务、履行好每一项职责。新时代新征程，奋斗的道路不会一帆风顺，往往充满坎坷，也可能“乱花渐欲迷人眼”，特别需要广大共青团员求真务实，说老实话、办老实事、做老实人，以务实精神和科学方法破解新难题、创造新业绩。

三要带头吃苦在前、享受在后，甘于做一颗永不生锈的螺丝钉。“无数人生成功的事实表明，青年时代，选择吃苦也就选择了收获，选择奉献也就选择了高尚。”①广大共青团员要把在学习工作中吃的“苦头”转化为宠辱不惊的心理素质、百折不挠的进取意志和乐观向上的精神状态，使人生获得升华和超越。广大共青团员要处理好吃苦和享受的关系，体会辛勤劳动的喜悦和无私奉献的快乐，一辈子追求进步、一辈子奋斗奉献。

（五）做崇德向善、严守纪律的模范

“人无德不立，品德是为人之本。止于至善，是中华民族始终不变的人格追求。”②严守纪律，是共青团员的庄严承诺。广大共青团员要加强品德锤炼，做崇德向善、严守纪律的模范，让清风正气、蓬勃朝气遍布全社会。

一要带头明大德、守公德、严私德。做人做事第一位的是崇德修身。广大共青团员要把正确的道德认知、自觉的道德养成、积极的道德实践紧密结合起来，不断修身立德，打牢道德根基，在人生道路上

① 习近平:《论党的青年工作》，中央文献出版社2022年版，第23页。
② 习近平:《论党的青年工作》，中央文献出版社2022年版，第212页。

走得更正、走得更远。要严守对党忠诚的大德，听党话、跟党走；要严守造福人民的公德，把人民捧在手上、把人民放在心里；要严守严于律己的私德，干净做事、清白做人，争当向上向善好青年。

二要严格遵纪守法。我国是社会主义法治国家，全面依法治国深入人心，遵纪守法者扬眉吐气，违法失德者寸步难行。广大共青团员要做尊法的模范，带头尊崇法治、敬畏法律；做学法的模范，带头了解法律、掌握法律；做守法的模范，带头遵纪守法、捍卫法治。

三要严格履行团员义务。共青团是先进青年的群团组织，是党的助手和后备军。共青团员是青年光荣的政治身份，享有团章规定的权利，必须履行团章规定的义务。广大共青团员要牢固树立团员意识，切实履行团章规定的六个方面义务，不断增强团员先进性，坚持不懈用习近平新时代中国特色社会主义思想武装头脑，唱响“与人民一起开拓、同祖国一同奋进”的时代强音，成长为堪当民族复兴重任的时代新人和先锋分子！

四、团员先进性建设的开展

党的十八大以来，习近平总书记高度重视团员先进性的问题，对团员先进性建设提出了明确的指示，“团员应该有先进性，有光荣感”，“宁可少一点，也要好一点，要抓好入团以后的教育实践”[①]……为了全面贯彻落实习近平总书记对团员队伍建设的要求，共青团从团员发

① 习近平：《论党的青年工作》，中央文献出版社2022年版，第29、164页。

展的入口端、团员教育的培养过程以及团员作用发挥的输出端进行全流程管理，逐步把团员培养锻造成该有的样子，让团员展现出应有的作为。

（一）严把团员发展的入口关

共青团是先进青年的群团组织，那么“先进”就成为衡量团员的重要标准。团十八大以来，在团员发展中，紧紧抓住质量这一生命线，坚持把政治标准作为入团首要标准，按照“严格标准、提高质量、控制增量、管好存量”的要求，严把团员入口关。在多地积极探索的基础上，建立入团综合评价标准，制定实施分领域入团标准细则，严格落实少先队推优入团相关规定（近年来，经过少先队组织推优入团的比例超过90%），推行推优、积分、评议入团，多维度考察入团申请人，入团标准和“门槛”明显提高，“什么样的青年能入团”更清晰、更明确。同时，进一步优化规模结构，坚持“县域统筹、市域补充、省控总量”的原则，加强社会领域发展团员力度，兼顾组织覆盖与保证团员先进性。2016年团中央修订并落实《中国共产主义青年团发展团员工作细则》，规范发展程序，优化完善入团流程，确保各环节手续完备、程序规范、公开透明，推动团员发展工作标准化、制度化、规范化，为做好经常性发展团员工作、从源头上确保团员先进性提供了坚实的制度保障。2023年8月17日，团中央再次修订并发布《中国共产主义青年团发展团员工作细则》，要求“着力吸收各领域青年中有理想、敢担当、能吃苦、肯奋斗的先进分子入团，做好经常性发展团员工作”，足见团中央对此项工作的重视。

（二）加强团员教育管理

着力规范和加强团员教育管理是保持团员先进性建设持续发展的重要举措。团十八大以来，团中央系统强化了团员教育措施，努力实现源源不断为党输送新鲜血液的政治功能，控量提质成效明显。

在日常教育中，强化政治教育、政治训练。全团坚持把学习习近平新时代中国特色社会主义思想作为首要政治任务，加强对团员的共产主义远大理想和中国特色社会主义共同理想教育，及时组织学习党的创新理论，经常性组织开展“四史”学习，部署开展“学党史、强信念、跟党走”“学习二十大、永远跟党走、奋进新征程”等主题教育实践活动，帮助团员树立家国情怀、抵御个人主义和功利主义。严肃团内组织生活，严格落实“三会两制一课”制度，制定实施团员教育管理工作条例、中学团课教育指导大纲，推动98.4%的全日制中学建立团校，基本实现了全日制中学团校应建尽建。坚持政治教育与社会实践相结合，创新组织生活方式和主题团日形式。近些年来，在团中央的努力下，各地通过创新“三会两制一课”、主题团日等组织生活的形式载体，加强辨析式讨论、沉浸式体验、仪式化教育、社会化实践，推动超过90%的团支部组织化开展学习教育并逐步形成机制，强化组织育人功能，团员教育的深度和广度实现整体跃升。

此外，全团还加强“学社衔接”，做好经常性团组织关系转接，提高流动团员管理质量。加强学生团员档案的管理和转接，推进团员档案与学籍档案同管理、同保存、同转接。严肃团员纪律要求，健全组织处置制度，依章依规处置不合格团员、违法犯罪团员，保持队伍的纯洁性和战斗力。

（三）积极发挥团员模范作用

实践也是检验团员先进性的指标之一。团员先进性建设到底有没有成效，关键还是看团员在现实的生活、工作和学习中有没有发挥团员应有的模范带头作用。

一方面，全团积极教育引导团员发扬创先争优、永久奋斗的精神品质，把志愿服务、社会实践、岗位建功作为彰显团员先进性的重要载体。聚焦党的工作大局，完善实践教育机制，建立团员向社区（村）和“青年之家”常态化报到机制，深化青年突击队、制度化开展青年志愿服务和社会实践、青年文明号和“三下乡”“返家乡”等项目实践育人功能。

另一方面，把科学合理的激励机制作为保持团员先进性的重要抓手。近年来，团中央不断深化团员先进性评价激励机制，推动团支部每年制度化开展团员先进性评价，实现团员先进性作用可量化、可评估、可检验。围绕制定实施共青团激励机制指导大纲、团员先进性评价指导大纲，构建以入团激励、评议激励、荣誉激励、机会激励、发展激励为主要方式的激励机制。各地普遍建立团员先进性评价常态化机制，规范开展年度团员教育评议，探索建立自下而上、分段分类、阶梯晋级的新时代共青团激励机制。以分层分类为主导的团内荣誉激励机制的建立，在很大程度上发挥了团员先进性的典型示范引领作用。

大事难事显担当，共青团员有作为。过去5年，共青团围绕构建新发展格局、推动高质量发展、打赢脱贫攻坚战、抗击新冠疫情等重大任务，组织广大团员和青年积极参与、勇挑重担、冲锋在前，展现了新时代中国青年的勇气和担当，彰显了新时代共青团员的模范带头作用。“广大团员和青年听从党和人民的召唤，在脱贫攻坚一线摸爬滚打，在疫情防控战场逆行出征，在科技攻关前沿勇攀高峰，在抢险救灾火线冲锋在前，在奥运竞技赛场奋勇争先，在祖国边防哨位日夜守卫，在党和人民最需要的时刻豁得出来、顶得上去，用青春的激情奏响了‘清澈的爱、只为中国’的时代强音，用青春的行动践行了‘请党放心、强国有我’的铮铮誓言。”[1]

团十八大以来，全团累计组建50余万支青年突击队，动员900余万名团员青年，在疫情防控、防汛抗洪等急难险重任务中冲在前、作表率；每年组织动员500余万名大学生参与“三下乡”“返家乡”、社区实践等活动，在乡村振兴、基层治理的广阔舞台施展才华；数千万团员青年参加网络文明志愿行动，抵制谣言杂音、传播主流价值，团员先进性在实践中得到历练彰显。

五、共青团保持和增强团员先进性的基本经验

共青团的发展历史表明，不断保持和增强团员先进性，不仅是共青团组织自身成长发展的基本条件，也是共青团在党的领导下，团结广大团员青年发挥青春力量，在社会主义建设的伟大实践中，进行伟大斗争、建设伟大工程、推进伟大事业、实现伟大梦想的不竭动力和基本保障。在百年奋斗中，共青团时刻紧跟党走在时代前列，不仅从

① 蔡奇：《在强国建设民族复兴新征程上书写壮丽青春篇章——在中国共产主义青年团第十九次全国代表大会上的致词》，《人民日报》2023年6月20日。

党员先进性建设中学习了宝贵经验，也在实践中积累形成了关于团员先进性建设的有益经验，可以大致概括为五条基本经验。

（一）坚持党的领导是保持和增强团员先进性的本质要求和根本保证

听党话、跟党走，坚决拥护党的领导决定了共青团的根本属性，也是共青团作为党领导的先进青年的群团组织的本质要求。共青团作为党的助手和后备军，必须紧紧围绕党的二十大确定的新时代新征程党的中心任务来开展工作，把住方向，奋发有为。共青团是党开展青年工作的重要工作力量，团员先进性建设必须始终与坚持党的领导紧密结合，保证团员先进性的基本方向。如前所述，团员先进性最直接和最集中的体现就是政治思想先进和发挥作用先进这两个基本方面。在政治思想先进上，要坚持党的全面领导，确保在新的征程上，广大青年团员能认真学习习近平新时代中国特色社会主义思想，掌握贯穿其中的世界观和方法论，深刻领会“两个确立”的决定性意义，不断增强“四个意识”、坚定“四个自信”、做到“两个维护”，在波澜壮阔的时代洪流中铸牢听党话、跟党走的立身之本和政治之魂，把牢走中国特色社会主义道路、为共产主义远大理想不懈奋斗的政治方向，让青春充满真理的力量，让真理在青春的奋斗中迸发出更为强劲的伟力，让党的理想信念在团员先进性建设中发挥指引作用。在发挥作用先进上，党的领导是团员发挥建设性作用的根本保障，青春的力量是无限的，只有保证青春力量的正确方向，共青团才能把牢新时代青年工作的主题，最广泛地把青年团结起来、组织起来、动员起来，激励广大青年增强历史责任感和使命感，激发强国有我的青春激情，才能让广大团员在强国建设、民族复兴伟业中勇当先锋队、突击队。

（二）坚持全面从严管团治团是保持和增强团员先进性的重要举措

党的十八大以来，习近平总书记鲜明提出保持和增强团员先进性这一时代课题。增强团员先进性是一项基础性、长期性的系统工程，其中从严治团是关键，要做到“政治上要严”“团的干部队伍建设要严”“团员队伍建设也要严”。加强团的纪律建设是全面从严治团的重要内容、基本途径。在具体实践中，我们一定要把政治上严格要求与团员队伍建设严格要求有机结合起来。政治上要严，就是以政治建设推进思想建设、组织建设、作风建设、纪律建设；全方位、深层次、持续性的先进性教育，把理想信念教育作为首要任务，统筹抓好团员的发展、教育、管理和作用发挥。团员队伍建设要严，就要在团员标准要求上严起来，从把好入团质量关入手，抓好入团以后的教育实践，带动广大青年在学习、工作、生活中时刻保持先进性，平常时候看得出来，关键时刻冲得上去，成为中国特色社会主义事业的合格建设者和可靠接班人。全面从严管团治团，常抓不懈、久久为功，才能真正让团员的先进性被社会感知、让青年向往。

（三）围绕中心、服务大局是保持和增强团员先进性的具体方式

共青团员的先进性要求团员青年始终走在前列，要做同龄人的榜样，发挥模范带头作用，起到先锋示范作用。榜样意识是实现模范带头作用的基础，团员的榜样示范意识来自其内心对团员身份的高度认同。共青团员要从潜意识中认识到团员与普通青年群众在先进性上的区别，用更高更严格的标准来要求自己，牢记自己的团员身份，增强

团员的责任感，提高团员的榜样意识；要在生活、工作和学习等方面与祖国同呼吸，与团组织共命运，发挥先锋模范作用。作为青年中的先进分子，团员应当准确把握团员先锋模范作用的新时代坐标，积极响应党的号召，在“党有号召，团有行动”光荣传统的指引下，积极进取走在前列，把个人理想和国家的发展目标有机结合起来，立大志、做实事，在勤奋学习中提升自己的知识与能力，用乐观的精神、高尚的品德和优异的成果来影响、带动周围的青年共同奋斗。

2023年6月26日，习近平总书记在同团中央新一届领导班子成员集体谈话时强调：“把党的中心任务作为中国青年运动和青年工作的主题和方向，这是一百多年来中国青年运动和青年工作的一条基本经验。”[①]这表明，团员先进性的发挥和实现不是自娱自乐的，而是有明确方向的，就是必须始终围绕党和国家的大局和中心工作进行。这也就意味着，团员的先锋模范作用是具体的、历史的，不同的领域、不同的时代赋予先锋模范作用不同的内涵和具体要求，但无论时代如何变化，共青团敢于争先、引领青年作贡献的光荣传统始终没有变，能力、业绩先进是团员先进性在实践中最直观的体现。所以，团员先进性要在现实的社会主义建设中才能得以彰显，在奋斗的青春中才能体现出共青团员的价值感。

总之，团员先进性的实现不是抽象的，而是具体的，不是遥不可及的，而是近在咫尺的，必须立足平凡的工作岗位。

---

① 《习近平在同团中央新一届领导班子成员集体谈话时强调 切实肩负起新时代新征程党赋予的使命任务 充分激发广大青年在中国式现代化建设中挺膺担当》，《人民日报》2023年6月27日。

（四）与时代发展同频共振是保持和增强团员先进性的必然要求

任何个人的发展都无法脱离时代的发展，任何组织的进步都依存于当前某一历史画卷的特定展开，纵观中国共青团百年历史，探寻共青团百年事业熠熠生辉的根源，其保持先进性的历史迹印和演进轨迹，都深深地根植于共青团始终与时代发展交相呼应、与时代进步同频共振、与时代繁荣休戚相关的优秀品质中。从第一颗革命火种的播撒，到千万面红色旗帜在中华大地上飘扬，一百多年来，中国共青团始终将团员的先进性建设摆在突出位置，始终将中华民族伟大复兴的中国梦作为广大团员不懈追求的理想目标和为之奋斗的时代主题。新时代新征程，团员的先进性建设更应顺应历史潮流、把握时代脉搏、彰显时代伟力，应当从以下三个方面把准共青团员先进性建设的时代舵向。

其一，团员的先进性建设必须赓续于党的百年壮阔征程红色精神血脉中，要坚定拥护“两个确立”、坚决做到“两个维护”，引领广大青年爱党、爱国、爱社会主义，始终保持红色江山永不变色。

其二，团员的先进性建设必须发聩于改革发展稳定第一线建功立业中，牢牢把握时代主题，围绕并服务于党和国家工作大局，组织动员广大青年走在时代前列，在改革发展稳定的前线积功、进德、修业、兴业。

其三，团员的先进性建设必须适应中国特色社会主义经济建设的现实条件，精准把握新时代中国青年发展基本状况，留心发现新时代中国青年变化的新特征，切实帮助青年人解决急难愁盼问题。

（五）推动青年发展是保持和增强团员先进性的历史使命

习近平总书记在庆祝中国共产主义青年团成立100周年大会上的讲话中语重心长地指出："青年之于党和国家而言，最值得爱护、最值得期待。青年犹如大地上茁壮成长的小树，总有一天会长成参天大树，撑起一片天。青年又如初升的朝阳，不断积聚着能量，总有一刻会把光和热洒满大地。党和国家的希望寄托在青年身上！"[①]在党的二十大报告中，习近平总书记指出，青年工作"为党的一项战略性工作"，他强调："青年强，则国家强。当代中国青年生逢其时，施展才干的舞台无比广阔，实现梦想的前景无比光明。"[②]习近平总书记要求"全党要把青年工作作为战略性工作来抓，用党的科学理论武装青年，用党的初心使命感召青年，做青年朋友的知心人、青年工作的热心人、青年群众的引路人"[③]。人类历史反复证明，一个国家和民族的前途命运蕴含在青年群体的发展中，青年强则国强，青年进步则国进步，青年发展则国发展，而"共青团是党领导的先进青年的群团组织，肩负着更好把青年团结起来、组织起来、动员起来，为实现党的中心任务而奋斗的历史使命"[④]。所以，推动青年发展是保持和增强团员先进性的历史使命，而团员先进性建设则是保证共青团发挥引领青年、组织青年和动员青年作用，促进青年发展的前提条件。因为在现实中，团员只有具有先进性，才配得上"青年群体中的先进分子"

---

① 习近平：《论党的青年工作》，中央文献出版社2022年版，第12页。
② 《习近平著作选读》第一卷，人民出版社2023年版，第58页。
③ 《习近平著作选读》第一卷，人民出版社2023年版，第58页。
④ 蔡奇：《在强国建设民族复兴新征程上书写壮丽青春篇章——在中国共产主义青年团第十九次全国代表大会上的致词》，《人民日报》2023年6月20日。

的组织身份，才能真正在青年群体中形成示范作用，形成影响力，形成先进带动后进，最终推动绝大部分青年的整体发展。而一旦青年群体形成了全面发展的良好局面，也将反过来激励作为青年一分子的团员更加注重提升先进性，用“更先进”来维护党的青年群众基础。

中国共产党经过百年奋斗，带领人民创造了历史辉煌；在党领导下中国共青团走过了百年历程，赢得了青春荣光。一百年来，共青团时刻牢记坚定不移跟党走、为党和人民奋斗的初心使命，始终坚持党的领导、坚守理想信念、投身民族复兴、扎根广大青年，在实践考验中塑造了立身之本、政治之魂、奋进之力、活力之源，团结带领一代又一代青年在中华民族伟大复兴的逐梦征途中建功立业，谱写了激昂青春乐章。面向未来，全团必须始终做到红心永向党、绝对忠诚，始终做到实心干事业、尽责担当，始终做到热心为青年、朝气蓬勃，始终做到虚心求革新、清澈纯粹，[①]继续保持和增强团员的先进性，切实履行引领凝聚青年、组织动员青年、联系服务青年职责，切实当好新时代党的忠实助手和可靠后备军，在实现中华民族伟大复兴的新征程中绽放青春、再立新功！

① 阿东：《在习近平新时代中国特色社会主义思想指引下 动员引领广大青年为全面建设社会主义现代化国家而团结奋斗——在中国共产主义青年团第十九次全国代表大会上的报告》，《中国青年报》2023年6月26日。

第八讲

新时代团干部教育培训

习近平总书记始终强调，“实现中华民族伟大复兴，坚持和发展中国特色社会主义，关键在党，关键在人”。“要加强干部教育培训，使广大干部政治素养、理论水平、专业能力、实践本领跟上时代发展步伐。”推进新时代共青团干部教育培训工作，关键是要锻造一支信念如磐、意志如钢、本领过硬、正心明道的团干部队伍。习近平新时代中国特色社会主义思想是锻造这支队伍最锐利的武器。团干部教育培训抓住的是为党育人的当下，传承的是党的思想根脉，面向的是党和国家的未来，是一项崇高而光荣的事业。团干部教育培训工作必须要高举习近平新时代中国特色社会主义思想伟大旗帜，立足党的青年工作大局，把握新时代共青团工作格局，培养锻造忠诚干净担当的高素质专业化团干部队伍，努力开创新时代团干部教育培训的新局面，为新时代党的青年工作和共青团建设提供人才、智力支持。

一、习近平总书记对团干部的重要要求

“广大团干部要倍加珍惜为党做青年工作的宝贵机会，不断提升政治能力、理论素养、群众工作本领，心无旁骛干好本职工作，用实打实的业绩赢得党的信任、赢得社会尊重、赢得青年口碑。”①这是习近平总书记2023年6月26日在同团中央新一届领导班子成员集体谈话时再次对团干部提出的重要要求。自担任总书记以来，每一届团中央领导班子产生，习近平总书记在集体谈话时都会对加强团干部队伍建设作强调、提要求。共青团要坚持团要管团、从严治团，从严培养管理团干部，教育引导团干部严格对照好干部标准要求自己，努力做到坚定理想信念、心系广大青年、提高工作能力、锤炼优良作风。

（一）团的干部，必须坚定理想信念

习近平总书记对团干部第一位的要求是坚定理想信念，坚持用科学理论武装头脑、指导实践、推进工作。“团的干部，必须坚定理想信

---

① 《习近平在同团中央新一届领导班子成员集体谈话时强调 切实肩负起新时代新征程党赋予的使命任务 充分激发广大青年在中国式现代化建设中挺膺担当》，《人民日报》2023年6月27日。

念。团干部应该最富有理想”①，这是习近平总书记对团干部寄予的殷切期望；“我将无我，不负人民”，这是习近平总书记为团干部作出的率先垂范。“要带动广大青年坚定理想信念，自身必须坚定，打铁还需自身硬。‘以其昏昏，使人昭昭’是不行的。学会了社会上庸俗哲学的那一套，很实惠，很世故，很圆滑，很低级趣味，怎么可能在广大青年中产生号召力呢？没有理想信念，或是理想信念不坚定，就会导致精神上‘缺钙’。长期‘缺钙’就要得‘软骨病’。”②“政治上要强，做到对党忠诚，特别是在大是大非面前站得稳立场，在关键时刻能够靠得住。思想上要强，自觉用新时代中国特色社会主义思想武装头脑、指导工作，用一辈子去践行共产主义和中国特色社会主义的理想信念。”③“团干部要铸牢对党忠诚的政治品格，高扬理想主义的精神气质，心境澄明，心力茁壮，让人迎面就能感受到年轻干部应有的清澈和纯粹。”④“坚持把政治标准放在首位，从严选配团的领导机关干部，常态化分级分类开展团干部教育培训，让对党忠诚成为团干部的鲜明政治品格。”⑤

（二）团的干部，必须心系广大青年

共青团是党领导的群团组织，要紧扣服务青年的工作生命线，履

① 《习近平在同团中央新一届领导班子成员集体谈话时强调 紧跟党走在时代前列 走在青年前列 在实现中华民族伟大复兴的征途中续写新光荣》，《人民日报》2013年6月21日。
② 习近平：《论党的青年工作》，中央文献出版社2022年版，第35页。
③ 习近平：《论党的青年工作》，中央文献出版社2022年版，第163—164页。
④ 习近平：《论党的青年工作》，中央文献出版社2022年版，第10页。
⑤ 阿东：《在习近平新时代中国特色社会主义思想指引下 动员引领广大青年为全面建设社会主义现代化国家而团结奋斗——在中国共产主义青年团第十九次全国代表大会上的报告》，《中国青年报》2023年6月26日。

行巩固和扩大党执政的青年群众基础这一政治责任。感知青年的“温度”最经常最直接的是广大基层团组织和基层团干部。习近平总书记指出:“团的干部是做青年工作的，必须心系青年、心向青年。做团的工作必须牢记，任何时候都不能脱离青年，必须密切联系青年。如果不能深入广大青年，自说自话，自拉自唱，工作是很难做好的。团干部要深深植根青年、充分依靠青年、一切为了青年，努力增强党对青年的凝聚力和青年对党的向心力。”① “要自觉践行群众路线、树牢群众观点，同广大青年打成一片，做青年友，不做青年‘官’，多为青年计，少为自己谋。”②团干部有不同于党政干部的特点，不仅要在物理距离上走近青年，更要在心理距离上贴近青年，和青年想在一起、干在一起、吃苦在一起，做广大青年信得过、靠得住、离不开的贴心人。要健全考核评价机制，加强绩效管理，突出激励约束，引导团干部树立和践行正确政绩观，让多为青年计、少为自己谋成为团干部的思想自觉。③

(三)团的干部，必须提高工作能力

感知了青年的“温度”就要全面客观地反映给党委和政府。“团干部是同青年人打交道的，青年人接受新事物快，如果我们自己的知识水平、见识程度跟不上广大青年，说科技说不上，说文艺说不通，说工作说不来，说生活说不对路，说来说去就是那几句官话、老话、套

---

① 习近平:《论党的青年工作》，中央文献出版社2022年版，第37页。
② 习近平:《论党的青年工作》，中央文献出版社2022年版，第10—11页。
③ 阿东:《在习近平新时代中国特色社会主义思想指引下 动员引领广大青年为全面建设社会主义现代化国家而团结奋斗——在中国共产主义青年团第十九次全国代表大会上的报告》，《中国青年报》2023年6月26日。

话，同广大青年没有共同语言、没有共同爱好，那当然就会话不投机半句多。”[①]习近平总书记关于青年工作的重要思想给团干部提升工作能力提供了根本遵循。

一是要着力提升调查研究能力。要加强对青年现象和青年群体的调查研究，提高发现问题的敏锐度，提高分析问题的研判力，强化反映问题的主动性，把青年的“温度”最真实、最准确、最及时地反映给党，为党回应青年关切、密切与青年的联系提供科学可行的决策参考。

二是要强化服务意识、提升服务能力，千方百计为青年排忧解难，做广大青年信得过、靠得住、离不开的贴心人。

三要向习近平总书记学习，向书本学习，向实践学习，向青年学习。习近平总书记指出，要“青年要向年长者学习，年长者也要向青年学习，相互取长补短，相互信任帮助”[②]。

（四）团的干部，必须锤炼优良作风

习近平总书记每每提及团干部队伍建设，都会提出锤炼优良作风的要求。2013年，习近平总书记在同团中央新一届领导班子成员集体谈话时指出，加强团干部作风建设，一要讲“严”字，二要讲“实”字；[③]2018年，习近平总书记在同团中央新一届领导班子成员集体谈话时强调，“作风上要强，越是年轻干部，越要多锤炼、多摔打，能吃苦、

① 习近平：《论党的青年工作》，中央文献出版社2022年版，第38页。
② 习近平：《论党的青年工作》，中央文献出版社2022年版，第215页。
③ 《习近平在同团中央新一届领导班子成员集体谈话时强调 紧跟党走在时代前列走在青年前列 在实现中华民族伟大复兴的征途中续写新光荣》，《人民日报》2013年6月21日。

肯拼搏，脚踏实地、一步一个脚印干”[①]。党的十八大以来，在全面从严治党的大背景下，各级团干部守纪律、讲规矩的意识大大增强，要“强化各级团干部制度意识、规矩意识，督促团的各级领导机关带头维护制度权威，定期对规章制度落实情况进行评估检查，做到有章必循、有规必依，切实保障各项规章制度落地见效”[②]。

二、新时代团干部教育培训的必要性

习近平总书记的重要讲话为团干部成长成才指明了前进方向，为做好新时代团干部教育培训工作提供了根本遵循。习近平总书记在党的十九大报告中提出了全面增强八项本领的要求，其中把增强学习本领放在了第一位，这是向全党发出的学习动员令。2003年，习近平总书记也多次强调要增强学习新知识、掌握新本领的自觉性和紧迫性。习近平总书记在同团中央新一届领导班子成员集体谈话时指出，“共青团作为党的助手和后备军，必须紧紧围绕党的二十大确定新时代新征程党的中心任务来开展工作，把住方向，奋发有为”[③]。这既是对共青团的高度信任和殷切期望，同时也是极高的工作要求。与党和人民事业前进的步伐相比，与党中央交给共青团的任务相比，与时代和青年发

① 习近平：《论党的青年工作》，中央文献出版社2022年版，第164页。

② 阿东：《在习近平新时代中国特色社会主义思想指引下 动员引领广大青年为全面建设社会主义现代化国家而团结奋斗——在中国共产主义青年团第十九次全国代表大会上的报告》，《中国青年报》2023年6月26日。

③《习近平在同团中央新一届领导班子成员集体谈话时强调 切实肩负起新时代新征程党赋予的使命任务 充分激发广大青年在中国式现代化建设中挺膺担当》，《人民日报》2023年6月27日。

展变化的速度相比，团干部队伍中存在着本领不适应的突出问题，必须大兴学习之风，在学思践悟中提高政治站位、提升工作本领。

（一）工作对象发生变化

工作对象发生变化要求团干部加强学习，提升理论水平。团干部面对的工作对象是青年和青少年。当代青少年有许多新变化、新特点，认清这些时代特点是做好工作的基本前提。

团干部如果不抓紧学习就会落后于青年，成为青年的“尾巴”。引导青年树立共产主义远大理想和中国特色社会主义共同理想，坚定不移听党话、跟党走，要求团干部把马克思主义理论素养作为基本功和看家本领，用真理光芒感召青年，用伟大成就教育青年，用真诚服务感染青年，具备向青年有效传播党的思想主张的能力。对于团干部来讲，要具备这样的高强本领，唯有加强学习、深入钻研；对于团组织来说，必须加强对团干部的教育培训。

（二）工作要求发生变化

工作要求发生变化要求团干部加强学习，提升工作本领。习近平总书记明确要求，共青团要紧跟党走在时代前列、走在青年前列，“紧紧围绕党和国家工作大局找准工作切入点、结合点、着力点”[①]。随着经济社会深刻变革，青年群体在分化，需求也变得丰富而多样。这就要求团干部深刻把握青年思想意识形成规律，密切关注青年群体分化趋势、思想动态、需求特点，了解每一个群体、每一个阶层青年的生活

① 习近平：《论党的青年工作》，中央文献出版社2022年版，第28页。

状态，更有针对性地谋划工作项目，努力成为青年问题的专家、青年工作的行家。

（三）对工作者的要求大大提高

新时代，对青年工作者的要求大大提高，要求团干部加强学习，提高落实能力。团干部队伍是共青团事业的根本依托和基本力量。习近平总书记讲，“如果这支队伍不过硬，团的工作就会落空”[①]。团干部队伍中的年轻团干部居多。团的工作是高度综合的“显学”，大学里没有“共产党学”“共青团学”的专业，所谓专职领导干部也大多是因为在别的工作领域成绩突出而被提拔到共青团岗位上的年轻人。年轻干部在经验和方法上积累不够，推动工作容易热情有余而韧劲不足，抓落实的能力短板也就更加突出，更应该要下更大功夫学习方法、养成专业习惯。团干部岗位调整比较频繁，各级团的领导机关班子成员岗位调整相对频繁，因此要通过教育培训着力提升团干部制度执行能力，用制度机制的确定性去消除成员频繁变动以及个体主观上的不确定性，确保工作可预期、有保障。另外，“专挂兼”干部制度正在探索中。当前，落实中央对共青团改革的要求，团的各级领导机关正在探索“专挂兼”相结合的团干部队伍机制，对这些同志也要加强岗前培训、任职培训，让他们深刻理解这些变化并积极适应新的工作机制。

---

① 习近平：《论党的青年工作》，中央文献出版社2022年版，第163页。

三、新时代团干部教育培训的内容

新时代团干部教育培训要突出抓好马克思主义理论教育，特别是习近平新时代中国特色社会主义思想教育和党性教育，着力提高团干部思想政治素质和道德品质。随着时代的发展，不断地更新和增加团干部的知识、提高他们的业务能力和政策能力已成为团干部队伍建设中一个越来越突出的方面，要通过教育培训帮助团干部掌握过硬的业务本领，不断提高团干部的政策实践能力。

（一）党的理论教育

习近平总书记指出："政治上的坚定、党性上的坚定都离不开理论上的坚定。干部要成长起来，必须加强马克思主义理论武装。"①中国的发展要用中国化的马克思主义来指导，新时代的事业要用时代化的马克思主义来指导。习近平新时代中国特色社会主义思想是中国共产党坚持和发展马克思主义的最新理论成果，以一系列原创性战略性重大思想观点丰富和发展了马克思主义，是当代中国马克思主义、21世纪马克思主义。党的理论教育要突出对团干部的政治训练。2018年7月2日，习近平总书记在同团中央新一届领导班子成员集体谈话时特别强调理论学习的重要性，要求团干部"带头学理论、强信念"，对青

① 《习近平在中央党校（国家行政学院）中青年干部培训班开班式上发表重要讲话强调 在常学常新中加强理论修养 在知行合一中主动担当作为》，《人民日报》2019年3月2日。

年工作提出要求，“要在广大青年中加强和改进理论武装工作”[①]。

以党的理论对团干部进行政治训练，需要构建立体的学习框架，形成科学的学习内容体系，以党为主、兼顾青少年和共青团，至少应包含以下六个方面：一是习近平新时代中国特色社会主义思想，特别是习近平总书记关于青年工作的重要思想；二是马克思列宁主义、毛泽东思想、邓小平理论、“三个代表”重要思想、科学发展观以及融入其中的青年观；三是马克思主义哲学、政治经济学、科学社会主义、中国特色社会主义理论体系和贯穿其中的马克思主义立场观点方法；四是党史、党情、党章、党规、党纪、党风，以及党的优良传统和党内政治文化；五是国史、国情、世情，社会主义核心价值观，以及中华优秀传统文化、革命文化和社会主义先进文化；六是青年运动史、团史、团情、团章、团规，尤其是共青团改革和全面从严治团。[②]团干部学好政治理论、提升理论修养，不是个人想不想学、爱不爱学的问题，而是必须要学、必须学好的政治责任。这是由团干部作为党的干部的政治性质和青年工作的岗位特点决定的，是广大团干部安身立命、成长发展的根本所在。团干部教育培训要聚焦政治培训不动摇，强化党的理论教育和党性教育的主业主课地位，重点提升习近平新时代中国特色社会主义思想的教学质量，让理想信念真正在团干部心中生根发芽。要努力把党的创新理论讲具体、讲透彻、讲贴切，从而帮助团干部逐步建立理论思维。要注意与大中学校的思想政治课相区分，突

---

① 《习近平在同团中央新一届领导班子成员集体谈话时强调 代表广大青年赢得广大青年依靠广大青年　让广大青年敢于有梦勇于追梦勤于圆梦》，《人民日报》2018年7月3日。

② 王金龙：《建设党在青年工作领域特色鲜明的政治学校——从〈习近平党校十九讲〉学悟团校建设》，《青少年学刊》2019年第6期。

出理论应用。要结合青年和共青团工作实际，结合团干部在实践中的思想困惑、思维短板，有针对性地讲解党的创新理论，真正实现学以致用、用以促学。培养团干部面向青少年阐释党的理论的能力，也是团干部教育培训的重要任务。

（二）党性教育

习近平总书记强调：“党性教育是共产党人修身养性的必修课，也是共产党人的‘心学’。”[①]团干部作为党的年轻干部，加强党性修养和政治锻造是扣好职业生涯“第一粒扣子”的保证。团干部要通过教育培训，深入体悟党中央对共青团的期待和要求，认真领会共青团工作的使命和价值，深刻思考“当团干部为了什么”、如何在其位谋其政，锻造理想信念，摒弃私心杂念，在为党履职尽责、为共青团事业尽心竭力中检验自身党性修养。正心以为本，修身以为基。习近平总书记指出：“干部的党性修养、思想觉悟、道德水平不会随着党龄的增加而自然提高，也不会随着职务的升迁而自然提高，而需要终生努力。成为好干部，就要不断改造主观世界、加强党性修养、加强品格陶冶。”[②]为此，每名团干部必须上好党性教育这堂必修课，在持续开展理想信念、党的宗旨、革命传统等方面教育的同时，深入抓好党章和党规党纪学习教育，始终做到心有所畏、言有所戒、行有所止，切实筑牢防线、守住底线、不越红线。教育培训要在课程中设立警示教育板块，专门讲团干部的反面典型并深刻总结教训，要通过警示教育、

① 习近平：《在全国党校工作会议上的讲话》，人民出版社2016年版，第17页。
② 《习近平著作选读》第一卷，人民出版社2023年版，第135页。

以案说法，切实端正学员的成长观。

（三）能力教育

习近平总书记指出：“学习是进步的阶梯。干部要勤于学、敏于思，认真学习马克思主义理论特别是中国特色社会主义理论体系，掌握贯穿其中的立场、观点、方法，提高战略思维、创新思维、辩证思维、底线思维能力，正确判断形势，始终保持政治上的清醒和坚定。还要认真学习各方面知识，丰富知识储备，完善知识结构，打牢履职尽责的知识基础。”[①]能力教育立足于做好新时代党的青年群众工作，帮助团干部构建履职尽责必备的业务知识体系，提升专业化能力水平，掌握党的青年工作理论和青年政策、共青团理论要义与实践要求、青年群众工作路径方法等。专业化能力培训和知识培训要注重培养团干部的能力。到团校培训的团干部，既有专职团干部，也有挂职和兼职的团干部。专职团干部转任党政干部的比例很大，挂职团干部挂职期满会回原单位，兼职团干部本就来自社会各界，团校开展专业化能力培训和知识培训更要注重培养服务能力、创新能力和实干能力，既立足团的岗位又面向未来发展。专业化能力培训要紧紧围绕党和国家的大局，突出问题导向、实践导向，讲究务实管用，帮助团干部提高阅历水平，开展青年工作理论和青年政策、共青团理论与实践、网上青年群众工作方法等专业培训，深刻把握当代青少年的成长规律、成长环境和思想动态，提高做好新形势下青年群众工作的本领。知识培训上既要满足干部综合素质提升的需求，又要关注时代发展的大背景、大

① 《习近平著作选读》第一卷，人民出版社2023年版，第135—136页。

趋势。既要开展经济、哲学、历史、科技、文学和艺术等方面的教育，还要关注大数据、人工智能和区块链等新技术、新知识，帮助团干部加快知识更新、优化知识结构、拓宽眼界视野。①

（四）政策教育

习近平总书记指出："当前，我国处于近代以来最好的发展时期，世界处于百年未有之大变局，两者同步交织、相互激荡。"②"领导干部要胸怀两个大局，一个是中华民族伟大复兴的战略全局，一个是世界百年未有之大变局，这是我们谋划工作的基本出发点。"③当今世界正经历百年未有之大变局，国际形势日趋错综复杂，不稳定性不确定性更加突出，我国仍处于发展的重要战略机遇期，面临的挑战前所未有，迫切需要年轻干部政治过硬、本领高强，保持强大的政治定力和战略定力，迫切需要始终教育引导年轻干部坚持不懈用习近平新时代中国特色社会主义思想武装头脑、指导实践、推动工作，不断增强"四个意识"、坚定"四个自信"、做到"两个维护"，确保党和国家各项事业始终沿着中国特色社会主义道路前进。

共青团要做到"围绕中心、服务大局"，就必须清楚知道中心是什么、大局是什么；同时，共青团引领青年、服务青年的最大资源是党的政策。这就需要团干部着力加强政策学习，不断提升政策宣传能力和政策倡导能力。政策教育必须与青年发展实际相结合。要着重加

---

① 王金龙：《建设党在青年工作领域特色鲜明的政治学校——从〈习近平党校十九讲〉学悟团校建设》，《青少年学刊》2019年第6期。

② 《习近平著作选读》第二卷，人民出版社2023年版，第178页。

③ 中共中央党史和文献研究院编：《十九大以来重要文献选编》（中），中央文献出版社2021年版，第716页。

强对教育、就业、生育、社会保障、社会参与等青年政策的研究和教学，帮助团干部深刻理解政策背景、政策指向、政策目标，全面提高服务青年的针对性。政策教育必须与干部理论学习相贯通。着重讲深讲透具体政策与党的理论的内在关系，帮助团干部明晰政策蕴含的执政宗旨、理论支撑和政治考量，找到形势教育、成就教育、国情教育与政治理论教育的联结点，建立国际比较、社会观察、历史对比的基本标准。

四、创新新时代团干部教育培训的方式方法

做好新时代团干部教育培训工作，需要以习近平新时代中国特色社会主义思想为指导，结合共青团工作实际，围绕解决团干部工作中存在的突出问题精准施策，不断提高针对性、有效性；需要建立完善团干部教育培训课程开发和更新机制，构建适应不同类别团干部能力素质差异的团干部教育培训课程体系。围绕习近平新时代中国特色社会主义思想，紧扣习近平总书记关于青年工作的重要思想，开发青年工作理论和实践创新精品课程。强化理论研究，以解决共青团思想引领领域的现实问题、政策倡导的基础问题、社会倡导的逻辑问题和总结共青团历史经验教训为主要方向开展应用理论研究，推动研究成果融入课程。

（一）改革课程设置

课程是保障教育培训质量的关键所在。在课程目标上，核心是对

党的思想理论和中央重大决策部署做好学理阐释，讲出“所以然”，用理论的力量、思想的力量引导和帮助团干部对马克思主义及其中国化时代化成果做到真学、真懂、真信、真用。在课程框架上，要紧密结合团干部在理论学习、思想认识、工作实践方面存在的突出问题和迫切需要，建立理论课程、应用理论课程、实践课程相结合的三元课程结构。其中，理论课程要分层次分专题分领域，讲清楚习近平新时代中国特色社会主义思想的基本内容、核心要义、实践要求，切实提高团干部的政治理论素养。应用理论课程要深入研究理论向实践转化的过程机理，结合理论转化为方法进行讲授，切实提高群众工作能力。实践课程要围绕党的青年群众工作和共青团工作安排课程，讲清楚习近平总书记关于青年工作的重要思想中“七个明确”的内涵外延，讲清楚共青团的功能、定位、作用、形式等，切实提高团的业务水平。在课程内容上，要按照党的理论教育、党性教育、能力教育、政策教育四大板块展开教学，不同板块下设专题模块，专题模块下设系列课程，建设“核心+重点+支撑”的课程库，下大力气开发团干部教育培训专属教材。

一要加强需求调研，设置差异化培训内容。要把握干部成长规律和干部教育培训规律，深化干部教育培训改革，发挥教师的主导作用和学员的主体作用，因材施教、注重实效，防止搞培训上的形式主义。要牢固树立按需培训理念，综合考虑组织需求、事业需求、岗位需求，把培训需求调研贯穿训前、训中、训后，做到组织要求与学员愿望、讲授方式与学员基础、教学内容与工作实际、教学与研究有效衔接。坚持“一把钥匙开一把锁”，把普遍性要求与不同类型、不同层次、不同岗位干部的特殊需要结合起来，明确各级各类团干部培训重点，从共性上持续加强理论教育和党性教育，从个性上注重加强本部门本领域专业培训。

二要落实专题研讨，分专题开展习近平新时代中国特色社会主义思想教育。以“青年大学习”“红领巾爱学习”为主要载体，推出“跟总书记学”理论专栏，制作“总书记教导记心中”系列队课，实施青年讲师团计划，积极探索用“青言青语”“童言童语”宣传党的理论、讲好领袖故事，不断增强青少年对习近平总书记的思想认同、行动追随和情感依归。[①]

三要多形式分层次推进党性教育。把党章党规和习近平总书记关于制度治党、依规治党重要论述作为团校、网络学习平台的必修课程，特别是加强党章、团章的教育培训，围绕把制度制定的重要性和必要性讲清楚、把精神实质和核心要义讲清楚、把具体要求和明确规定讲清楚，推动团干部更好理解制度、执行制度，带头守纪律、讲规矩。建立团干部学党章党规、学团章团规应知应会知识测试制度。举办党章党规专题培训班、开展团章解读等课程，增强各级团干部责任意识和廉洁自律意识。

（二）改革教研模式

要按照做学术、搞科研的思路，以跨专业、跨职业的方式组建课程教研组。每个课程教研组由机关干部和团校教师、研究人员共同组成，可适当引入外部力量，这样客观上将团校教师、研究人员的理论

① 参见阿东：《在习近平新时代中国特色社会主义思想指引下 动员引领广大青年为全面建设社会主义现代化国家而团结奋斗——在中国共产主义青年团第十九次全国代表大会上的报告》，《中国青年报》2023年6月26日。

基础与机关干部的工作实践结合起来，实现教学相长、学学相长、学以致用。在实际运行中，授课工作由课程教研组的全体成员共同承担，以团校教师为主，机关干部以团干部上讲台的方式参与，并接受课程评价，深刻认识新时代、新思想、新矛盾、新目标对共青团工作提出的新要求，切实增强“本领恐慌”的紧迫感，自觉把学习作为一种责任、一种精神追求、一种生活方式。

一要联合业务部门组建备课组。建设团干部教育培训课程教研组，建立选题论证、教案审核、集体备课、课前试讲、教学督导、评价反馈等教学管理制度。团委机关和团校之间要加强联动。目前团中央是以机关干部和中央团校老师为主体，组建联合课程组，集体备课、轮流授课。充分发挥机关的实践优势和团校的理论特色，推动教学工作上台阶。团校和各类团属事业单位要加强协作，探索形成整合各方资源支持团校建设和发展的良好局面。要建立高效协作机制，各类团属研究机构等单位的科研成果要及时转化为团校的教学资源，团属新媒体平台要成为团校锻炼教师和学员舆情应对、舆论斗争能力的实战阵地。鼓励团校教师、研究人员、机关干部、受训学员等各方面力量积极参与共青团干部教育培训和理论研究工作，集思广益、共同推进，建立起大规模、低成本、高质量、经常性的团干部教育培训体系。

二要对团干部开展专业化能力培训。着眼于团干部应当具备的政治能力、理论能力、工作能力，设置相应课程板块、课程单元和具体课程。要根据不同类别团干部应具备能力素质的差异，精准化设课、施教，实现教学内容和课时的差异化安排。比如上海市团校提出了展教结合、青年干部教育+AI等全新教学模式，将为每一名入校的青年干部建立全生命周期的培训档案。利用AI技术，团校可以精准获取每一名青年干部在不同职业发展阶段的培训需求，对学员进行全程跟踪培养。青年干部素养测评系统可以对重点主体班次干部的政治素养和能力进行测评并形成报告。青年干部将有自己的成长数据库，为上海“青马工程”学员、上海青年特色人才的测评和未来选拔做好辅助决策的数据支撑。①

三要统筹用好干部学院、高校优质教育资源。各级团校之间要加强协同。在课程体系、师资队伍、教学内容等方面强化合作、相互支撑。从中央层面来看，团中央在2015年1月依托北京科技大学建立的全国学校共青团研究中心、2015年3月依托复旦大学建立的全国共青团青年工作研究基地就是团属高端智库；从地方层面来看，河南整合了省青少年研究所、省团校、省青少年研究会成立中原青年群众工作室，广西成立青年智库研究会，成为第一批拥有省级青年智库的两个省份。完善与省内外高校等干部教育培训机构的合作机制，通过培训质量评估、建立负面清单等形式，激励和约束高校等干部教育培训机构提升办学水平、优化培训设计、优选培训师资和现场教学点，提高教学质量。

（三）改革组织方式

组织方式是完成任务的前提。政治理论学习要实现入脑入心、刻骨铭心，要积极运用教学方式方法，将专题讲授与互动研讨结合起来。要全力落实团干部上讲台制度，重点讲工作的基本原则、策略方法、

① 参见《上海团校建校70年 推出“青年干部教育+AI”课堂》，《中国青年报》2021年10月18日。

实践步骤，增强教学说服力。要精心策划学员论坛、学员讲堂、小组讨论等教学环节，开展自主式、团队式学习，给出研讨主题，明确讨论规则，促进教学相长。要针对学员的特点，通过增加班次、减少班额、预报名后分班管理等模式，分类分层探索小班教学，开展项目化、团队式培训。要压缩授课时长，在厘清基本概念、讲清基本逻辑的前提下，鼓励学员做主角，综合运用案例式、模拟式、体验式、翻转式等教学方法，开展问题调研、双向交流、对策研讨、学员论坛，提高教育培训的针对性、有效性，提升学员参与感、获得感。

一要推行“深度专业学习+实地调研学习”培训模式。创新和改进培训班培训方式，加大研讨交流、案例分析、情景模拟实训、翻转式学习、行动力学习等培训力度，探索“课堂+实训”模式，请专业人讲专业事，增强培训的感染力和实效性。围绕破解团的工作中的思想禁锢、体制禁锢、要素禁锢和重点领域、关键环节的重点难点问题，组织团干部到相关领域走在前列的地区开展现场教学、实地调研，学习先进经验，拓宽眼界思路。比如广州市团校开发桌游沉浸式教学课程，将长征精神、马克思主义等知识内涵与游戏结合，让同学们在学中乐、在乐中学。他们还打造剧场教学，成为广州共青团深化青少年党史学习教育的特色创新项目。

二要建立领学带学、述学考学制度。健全团干部上讲台机制，鼓励各级团干部参与培训课程研发，上教育培训讲台。坚持优秀教师、领导干部带头学习实践、带头宣讲习近平新时代中国特色社会主义思想，团的领导机关班子成员每年到团校等培训基地讲1次课，团的各级各单位主要领导干部、团支部书记每年为本部门、本支部讲1次课，推动各级各类领导班子、领导干部带头学、示范学、引领学，巩固深化学习实践效果。坚持第一时间领学导航、第一时间述学问效、第一时间考学提质，形成“领学述学考学”全覆盖的干部教育新模式，把学习贯彻情况作为考核团干部和衡量团干部思想政治素质的重要内容，作为学习培训考核的重要内容。

三要推动线上线下培训深度融合。线下培训要针对学员的特点，通过增加班次、减少班额、预报名后分班管理等方式，分类分层探索小班教学，开展项目化、团队式培训。在抓好线下专题培训的同时，建立健全个人自学和网络培训制度，充分运用现代信息技术，建立兼容、开放、共享、规范的网络培训体系，为团干部提供必要学习条件。

（四）改革考核方式

团干部接受培训情况应当作为考核内容和任职、晋升的重要依据。考核不合格的，年度考核不得确定为优秀等次。健全团干部教育培训登记制度，完善干部培训档案，全面记录学员表现，团干部参加脱产培训情况记入干部年度考核表，参加2个月以上的脱产培训情况记入干部任免审批表。一方面，实行“预科”与“学前考”制度。干部日常长本事，既要靠组织培养，更要靠自身努力。要按照到任3个月应当达到的理论水平设置“预科”考试，倒逼团干部自学基础知识。考试不合格的，给予3个月宽展期继续学习，再不合格就要在团媒上以适当方式予以公告甚至推动组织处理。同时，要对拟调训的学员组织开展“入学测试”，考试合格者参加脱产培训，不合格者取消当期入学资格。另一方面，立足全面考核评价团干部在团校学习期间的态度和表现、水平和能力、修养和作风，在现有闭卷考试、论文答辩、党性分析、学习鉴定等考核方式的基础上，探索主题宣讲、撰写调研报告、网上舆论斗争实战等考核方式。

一要完善“精细管理，严格考核”的学员制度。通过问卷调查、个别访谈、座谈交流等方式，抓好训前、训中、训后需求调研，在培训中开展“两个带来”（带来一个问题清单、带来一个工作难点），定期对组织需求和团干部诉求进行深入分析研判，在培训计划中有针对性地确定培训项目、教学内容和参训对象，促进培训供给与学习需求精准平衡。探索在一个月以上的班次中，推行政治理论测试、党性分析、无领导小组讨论、组织部门跟班考察、研讨考核等教学环节，全面考核评价学员的学习态度和表现、理论知识掌握程度、党性修养和作风养成情况以及解决实际问题的能力等。

二要完善“协调联动，跟踪培养”的工作机制。建立健全干部培训主管部门与培训机构、干部所在单位的协调会商机制，科学制定培训计划，有针对性加强对各类别团干部持续性的教育培训。不定期就团干部队伍建设规划、团干部成长规律及团干部培养等问题进行研究探讨，加强日常研判分析，找准团干部队伍能力培训需求，共同做好团干部的短中长期培养。以信息化建设为契机，建立统一、分级负责的团干部培训信息库和电子档案，及时更新和反馈数据。加强对团的领导机关干部组织调训，对重要岗位领导团干部实行点名调训，让重点干部重点训、优秀干部加强训、年轻干部经常训。对于学制较长培训班次和一把手培训班次，探索开展分段式培训、错峰调训模式，缓解工学矛盾。加强调训统筹和刚性约束，每年对各地各单位完成调训任务情况、干部参加培训学时情况进行通报。

三要完善“述、访、评、督”的训用评估制度。建立学以致用、成果转化和跟踪回访机制。通过“述”，要求学员形成学以致用案例，在本单位本系统分享学习成果；通过“访”，组织部门定期开展回访，了解学员训后推动工作情况；通过“评”，评选优秀案例，作为能力培训案例课程；通过“督”，适时开展专项督促检查，推动各地各单位将团干部学习培训情况与考核结果作为任职晋升和年度考核的重要内容，严格落实团干部年度培训学时任务要求，更好推动培训成果转化。建立健全质量评估制度，开展团校和团干部教育培训基地办学质量评估，实施培训项目质量评估和培训课程质量评估。评估结果应当作为团校、团干部教育培训基地改进工作，分配具体培训任务，指导教学部门和教师改进教学的重要依据。

第九讲

切实推进中长期青年发展规划实施

2017年4月，中共中央、国务院制定出台新中国历史上第一个国家级青年领域专项规划——《中长期青年发展规划（2016—2025年）》（以下简称《规划》），充分体现了以习近平同志为核心的党中央对青年一代的亲切关怀、对青年工作的高度重视，为新时代中国青年发展提供根本政策指引。《规划》出台和实施后，各级党委政府高度重视，各项政策举措持续出台，青年发展型城市建设蓬勃开展，青年优先发展理念日益深入人心。目前，从中央到地方的青年工作机制基本建成，具有中国特色的青年发展政策体系初步形成。青年充分享受政策红利，实实在在感受到关爱就在身边、关怀就在眼前。

一、中长期青年发展规划实施背景

《规划》的制定与实施将青年发展摆在了党和国家工作全局中更加重要的战略位置，对党和国家事业后继有人、兴旺发达，对促进青年更好成长更快发展具有重大意义。党管青年原则的明确提出、青年优先发展理念的传播、青年高质量发展目标的确立，有力推进了《规划》纵深实施，极大丰富了青年发展政策成果。

（一）党管青年是统揽《规划》全局的根本原则

在《规划》的指导思想中，首次鲜明提出坚持党管青年原则。党管青年源于长期以来党对青年工作领导宝贵经验，是中国共产党青年工作历来坚持的原则与理念。随着《规划》研究制定与颁布实施，这一原则进一步强化并随着实践不断丰富。这一重大原则具有三个方面重要内涵。

一是从党管青年原则的工作主体看，中国共产党是中国青年运动的领导者。党管青年原则的确立是坚持党对一切工作的领导在青年工作领域的具体体现，强调了中国共产党作为中国特色社会主义事业的坚强领导核心，对抓好青年工作、推动青年运动、促进青年发展、指导共青团改革的全面领导。二是从党管青年原则的工作对象看，“青年”

一词具有双重含义，既指青年这一特定的群体，也指青年工作。《规划》规定，青年年龄范围在14至35周岁，而青年工作作为党的一项战略性工作，是党主要通过共青团组织开展的团结教育青年和动员青年完成各项任务的工作，其重要任务是巩固和扩大党执政的青年群众基础。三是从党管青年原则的工作内容看，“管”指的是党关注青年、关心青年、关爱青年。党管青年原则是一个具有“统揽性”[①]的重大原则，要求充分发挥党总揽全局、协调各方的领导核心作用，把党的领导体现和落实到事关青年高质量发展的各个领域、各个方面。

习近平总书记用一言一行诠释“过去、现在、将来青年工作都是党的工作中一项战略性工作”的深刻内涵，为全党作出了生动示范。[②]党管青年原则具有全面而丰富的内涵，是在总结马克思主义青年观基本观点和中国青年运动实践经验的基础上提出的具有统揽性的重大原则，是马克思主义青年观与时俱进丰富和发展的最新成果。[③]一是进一步丰富了马克思主义党建理论。马克思主义党建理论认为无产阶级政党的领导是革命事业取得成功的关键。以习近平同志为核心的党中央创造性地提出了“中国特色社会主义最本质的特征是中国共产党领导”。党管青年原则的提出深刻揭示了青年工作在党和国家事业全局中的战略性地位，是党的全面领导在青年领域的贯彻落实。二是进一步发展了马克思主义青年观。马克思主义在诞生之初，就把共产主义事业前途命运与青年的成长发展紧密相连。党的十八大以来，以习近平

① 共青团中央书记处:《坚持党管青年的重要原则》,《求是》2017年第16期。
② 阿东:《动员引领广大团员青年为强国建设、民族复兴伟业挺膺担当》,《求是》2023年第14期。
③ 参见共青团中央书记处:《坚持党管青年的重要原则》,《求是》2017年第16期。

同志为核心的党中央高度重视青年和青年工作，在坚持马克思主义青年观的基本立场、观点、方法，重视青年在推动历史发展和社会前进中的重要力量的同时，强调党对青年工作的领导，进一步丰富和发展了马克思主义青年观。

（二）青年优先发展是贯穿《规划》的重要理念

党的十八大以来，以习近平同志为核心的党中央着眼党的事业薪火相传、中华民族永续发展，鲜明提出“党和国家事业要发展，青年首先要发展”，习近平总书记亲自提议、亲自推动制定实施《规划》，从理论和实践上确立了青年优先发展的理念。

这一理念可以从两个维度进行把握。一是从国家发展大局把握青年优先发展理念的本质内核。青年发展属于人的发展和社会发展的范畴，青年优先发展的本质含义是运用政策工具支持和帮助青年发展，使青年发展的速度和水平能够适当地超前于社会发展的速度和水平。二是从青年的社会角色把握青年优先发展理念的现实依据。习近平总书记强调“青年是整个社会力量中最积极、最有生气的力量”[①]。青年是在国家经济社会发展中的一支中坚力量，也是党和国家事业接续发展的依靠力量。这决定了必须将青年发展摆在人的发展和社会发展中的优先位置。

青年优先发展作为《规划》的重大创新，具有重要的理论贡献。一是从理论上论证了青年优先发展的合理性。随着我国经济社会迅猛发展，我国青年发展事业取得了举世瞩目的辉煌成就，但由于区域发

---

① 习近平：《在纪念五四运动100周年大会上的讲话》，人民出版社2019年版，第6页。

展不均衡等各种原因，青年群体的发展仍然存在诸多矛盾，面临不少问题。青年优先发展“正是源自党和国家对青年发展不充分的深刻认识，目的是要逐步解决当前青年发展的不平衡、不充分的问题”[①]。二是在方法论上推动整合青年优先发展的各方力量。“青年发展领域与党政部门不是一一对应的关系，而是跨越单一部门所具有的工作边界，存在于多种部门边界的交叉地带。”[②]青年发展事务的跨界性、青年发展工作的跨部门性和影响青年发展因素的多样性，决定了青年优先发展具有协同治理的内在需求。

（三）青年高质量发展是《规划》制定实施的现实需求

党的二十大报告指出：“高质量发展是全面建设社会主义现代化国家的首要任务。”青年作为推动国家社会发展的生力军，青年的高质量发展将对国家高质量发展实现起到重要作用。当前由于经济体制深化改革、社会结构深刻变动、利益格局深刻调整、思想观念深刻变化，青年的群体特征与发展规律正在发生着深刻的变化，传统的青年工作方式面临着新的难题与挑战。

一是在思想引领创新方面，当代青年成长于经济社会高速发展时期，更加注重务实和实践。因此，侧重于内容制造和单向灌输的传统思想引导模式日益难以引起青年共鸣，亟须予以创新改进。

二是在互联网发展方面，2021年我国未成年网民规模达1.91亿，

---

① 《中长期青年发展规划（2016—2025年）学习辅导读本》编写组：《〈中长期青年发展规划（2016—2025年）〉学习辅导读本》，人民出版社2019年版，第19页。

② 张良驯：《青年发展规划实施中的协同治理研究》，《中国青年社会科学》2018年第1期。

未成年人互联网普及率达96.8%，未成年人触网低龄化趋势明显。[①]互联网已经成为当代青少年不可或缺的生活方式、成长空间、“第六感官”。[②]因此，互联网日益成为青年社会主义核心价值观培育引领的关键场域，亟须科学有效治理。

三是在青年充分均衡发展方面，当代青年正经历着第三次个体化的社会进程，碎片化、原子化和分层分化特征日益显著，追求高质量发展的需求愈发强烈，面临的压力也与日俱增。《规划》围绕教育、就业、身心健康等关键领域为青年提供政策扶持，是促进青年实现更好成长、更快发展的必要条件。

二、中长期青年发展规划实施重点内容

《规划》在中共中央书记处指导下，由共青团中央牵头，35家中央部门和单位参与，历时近2年编制形成。在国家级《规划》锚定基调的前提下，各地在《规划》的编纂与落地上开拓创新、有的放矢，不断提升工作的针对性和有效性。

（一）中长期青年发展规划实施的领域

《规划》将长期以来散见于各个党政部门的青年政策在国家层面上予以集中，将各项青年政策整合为10个领域共44条措施的政策体系。

① 参见共青团中央维护青少年权益部、中国互联网络信息中心、中国青少年新媒体协会：《2021年全国未成年人互联网使用情况研究报告》，《中国青年报》2022年12月1日。

② 中华人民共和国国务院新闻办公室：《新时代的中国青年》，人民出版社2022年版，第7页。

并从对国家发展、青年发展具有支撑作用的角度，提出了10个重点项目。[①]

十大青年发展重大领域包括：在青年思想道德领域，制定了加强青年理想信念教育、在青年中培育和践行社会主义核心价值观、分类开展青年思想教育和引导、强化网上思想引领等4项工作措施。在青年教育领域，提出了提高学校育人质量、科学配置教育资源、强化社会实践教育、促进青年终身学习、培育青年人才队伍等5项工作措施。在青年健康领域，规定了提高青年体质健康水平、加强青年心理健康教育和服务、提高各类青年群体健康水平、加强青年健康促进工作等4项工作措施。在青年婚恋领域，规划了加强青年婚恋观、家庭观教育和引导，切实服务青年婚恋交友，开展青年性健康教育和优生优育宣传教育，保障青年在孕期、产假、哺乳期间享有的法定权益等4项工作措施。在青年就业创业领域，计划了推动完善促进青年就业创业政策体系、加强青年就业服务、推动青年投身创业实践、加强青年就业权益保障等4项工作措施。在青年文化领域，明确了加强文化精品创作生产、丰富青年文化活动、造就青年文化人才、优化青年文化环境、积极支持青年文化建设等5项工作措施。在青年社会融入与社会参与领域，规制了健全党领导下的以共青团为主导的青年组织体系，着力促进青年更好实现社会融入，引领青年有序参与政治生活和社会公共事务，鼓励青年在经济社会发展中充分发挥生力军和突击队作用，引导青年社会组织健康有序发展，增进不同青年群体的交流融合，增

---

① 参见《新闻办就〈中长期青年发展规划（2016—2025年）〉举行发布会》，中国政府网2017年5月17日。

强港澳台青年的国家认同、民族认同和文化认同，支持青年参与国际交往等8项工作措施。在维护青少年合法权益领域，提出了全面贯彻实施有关青少年发展的法律法规、完善青少年权益维护法律法规和政策、健全青少年权益保护机制、依法打击侵害青少年合法权益的行为等4项工作措施。在预防青少年违法犯罪领域，制定了加强法治宣传教育、优化青少年成长环境、做好重点青少年群体服务管理工作、完善未成年人司法保护制度等4项措施。在青年社会保障领域，提出了加强对残疾青年的关心关爱和扶持保障、加强青年社会救助工作等2项工作措施。

与此同时，《规划》确定了10个重点项目，包括青年马克思主义者培养工程、青年社会主义核心价值观培养工程、青年体质健康提升工程、青年就业见习计划、青年文化精品工程、青年网络文明发展工程、中国青年志愿者行动、青年民族团结进步促进工程、港澳台青少年交流工程、青少年事务社会工作专业人才队伍建设工程。

（二）省、市、县三级中长期青年规划体系

《规划》的组织实施要求各地要以国家级规划为指导，根据实际编制本地区青年发展规划，并与各地经济社会发展规划及相关专项规划相衔接。截至当前，全部省级、158个市级、530个县级编制本地区青年发展专项规划。[①]不少地区根据本地经济社会情况和青年群体发展特点做出创新探索，“国家+地方”的规划体系更加完善。

---

① 参见姜洁、杨昊：《以奋斗姿态激扬青春——新时代党的青年工作成就综述》，《人民日报》2023年6月18日。

第一，用好本地资源开展青年思想引领。一是利用好红色资源。河南的《河南省中长期青年发展规划（2019—2025年）》注重发挥红色文化资源丰富的优势，提出“以理想信念教育为核心，突出河南特色，大力弘扬焦裕禄精神、红旗渠精神、愚公移山精神”[①]，以加强对青年的思想政治引领。二是利用好地域资源。广东中山的《中山中长期青年发展规划（2018—2025年）》在加强青年思想引领工作中，彰显中山地方文化基因，提出“用好‘四最按语’（1955年，毛泽东同志在亲自主持编辑的《中国农村的社会主义高潮》一书中，为《中山县新平乡第九农业生产合作社的青年突击队》一文撰写“四最”按语：“青年是整个社会力量中的一部分最积极最有生气的力量。他们最肯学习，最少保守思想，在社会主义时代尤其是这样。希望各地的党组织，协同青年团组织，注意研究如何特别发挥青年人的力量，不要将他们一般看待，抹杀了他们的特点。”）‘杨殷烈士革命精神’等红色资源”。[②]广东珠海的《珠海市中长期青年发展规划（2020—2025年）》则立足粤港澳青年交流交往前沿阵地的地域特征，提出发挥好港珠澳大桥“连心桥”作用，利用好珠海是内地唯一与港澳陆桥相连城市的地理区位优势，深化珠港澳青年爱国主义教育，推动建立常态化珠港澳青年组织合作机制。三是利用好信息资源。浙江杭州的《杭州市中长期青年发展规划（2020—2025年）》立足于本市扎实的信息化产业基础，创新提出“构建青年就业服务大数据平台，创新‘指尖上的就业服务’等信息化服务模式”“将就业政策向网络平台和非传统劳动关系中的网

---

① 《河南省中长期青年发展规划（2019—2025年）》，河南省人民政府网2019年5月4日。

② 参见徐钧钻、陈家浩、李晓婷：《推动中长期青年发展规划落地见效 为中山重振虎威奉献青年智慧力量》，《中山日报》2020年12月30日。

约工延伸，建设‘网上工会’”[①]等信息化手段。

第二，在青年发展理念上结合地方中心大局。部分地市结合本地区发展大局，具象化地将青年优先发展理念解构拓展为不同类型、有所侧重的次级青年发展理念。一是注重与本地区党政工作中心大局相结合。浙江宁波北仑的《北仑区青年发展规划（2020—2025年）》从实施“双城”战略和“三个北仑”建设的全局推进青年发展事业，将青年发展事业纳入全区经济社会发展整体格局，将青年发展规划纳入全区“十四五”总体规划，不断健全工作体系、创新工作机制、加强实施保障，实现青年发展与经济发展、社会建设、城市治理等统筹联动发展。二是注重从地方实际出发细化发展目标。广东深圳的《深圳青年发展规划（2020—2025年）》以推进青年发展型城市的建设为政策手段，促进青年更好成长、更快发展，引导深圳青年为粤港澳大湾区和中国特色社会主义先行示范区建设贡献力量。三是将青年发展作为推动高质量发展的动能。上海的《上海市青少年发展“十四五”规划》提出依托“海聚英才”“留·在上海”等品牌，进一步实施更加开放、更加便利的人才引进政策，大规模集聚海内外青年人才。

第三，在青年发展政策上体现发展阶段差异性。处于不同发展阶段的区域，在同一政策领域有着与整体经济社会环境相适应的目标。对于发达地区来说，以江苏为例，由于其相对发达的民营经济是吸纳青年就业的重要渠道，《江苏省中长期青年发展规划（2019—2025年）》提出“鼓励支持青年到城乡基层、民营企业就业”。对于发展中地区而言，其面临的主要问题是青年人才外流，首要措施是吸引青年返乡等。

① 《杭州市中长期青年发展规划（2020—2025）》，浙江政务服务网2010年1月10日。

如四川的《四川省中长期青年发展规划（2017—2025年）》提出："深入实施乡村振兴战略，开展农村青年致富带头人和现代青年农（林）场主、农业职业经理人培育，加强返乡青年创业服务支持。"[①]

第四，在规划制定中将现有举措实践升级为政策文本。一种做法是将共青团原有品牌项目进行制度和政策方面的提升。广东深圳长期为来深高校应届毕业生提供免费或优惠的"青年驿站"住宿，已在社会和青年群体中产生较大影响。因此深圳在《深圳青年发展规划（2020—2025年）》提出将升级建设"青年驿站"，为来深应届大学毕业生等青年人才提供短期免费住宿、人才政策宣讲、就业指导和城市融入等"一站式"服务。[②]另一种政策升级的路径是吸纳其他职能部门的普惠性工作基础。部分地区将职能部门的相关做法纳入《规划》，实现了与其他专项工作的有效衔接，推动整合跨部门资源"为青年所用"。如北京的《北京市"十四五"时期青少年事业发展规划》提出深度参与"创业北京"品牌打造，制定一系列措施，持续优化青年创业环境。

（三）中长期青年发展规划的政策协同

"一分规划，九分落实。"《规划》在制定过程中，部分政策文本源于现有的各专项规划体系，而其创新前瞻的具体措施落细落实又离不开与各级经济社会发展规划和其他专项规划、部门政策的有效衔接。《规划》在实施要求中，也明确各地要将本级规划与"十四五"规划纲

① 《省委、省政府印发〈四川省中长期青年发展规划（2017—2025年）〉》，四川省人民政府网2018年10月24日。
② 《深圳青年发展规划（2020—2025年）》，《南方日报》2020年4月29日。

要相衔接，其目的是将青年发展制度性地纳入党政工作的视野与范畴，高位推动规划的政策协同。

第一，将青年发展融入经济社会发展整体格局。一是纳入经济社会整体规划。在“十四五”规划纲要中加入《规划》的专章、专节或专门表述，是政策协同的完全形态，也是《规划》力求实现的政策目标。2021年，国家“十四五”规划提出，“深入实施青年发展规划，促进青年全面发展，搭建青年成长成才和建功立业的平台，激发青年创新创业活力”，并有14个章节直接出现“青年、青少年、未成年人”等关键词。在国家规划的带动下，9个省级、112个市级、627个县级“十四五”规划首次设立青年发展专节（专章），为各级深入实施青年发展规划提供重要支撑。[①]二是嵌入中心工作格局。部分地区多注重青年的能动性和创造性以及对中心大局工作的服务性，因此在政策制定和执行过程中将青年工作聚焦于青年人才工作，以人才凝聚和服务为主要手段。如广东珠海“十四五”规划纲要提出建设人才友好型青年友好型城市，营造鼓励人才干事创业的发展环境，实施珠海“英才卡”制度，提供“一站式”人才综合服务。

第二，将青年发展的现有格局进行扩容与提质。一是参照现有格局扩展。部分地区将青年工作参照原有的妇女和儿童工作路径予以扩展，在“十四五”规划纲要中加入青年发展的相关内容。如河南省的“十四五”规划纲要开辟专章，提出推动妇女儿童和青年事业发展，提出完善青年发展政策体系专节，实施青年优先发展促进工程。二是大

① 参见周围围：《助力青年发展 聚力青春担当——中长期青年发展规划实施成效纪实》，《中国青年报》2023年5月5日。

篇幅融入现有框架。一些地方虽然没有在“十四五”规划纲要中对青年发展予以整体部署，但将《规划》相关内容大篇幅融入“十四五”规划纲要的各个领域之中，推动青年发展措施全面提升。如广东肇庆在其“十四五”规划纲要的多个领域中增加了关于青年发展的表述，涉及该地《规划》覆盖的青年思想道德、青年教育、青年文化、青年社会融入等多个重要领域。如“加强青少年一代的思想政治工作和理想信念教育”“完善志愿服务工作机制，推广‘共青团组织+专家智库+行业力量+社会组织’的志愿服务参与模式”。

第三，在《规划》中体现对特定目标群体的强调与关注。一些地方未将青年作为“十四五”规划纲要的整体性政策对象，而是根据实际工作注重将特定青年群体的发展融入整体部署之中。广东省在落实粤港澳大湾区建设的国家战略中，将港澳青年视为重要的政策对象与青年工作的重要主体，广东省“十四五”规划纲要提出：“深化实施‘青年同心圆计划’，高标准建设港澳青年创新创业基地，吸引更多港澳青少年来内地学习、就业、生活，增进三地青少年交流交往。”[①]

三、中长期青年发展规划实施路径机制

《规划》实施是一项系统工程，工作机制建设是关键一步。《规划》实施六年以来，已经建立并不断完善以青年工作联席会议为重要平台、

① 《广东省人民政府关于印发〈广东省国民经济和社会发展第十四个五年规划和2035年远景目标纲要〉的通知》，广东省人民政府网站2021年4月25日。

以青年发展型城市建设为工作抓手、以青年发展监测指标体系为监测工具、以青年发展规划实施评估为评价手段的实施路径机制。

（一）各级青年工作机制形成并有效运转

《规划》明确要求，在党中央统一领导下，设立推动规划落实的部际联席会议机制，共青团中央具体承担协调、督促职责。县级以上党委和政府建立青年工作联席会议机制，负责推动本规划在本地区的落实，协调解决《规划》落实中的问题。县级以上团委具体承担协调、督促职责。自《规划》实施以来，在党中央集中统一领导下，在各级团组织的积极协调和推动下，青年工作联席会议从无到有、由点到面，形成了上下贯通、左右协同的重要工作平台。

2018年11月6日，中共中央办公厅、国务院办公厅批准建立中长期青年发展规划实施工作部际联席会议制度。中央宣传部、中央网信办、中央文明办、国家发展改革委、教育部、国家民委、民政部、财政部、人力资源和社会保障部、文化和旅游部、卫生健康委、体育总局、统计局、社科院、共青团中央等15家为部际联席会议成员单位。2021年底，增加住房和城乡建设部、国家乡村振兴局成为部际联席会议成员单位。[①]截至2023年6月，中长期青年发展规划实施工作部际联席会议已召开5次全体会议，17家成员单位和34家任务分工参加单位定期磋商青年事务。[②]每年部际联席会议明确《规划》实施重点工作，

① 共青团中央：《〈中长期青年发展规划（2016—2025年）〉五年实施情况综述》，《中国共青团》2022年第14期。

② 周围围：《助力青年发展 聚力青春担当——中长期青年发展规划实施成效纪实》，《中国青年报》2023年5月5日。

围绕青年发展重点问题进行政策沟通。在部际联席会议机制框架下，专题会议、联络员会议等不定期召开，跨部门青年政策沟通协调机制持续健全，齐抓共管青年发展的工作格局逐步形成。

在青年工作部际联席会议机制建立之后，各省、市、县紧跟步伐建机制，陆续建立地方青年工作联席会议机制，由本地区的党政领导同志担任召集人、涉及青年发展事务的相关部门担任成员单位，逐步形成研究青年问题、协调青年政策的有效平台。当前，省、市、县三级联席会议的统筹协调力度不断加大，集体办规划的意识不断强化，工作责任不断压实，青年优先发展的共识和促进青年高质量发展的有效机制推动形成。

《规划》实施工作的专业化水平不断提升。2019年3月25日，由国内青年发展相关领域知名学者和专业人士组成的中长期青年发展规划专家委员会在北京成立，旨在提高规划实施工作的科学化和专业化水平，发挥青年发展相关领域专家学者的作用。①2021年8月，中长期青年发展规划第二届专家委员会成立，67位专家受聘担任《规划》第二届专家委员会委员②，在决策参谋、资政研究、社会倡导等方面发挥了重大作用。

（二）青年发展型城市建设稳步推进

2010年上海世博会闭幕后，在海宝一代特别论坛上发布的《海宝宣言》首次提出了建设青年友好型城市的理想与期待。建设青年发展

① 参见王鹏：《中长期青年发展规划专家委员会成立》，新华网2019年3月25日。
② 参见杨宝光：《中长期青年发展规划第二届专家委员会第一次全体会议在京召开》，《中国青年报》2021年9月2日。

型城市被确定为“十四五”时期推动《中长期青年发展规划（2016—2025年）》纵深实施的牵动性工作抓手。据不完全统计，截至2023年6月，全国已有187个城市提出建设青年发展型城市[①]，青年发展型城市建设逐步打开了工作局面、取得了初步成效，成为推动中长期青年发展规划纵深实施、促进青年高质量发展的重要抓手。

青年发展型城市的建设已成为当前青年工作的战略地位与具体实践的集中体现。青年发展型城市建设作为扎实推进以人为核心的新型城镇化战略的关键载体，以高位推动青年发展的政治势能探索青年与城市互促发展新路径，以问题为导向项目化破解青年“急难愁盼”等发展问题，推动青年发展和城市高质量发展相融相促。换言之，城市高质量发展赋能青年发展型城市建设，青年高质量发展驱动城市高质量发展，青年和城市高质量发展实现“双向奔赴”。

中央宣传部、国家发展改革委、共青团中央等17部门于2022年4月联合印发《关于开展青年发展型城市建设试点的意见》，中长期青年发展规划实施工作部际联席会议办公室印发全国青年发展型城市建设试点名单，共有45个高度重视青年工作、具备良好青年工作基础的城市入选试点名单。青年发展型城市建设试点的主要任务是，围绕“城市对青年更友好、青年在城市更有为”的目标，通过不断完善党委对青年发展工作的领导机制，积极践行青年优先发展理念，有效丰富促进青年发展的普惠政策和实事项目，积极探索各具特色的青年发展型城市建设模式，在促进青年宜学、宜居、宜业等方面，形成一批可复

① 参见姜洁、杨昊：《以奋斗姿态激扬青春——新时代党的青年工作成就综述》，《人民日报》2023年6月18日。

制、可推广的经验。具体来讲，就是聚焦城市促进青年高质量发展，着力优化青年优先发展的规划环境、公平且有质量的教育环境、激励青年施展才华的就业环境、保障青年基本住房需求的居住环境、缓解青年婚恋生育养育难题的生活环境、促进青少年身心成长发展的健康环境、有效保护青少年权益免受意外伤害和非法侵害的安全环境。聚焦青年建功城市高质量发展，组织动员青年引领城市文明风尚、投身创新创业热潮、立足岗位建功立业、有序参与社会治理、助推生活品质提升。让青年成为城市发展的主体、主人，在城市高质量发展的物质文明、政治文明、精神文明、社会文明、生态文明建设中彰显青春贡献。①

在推动开展青年发展型城市建设试点的同时，规划实施工作部际联席会议办公室还印发了99个青年发展型县域试点名单。县域作为我国经济发展和社会治理的基本单元，是连接城乡的关键场域，也是推进乡村振兴、城乡融合发展、区域均衡发展的关键支撑。青年发展型县域试点建设力求探索出具有县域特色的经验和模式，在支持和推动青年高质量发展的同时，为县域经济高质量发展集聚动力和潜能。②

（三）青年发展监测指标体系是了解青年的重要工具

青年发展监测指标体系有助于了解掌握青年发展现状及存在问题，

---

① 《中长期青年发展规划实施工作部际联席会议办公室负责人就全国青年发展型城市建设试点答记者问》，《中国青年报》2022年6月2日。
② 《中长期青年发展规划实施工作部际联席会议办公室负责人就全国青年发展型城市建设试点答记者问》，《中国青年报》2022年6月2日。

从而更有针对性地改善和优化青年政策、促进青年更好发展。《规划》明确提出，要规范和完善与青年发展有关的统计指标体系，收集、整理、分析相关数据和信息，建立和完善中央、省（自治区、直辖市）两级青年发展监测数据库。共青团组织牵头，相关职能部门积极配合，青年发展研究机构深度参与，在构建青年发展监测指标体系方面做出了很多有益尝试。

2019年4月28日，共青团中央办公厅、国家统计局联合印发通知，成立中长期青年发展规划统计监测组，19家部委为成员单位。同年12月26日，共青团中央、国家统计局联合印发《中长期青年发展规划（2016—2025年）》统计监测工作方案，围绕《规划》规制的十大领域设立了6项核心指标和20项重要指标。2021年1月21日，共青团中央、国家统计局联合印发2019年中长期青年发展规划统计监测报告；同年12月，印发2020年中长期青年发展规划统计监测报告。2021年7月，中国统计出版社出版《中国青年发展统计年鉴2020》，收录了2019年《规划》统计监测主要数据与相关部门公开出版的与青年发展相关的统计数据。这是我国第一本青年发展领域的统计年鉴，是解读我国青年各领域发展状况的权威依据。[①]2023年11月，共青团中央、国家统计局联合印发《青年发展统计监测制度》。据悉，这是相关部委首次针对青年发展领域制定专门的统计监测制度，对于推动中长期青年发展规划纵深实施、促进青年高质量发展具有重要意义。2019年，中长期青年发展规划统计监测工作方案印发，初步构建了规划实施统计监测体系。3年多来，在19个部委的通力协作下，连续3年形成统计

① 参见杨宝光：《〈中国青年发展统计年鉴2020〉正式出版》，《中国青年报》2021年7月13日。

监测报告，连续两年出版《中国青年发展统计年鉴》，规划统计监测体系逐步健全。今年以来，共青团中央、国家统计局在工作方案的基础上进一步优化指标、明确分工。《青年发展统计监测制度》总体按照《中长期青年发展规划（2016—2025年）》框架，涵盖青年人口、青年思想道德与青年教育、青年健康、青年婚恋、青年就业创业、青年文化、青年社会融入与社会参与、维护青少年合法权益、预防青少年违法犯罪、青年社会保障等10个青年发展重点领域，优化设计了一系列统计监测指标。《青年发展统计监测制度》的正式建立，将进一步增强青年发展统计监测工作的规范性、权威性，带动相关部委和地方各级建立健全本领域、本地区青年发展统计监测机制，为中长期青年发展规划纵深实施、落地生根提供更加坚实的保障。①

此外，2021年12月18日，第十七届中国青少年发展论坛发布《国际青年发展指数报告2021》，该报告原创性地设计了“国际青年发展指数”评估体系，确定了健康与生活、教育与文化、就业与创业、家庭与社会、公共参与等5个“国际青年发展指数”一级指标，并选取了85个国家进行测算，展现了各国青年发展现状、特点、趋势及存在问题。②

规划实施以来，各省、市、县在青年发展监测指标体系构建上不断探索，为进一步调整完善监测指标提供实践经验，也为构建适用于全国的青年发展指标体系打下基础。广东、山东、山西、江苏、安徽、青海等省份均发布了中长期青年发展规划指标监测体系。以山东省为

---

① 杨宝光：《〈青年发展统计监测制度〉正式印发》，《中国青年报》2023年11月28日。
② 参见杨宝光：《〈国际青年发展指数报告2021〉发布》，《中国青年报》2021年12月21日。

例，《山东省中长期青年发展规划（2019—2025年）》指标体系对结构进行了创新，表头分为一级指标、二级指标、计量单位、上一年数、本期数、数据来源、备注7项。山东作为首个在市和县两个层面同步推进青年发展友好型城市建设的省份，2021年10月出台了全国首个青年发展友好型城市建设指标体系，[①]力求以统一的评价指标体系在全省域范围内统筹推进《规划》工作。

（四）青年发展规划实施评估是优化政策的关键手段

政策评估是政策实施过程的重要环节，是监督政策执行、评价政策成效、实现政策反馈、促进政策优化的重要手段。《规划》明确提出，对本规划实施情况进行年度监测、中期评估和终期评估，制定和调整促进青年发展政策措施，推动本规划实现。严格执行《规划》对于政策评估的要求，是建立我国青年政策评估机制的重要契机。

由于《规划》涉及多方面的青年发展事务，存在多个政策实施主体，设置合理的评估标准是开展评估工作的核心起点。张良驯（2020年）提出了较为全面的评估标准。首先是效益标准，是指把该规划实施后产生的各种结果和影响作为评估标准。其次是效率标准，是指把该规划取得效果所消耗的人财物资源的多少作为评估标准。最后是青年标准，是指把该规划是否有效地回应了青年的实际需求、是否满足了青年的利益诉求作为评估标准。青年标准回应的是中长期青年发展规划满足青年的需要、诉求、偏好和价值的程度。[②]

---

① 参见刑婷：《山东启动“青年发展友好型城市”建设》，《中国青年报》2021年10月18日。
② 参见张良驯：《中长期青年发展规划评估的标准、模式和程序》，《中国青年社会科学》2020年第1期。

当前《规划》实施评估已扎实稳步开展。2021年年初，部际联席会议办公室组织51家规划任务分工参加单位和32个省份开展自评估，委托中国社会科学院、中国宏观经济研究院、复旦大学、中国青少年研究中心4家研究机构开展第三方评估，邀请8个联席会议成员单位赴12个省份24个县区开展实地评估，形成《规划》实施工作中期评估报告。报告对“十三五”时期的《规划》实施情况进行系统梳理总结，分析存在的困难问题，并提出下一步工作建议。评估报告以部际联席会议办公室名义送各成员单位、规划任务参加单位、各省级党委和政府，27个省份的64位领导同志作出批示，《规划》落地实施的政策环境得到进一步优化。①

地方层面也围绕青年发展规划实施评估开展有益探索，主要以制定评估工作方案的方式予以明确。以广东省为例，2022年12月，《广东中长期青年发展规划实施情况中期评估工作方案》在广东省中长期青年发展规划实施工作联席会议第三次全体会议审议通过。该方案要求省联席会议成员单位和各地级市围绕评估重点和主要内容，以开展自评估、现场评估、第三方评估、提交中期评估报告等方式实施评估，以发布评估报告，展现青年发展规划实施成效。甘肃省于2023年1月发布《甘肃省中长期青年发展规划中期评估报告》，指出自2019年1月甘肃省级规划实施以来，全省各地党委领导下的青年工作会议机制基本建立，省级青年发展监测评估机制建立完善，各领域支持青年发展的政策项目持续出台，青年发展的政策环境、社会环境进一步优化，

① 杨宝光：《汇聚服务青年合力 凝聚青春奋进力量——2021年度中长期青年发展规划实施回眸》，《中国青年报》2022年2月11日。

青年参与全省事业发展新局面的活力更大迸发、作用更加彰显。[1]

四、中长期青年发展规划实施成效

《规划》实施以来，青年素质得到全面提升，青年发展机遇广阔，青年发展保障得以夯实，中长期青年发展规划的实施取得切实成效。

（一）青年素质全面提升

在习近平新时代中国特色社会主义思想的指导下，新时代的中国青年锤炼本领，增长才干，理想信念、身体素质、精神品格、综合能力不断提升，努力成长为勇挑重担、堪当大任的时代新人。

青年理想信念更为坚定。用习近平新时代中国特色社会主义思想武装起来的中国青年，对中国特色社会主义道路由衷认同，对实现中华民族伟大复兴充满信心。做中国人的志气、骨气、底气进一步增强，为实现中华民族伟大复兴中国梦团结奋斗的思想基础更加牢固。同时，青年不断从中华优秀传统文化、革命文化、社会主义先进文化中汲取养分，特别注重从源远流长的中华文明中获取力量，传承中华文化基因更加自觉，民族自豪感显著增强，文化自信氛围更加浓厚。

青年身心素质向好向强。新时代中国青年身心素质更好更强，能够经得起风雨、受得住磨砺、扛得住摔打。当前，校园内体育课时持

① 参见马富春：《甘肃省中长期青年发展规划中期评估报告发布》，《中国青年报》客户端2023年1月12日。

续增加，更多青年学生身体锻炼时间加长，强度增强。超过3700万名农村义务教育学生受惠于政府开展的学生营养改善计划，身体素质得到明显提升。[①]同时，在党和政府的关心关注和全社会的共同支持下，中国青年面对困难不消沉、面对压力愈坚韧，将牢固的理想信念、健康的价值认知、坚定的文化自信转化为良好的社会心态。

青年知识素养不断提升。党的二十大报告指出，要“实施科教兴国战略，强化现代化建设人才支撑”[②]。2020年，新增劳动力平均受教育年限达13.8年，比十年前提高1.1年；大学专科以上在职青年占同等文化程度就业总人口比例超过50%，比在职青年占就业总人口比例高约20个百分点。[③]青年受教育水平整体提升。同时，青年终身教育与自我学习氛围日益浓厚。有相当数量的青年在离开校园后选择继续深造、提升学历，2020年成人本专科在校生超过770万人，网络本专科在校生超过840万人。[④]青年在职学习专业技能的热情空前高涨，调查显示，超过50%的社会青年参加过职业技能培训，工作之余“充充电”、“加加油”成为越来越多青年的共同选择。[⑤]

青年精神风貌更加昂扬。新时代中国青年刚健自信、胸怀天下、担当有为，衷心拥护党的领导，奋力走在时代前列，展现出前所未有的昂扬风貌；追求远大理想，心中铭刻着对马克思主义的崇高信仰、

① 参见中华人民共和国国务院新闻办公室：《新时代的中国青年》，人民出版社2022年版，第19页。
② 《习近平著作选读》第一卷，人民出版社2023年版，第27页。
③ 中华人民共和国国务院新闻办公室：《新时代的中国青年》，人民出版社2022年版，第21页。
④ 中华人民共和国国务院新闻办公室：《新时代的中国青年》，人民出版社2022年版，第22页。
⑤ 中华人民共和国国务院新闻办公室：《新时代的中国青年》，人民出版社2022年版，第22页。

对共产主义和中国特色社会主义的坚定信念；深植家国情怀，与国家同呼吸、与人民共命运，时刻彰显着鲜明的爱国主义精神气质；传承奋斗精神，先天下之忧而忧、后天下之乐而乐，勇做走在时代前列的奋进者、开拓者、奉献者。同时，新时代中国青年既有家国情怀，也有人类关怀，秉承中华文化崇尚的四海一家、天下为公理念，与世界各国青年共同推动构建人类命运共同体，携手创造人类更加美好的未来。

（二）青年发展机遇广阔

党的二十大报告指出：“当代中国青年生逢其时，施展才干的舞台无比广阔，实现梦想的前景无比光明。”[①]新时代中国青年拥有更优越的发展环境、更广阔的成长空间，面临着建功立业的难得人生际遇。

新时代十年的伟大成就赋予青年高质量发展的优越条件。新时代的十年，我们国家创造了世所罕见的经济快速发展和社会长期稳定两大奇迹。这为青年的高质量发展提供了坚实物质基础。随着互联网和社交媒体的快速发展，青年的精神文化生活更加多元多姿多彩。青年的学习载体极大丰富，青年的视野格局不断开阔。当前数字经济和“四新”经济[②]的发展新引擎更是为青年就业创业带来全新机遇。

世界百年未有之大变局给青年高质量发展带来风险挑战。习近平总书记指出：“在前进道路上我们面临的风险考验只会越来越复杂，甚至会遇到难以想象的惊涛骇浪。我们面临的各种斗争不是短期的而是

① 《习近平著作选读》第一卷，人民出版社2023年版，第58页。
② “四新”经济，是指“新技术、新产业、新业态、新模式”的经济形态。

长期的，至少要伴随我们实现第二个百年奋斗目标全过程。”[①] 当前国际环境日趋复杂，不稳定性不确定性明显增加，也给青年的发展带来风险，为青年民生改善带来挑战。新风险新挑战要求新本领新力量，新时代中国青年则是掌握新本领的攻坚克难新力量。这是“长江后浪推前浪”的历史规律，也是“一代更比一代强”的青春责任。

中国式现代化蕴含着青年高质量发展的巨大机遇。青年的发展空间来自时代，时代的蓝图绘就也少不了青年。当下历史的接力棒已经交到新时代中国青年手上，新时代十年的伟大成就让中国青年“赢在起跑线上”，世界百年未有之大变局更不能阻碍中国青年“奋力冲向终点”。站在时代前列必将肩负时代责任，当代中国青年将在高质量发展主战场奋力拼搏，在乡村振兴第一线摸爬滚打，在科技攻关最尖端努力攀登，在急难险重最前沿冲锋陷阵，在保卫祖国哨位上威武守护，把奋斗的青春书写成为中国式现代化的生动实践，以自己的亲身实践将中华民族伟大复兴的中国梦变为现实。

（三）青年发展保障得以夯实

2021年开展的《规划》中期评估显示，《规划》提出的“到2020年，具有中国特色的青年发展政策体系和工作机制初步形成”这一阶段性目标已经基本完成。《规划》实施以来，党管青年原则落地生根，青年优先发展理念深入人心，青年工作机制更加健全，青年发展政策体系逐步完善，青年发展状况实现质的跃升，为青年发展夯实各方面保障。

---

① 《习近平著作选读》第二卷，人民出版社2023年版，第257—258页。

建章立制，党管青年原则落地生根。在习近平总书记的率先垂范和党中央的集中统一领导下，各地区、各部门坚持党管青年原则，把青年发展置于党治国理政战略全局和经济社会发展大局中谋划推动。贯穿中央和地方的青年工作联席会议机制和青年发展规划体系建立健全，党管青年原则下各部门协同促进青年发展的工作格局形成。①2018年底，部际联席会议制度正式建立；2021年年底，全国省、市、县级青年工作联席会议机制实现100%全覆盖。到2022年，全国27个省级、298个市级、2228个县级联席会议克服疫情影响，召开了本级全体会议，其中北京、河北等14个省份实现全覆盖。②

服务青年，具有中国特色的青年发展政策体系日益丰富。各级党委和政府聚焦青年急难愁盼问题，制定出台一系列服务青年发展的具体政策举措，各级团组织联合相关职能部门加强政策倡导和政策宣传。据统计，仅《规划》正式实施后，党中央、国务院及相关部委出台的与青年发展相关政策文件超过240件③，覆盖青年思想道德、教育、就业等十大领域。全团齐心协力、千方百计为青年办实事、解难事。共青团深入开展就业帮扶，2019年以来，重点面向一般院校低收入家庭学生，提供全流程就业服务，累计帮助35.99万名学生找到工作，民族团结教育、国家通用语言培训等项目累计服务青少年超过700万人

---

① 参见阿东：《在习近平新时代中国特色社会主义思想指引下 动员引领广大青年为全面建设社会主义现代化国家而团结奋斗——在中国共产主义青年团第十九次全国代表大会上的报告》，《中国青年报》2023年6月26日。

② 参见周围围：《助力青年发展 聚力青春担当——中长期青年发展规划实施成效纪实》，《中国青年报》2023年5月5日。

③ 参见阿东：《在习近平新时代中国特色社会主义思想指引下 动员引领广大青年为全面建设社会主义现代化国家而团结奋斗——在中国共产主义青年团第十九次全国代表大会上的报告》，《中国青年报》2023年6月26日。

次。[①]在法律法规层面，目前直接涉及青年发展的法律有10余部；民法典编纂中体现加强未成年人合法权益的保护；社区矫正法设立未成年人社区矫正专章，修订了未成年人保护法、预防未成年人犯罪法、职业教育法等法律法规。一些地方积极探索青年立法，比如广州出台青年创新创业促进条例，浙江省、山东省济南市等地已将青年立法纳入计划。[②]

形成共识，青年优先发展理念积势蓄势。当前，青年优先发展得到各级党委和政府越来越多的支持，与农业农村优先发展、教育优先发展、就业优先战略、生态优先、绿色发展等重大战略同步推进。一方面，各地创新推动将青年优先发展理念落实落地。如贵州贵阳推出“青年卡”，将青年发展相关政策、服务举措等集成其中；河北保定出台《关于促进高校毕业生来保定就业创业的十二条措施》，推出10万个岗位邀请全国青年到保定就业；山东威海实施“引、育、留”一揽子暖心政策，为青年构建从实习实践到就业创业全周期政策服务体系。[③]另一方面，青年优先发展理念有机融入城市治理体系。诸多城市明确通过青年发展型城市的建设，优化青年生存发展环境，帮助青年解决就业、住房、婚恋、养老等多方面难题，引导青年发挥对城市高质量、高品位发展的积极作用，为推进中国式现代化汇聚更多青春力量。

---

① 参见《踔厉奋发 谱写青春华章——新时代党的青年工作成就综述》，中国青年网2023年6月18日。

② 周围围：《助力青年发展 聚力青春担当——中长期青年发展规划实施成效纪实》，《中国青年报》2023年5月5日。

③ 参见周围围：《助力青年发展 聚力青春担当——中长期青年发展规划实施成效纪实》，《中国青年报》2023年5月5日。

五、中长期青年发展规划实施展望

《规划》显示出我国青年政策整体思路由被动保护青年到主动赋权青年的转变，从联合发布到联合执行，实现了青年政策文本形式的拓展和青年政策制定与执行的有机衔接。[①]当前我国青年发展政策体制逐渐完善，一些标志性成果相继出台。但规划实施工作仍处于探索期，建立健全从上而下、高位推动、顺畅有效的政策转化机制迫在眉睫。团十九大报告提出："坚持党管青年原则，建立健全与经济社会发展规划相衔接的青年发展规划工作机制，更好发挥规划实施工作部际联席会议和地方各级青年工作联席会议作用，着力推动形成上下贯通、左右协同、齐心协力促进青年发展的工作合力。"[②]

（一）落实党管青年的体制机制

细化党管青年原则的落实机制。要切实完善党管青年的基本制度安排，由党委高位推动各级规划的实施，切实发挥党领导全局、协调各方的领导核心作用；要压紧压实党建带团建的政治责任，将党建与团建工作同部署、同检查、同考核，将青年和共青团工作摆上日常议事日程，纳入党委工作的总体规划，作为各级党委书记党建工作述职的基本内容从而及时发现、解决问题；要定期召开青年工作专门会议，

① 谭毅：《〈中长期青年发展规划（2016—2025年）〉的政策学解读》，《中国青年研究》2017年第9期。

② 阿东：《在习近平新时代中国特色社会主义思想指引下 动员引领广大青年为全面建设社会主义现代化国家而团结奋斗——在中国共产主义青年团第十九次全国代表大会上的报告》，《中国青年报》2023年6月26日。

听取青年工作汇报、进行实践经验总结、部署专题调查研究等，定期研判青年意识形态工作，保证青年工作的政治方向、突出青年工作的政治属性。

完善共青团履行职能的体制机制。在党的青年工作体系中，共青团是直接的重要工作力量，肩负做好党的青年工作的政治责任。党政部门可以探索赋予共青团制定－实施－评估青年发展政策的工作权限、履行青少年事务职能的经费保障、承接政府转移的青年事务的工作职能。要加强包括团干部在内的青年工作者能力建设，提升其政治意识、调研水平、执行能力等综合素养。共青团要提升政策倡导能力，准确反映青年的动态和需求，并及时将所获得的信息和研判报送党政部门，为党政谋划工作、科学决策提供精准的依据。要“充分依托党赋予的资源和渠道，为青年提供实实在在的帮助”[①]。

充分整合社会化的力量与资源。社会领域中蕴藏着丰富的青年工作资源，要将社会化力量有机嵌入党的青年工作机制中。新经济组织和新社会组织等不完全依赖传统行政动员形式的社会主体已逐步成为当代青年社会生活的重要空间和场所要建立健全青年工作管理制度，进一步明确界定社会主体在青年工作、青年发展支持体系中的相关职责、工作路径，并推动社会化资源优化升级为面向全体青年群体开放使用的公共资源。

（二）完善青年发展政策体系

完善青年发展政策的顶层制度设计。要推动青年发展政策设计与

---

① 习近平：《论党的青年工作》，中央文献出版社2022年版，第9页。

党的二十大战略部署相耦合，与中国式现代化道路相契合，与高质量发展新格局相适配。践行青年优先发展理念，聚焦青年在毕业求职、创新创业、社会融入、婚恋交友、老人赡养、子女教育等方面的操心事、烦心事，着力推动出台更多普惠性、标志性青年发展政策。[①]要深度厘清中央、省级、市级、县级各层级规划的关系，推动各层级的政策设计、制度安排与实施要点纵深对接、有效衔接。充分鼓励地方创新性、差别化探索实施规划，形成更多党政关注、社会支持、青年有感、可供复制的标志性青年发展政策成果，以期由点到面、自下而上地实现青年发展政策体系的完善与创新。

推动各级青年工作联席会议机制更加有效运转。充分利用中央、省、市、县各级青年工作联席会议机制，压实青年发展规划各领域牵头单位的主体责任。尤其需要注重推动市、县两级联席会议的落地见效，明确地方层级联席会议的成员单位、会议召集人、会议职责、工作规则、工作要求等。[②]加强成员单位之间的互动交流，鼓励各单位围绕各自归属领域的青年工作情况、规划落实开展情况与开展方向展望等发表观点和意见，推动各领域各地区各部门之间实现信息互通与资源整合。同时，也可以面向《规划》实施涉及的具体经办部门展开深入访谈，从而及时发现现有政策文本的局限性，增强政策的可执行性、针对性。

健全完善青年发展状况监测机制。研究设计青年发展指标体系，

---

① 阿东：《在习近平新时代中国特色社会主义思想指引下 动员引领广大青年为全面建设社会主义现代化国家而团结奋斗——在中国共产主义青年团第十九次全国代表大会上的报告》，《中国青年报》2023年6月26日。

② 参见邓希泉、李伟娟：《目标评估与完善策略：中国特色青年发展政策体系研究》，《中国青年社会科学》2022年第3期。

着力提升规划实施科学化、专业化水平。积极探索青年参与的评估机制，使青年满意度成为衡量规划实施成效的重要标准。[①]委托第三方机构综合客观的工作数据和青年群众的直观感受，对青年发展态势与规划实施效果作专业评价，将评估结果作为评价规划落实情况、指标调整与优化的重要依据。定期搜集青年群体的需求和变化新趋势，为青年政策的动议起草和优化完善建立精准的判断机制。尊重和发挥好青年群众在青年公共政策制定实施中的主体地位，为各领域青年代表提供更多正式和非正式参与路径，加强其政策参与能力，提升其实现有效政治参与的比重及深度，使其能够实质性参与公共政策的议程设定、方案形成、评估改进等重要环节，进一步充分发挥其对公共事务和重大决策的贡献度。[②]

（三）提供青年发展法治保障

明确规范青年事务各主体的权利义务关系。刚性的法律制度能够明确利益的基本边界和行为的基本准则，也是加强社会管理、促进社会治理能力提升的基础性资源。当前我国尚未出台独立的青年发展专项性法律，亟须以法律手段细化各方面主体等在青年工作中的职责分工，并且赋予青年工作联席会议法定地位，借此优化部门协同，需要在法律条文中认证、细化共青团在青年发展具体事务中的功能定位和职责安排，进而弥补共青团在物质资源、人事权力、行政职能等方面

---

① 阿东：《在习近平新时代中国特色社会主义思想指引下 动员引领广大青年为全面建设社会主义现代化国家而团结奋斗——在中国共产主义青年团第十九次全国代表大会上的报告》，《中国青年报》2023年6月26日。

② 林楠：《我国青年政策的回顾、现状与展望》，《青年学报》2021年第4期。

的现实不足，推动共青团组织切实履行《规划》赋予的“协调、督促”职能。

建立满足青年发展所需的资源配置法治化体系。从资源角度看，法律制度的实质是对资源整合和配置的一种刚性规定。法律制度建设涉及部门、条块不同资源体系、利益关系的调整和利益重组。[①]未来需要将青年优先发展理念上升凝聚为法律理念，将青年优先发展与国家新发展格局深刻嵌套，推动青年发展事务实现从具体工作机制向法律制度建设的转变提升，促进青年工作体制机制与新时代国家发展阶段相适应和匹配，通过刚性形式实现资源的重新支配，为青年工作整合政治、经济和社会各方面资源。

建强法律保障体系为青年发展赋能赋权。青年发展专项立法旨在紧扣高质量发展的青年民意需求，实现对现有青年相关法律法规的衔接与延伸，对具有我国特色的青年发展工作先进经验加以立法确认。未来可以将规划确定的政策框架作为开展青年发展专项立法主要的政策依托，同时吸纳国家及各省市对于青年教育、就业、创业等领域的法律经验，围绕青年急难愁盼的关键领域，以实现高质量发展为立法目标对青年赋能赋权。

① 张良驯、杨长征主编：《中国青年发展规划的理论与实践》，人民出版社2018年版，第59页。

第十讲 |

共青团的宝贵经验及其继承发扬

中国共产党缔造了中国共青团，中国共青团是中国共产党领导的先进青年的群团组织，是广大青年在实践中学习中国特色社会主义和共产主义的学校，是党的助手和后备军。一百多年来，共青团坚定理想、矢志不渝，形成了宝贵经验，这些经验包括：坚持党的领导的立身之本，坚守理想信念的政治之魂，投身民族复兴的奋进之力，扎根广大青年的活力之源。这些宝贵经验是共青团面向未来、再立新功的重要遵循。

一、坚持党的领导是共青团的立身之本

一百多年前，在中国共产党的亲切关怀和直接领导下，中国社会主义青年团第一次全国代表大会在广州东园隆重召开。旗展东园，见证了中国青年的觉醒和奋起，中国共青团的百年征程由此拉开帷幕。“共青团从诞生之日起，就以党的旗帜为旗帜、以党的意志为意志、以党的使命为使命，把坚持党的领导深深融入血脉之中，形成了区别于其他青年组织的根本特质和鲜明优势。”①在党的坚强领导下，中国共青团带领先进青年谱写了中华民族伟大复兴进程中一曲又一曲激昂的青春乐章。

（一）中国共产党缔造了中国共青团

没有中国共产党，就没有中国共青团。中国共产党一经诞生，就把目光和希望聚焦到青年身上。1920年8月22日，在上海共产党早期组织的领导下，俞秀松、施存统等8人发起成立上海社会主义青年团。上海创办青年团组织后，致函其他地方党的早期组织，要他们也创办

① 习近平：《在庆祝中国共产主义青年团成立100周年大会上的讲话》，人民出版社2022年版，第5页。

团的早期组织。到1921年上半年，上海、北京、武汉、长沙、广州、天津等地都建立了青年团。

党的一大专门研究在各地建立和发展社会主义青年团作为党的预备学校的问题，以及吸收优秀团员入党的办法。按中共中央的精神，在团临时中央局的领导下，各地的社会主义青年团逐步恢复和建立。

到了1923年8月，团二大接受党的“指导及帮助”，明确了团组织在政治上必须完全服从中国共产党主张，并专门作出《本团与中国共产党之关系的决议案》，明确了党团关系。抗战时期，为了适应新的革命形势，党中央在1936年11月1日发布了《关于青年工作的决定》，决定把共青团改造成为广大青年群众的抗日救国组织。1946年，中共中央发出了《关于建立民主青年团的提议》。1949年元旦，中共中央正式发布《关于建立中国新民主主义青年团的决议》。同年4月11日，中国新民主主义青年团第一次全国代表大会在北平召开，这次会议是经过了共青团的改造与重建，又一次召开的青年团盛会。1957年，在全国已经基本完成社会主义改造和中共八大胜利召开的新形势下，中国新民主主义青年团改名为中国共产主义青年团。党的十一届三中全会以后，共青团跟随党的步伐，在思想上拨乱反正，各项工作走上正轨。

党对青年团的领导在党章中有着明确的表述。1927年中央政治局通过的《中国共产党第三次修正章程决议案》和1928年党的六大通过的党章有专门章节规定“党与青年团关系”；1956年党的八大通过的党章第一次明确“共产主义青年团是党的助手”；党的十二大通过的党章恢复了“党和共产主义青年团的关系”一章，并延续至今，充分表明党对共青团和青年的领导和关心。

中国共青团的成立和发展壮大，是中国共产党亲自谋划、整体推进、系统指导的结果。中国共青团从成立那一刻起，便在党的领导下充当青年先锋，汇聚青年力量，成为连接党和青年群体的桥梁和纽带。中国共青团紧跟着党，将党的思想主张、政治原则和组织纪律贯彻到青年工作中，引领青年参与学生运动、工人运动和农民运动，推动一代又一代青年积极投身改造社会的实践，用生命和热血谱写了壮丽的篇章。

（二）共青团坚持政治性的历史演进

纵观共青团的百年历史，经过两次建立、两次改名和一次改造，共青团的政治性逐渐确立。在中国革命、建设、改革以及新时代，共青团经历了探索、曲折、发展、成熟等四个阶段，坚持政治性呈现出清晰的历史演进逻辑。中国共产党为共青团的发展指明了正确的政治方向。党章明确指出："中国共产主义青年团是中国共产党领导的先进青年的群团组织，是广大青年在实践中学习中国特色社会主义和共产主义的学校，是党的助手和后备军。"[①]这既是对共青团性质的揭示，也蕴含着共青团坚持政治性的价值逻辑。

共青团自诞生之日起，便被赋予了政治性。大革命失败后，一部分人出现对共青团建设存在认识偏差、对党的领导权问题认识不足等问题。共青团能够在新中国成立初期进行重建，正是因为确立了政治性要求，紧跟党进行社会变革和国家治理，积极履行党的助手和后备军的职能。改革开放和社会主义现代化建设新时期，共青团逐步走向政治自觉。1978年召开的团十大具有里程碑的时代意义，共青团的政

① 《中国共产党章程》，人民出版社2022年版，第33页。

治性建设不断深化。1989年12月21日，中共中央下发《关于加强和改善党对工会、共青团、妇联工作领导的通知》，其中阐述了党与团的特殊政治关系，这种密不可分的联系正是共青团政治性的具体体现。[①]

党的十八大以来，按照党中央部署和要求，共青团牢牢把握保持和增强政治性、先进性、群众性的根本要求，坚定不移推进共青团改革，严格对照全面从严治党的标准、要求、做法，大力推进全面从严治团。

政治性是共青团第一位的属性，也是与生俱来的血脉基因。中国特色社会主义进入新时代，共青团牢牢把握政治性就是要坚持用习近平新时代中国特色社会主义思想武装全团，在思想上政治上行动上同以习近平同志为核心的党中央保持高度一致，将新时代中国青年运动的主题、方向和使命作为共青团一切工作的重要切入点、着力点和落脚点，在实现中华民族伟大复兴的征程上不偏航、不迷路、不动摇，经得住各种风浪考验。

（三）共青团始终坚定不移听党话、跟党走

听党话、跟党走始终是共青团坚守的政治生命，党有号召、团有行动始终是一代代共青团员的政治信念。习近平总书记强调："优秀年轻干部必须对党忠诚，坚持走中国特色社会主义道路，坚定不移听党话、跟党走。"[②]筑牢广大青年坚定不移听党话、跟党走的信仰之基，是共青团的首要职责。

---

① 参见中共中央文献研究室编：《十三大以来重要文献选编》（中），人民出版社1991年版，第790—801页。

② 习近平：《在全国组织工作会议上的讲话》，人民出版社2018年版，第28页。

社会主义革命和建设时期，共青团积极响应党和国家号召，组织青年用爱国热情与坚韧毅力，组建青年突击队，争当青年社会主义积极分子，这一时期涌现出许多时代楷模，激励着一代又一代青年人；改革开放和社会主义现代化建设新时期，共青团努力在社会主义市场经济条件下开展青年工作、加强自身建设，广泛开展争当新长征突击手、“五讲四美三热爱”、希望工程、青年志愿者、青年文明号、保护母亲河等一大批青春气息浓烈的创造性品牌活动。

党的十八大以来，中国特色社会主义进入新时代，以习近平同志为核心的党中央站在党和国家事业发展薪火相传、后继有人的战略高度，关心青少年健康成长，形成了科学系统的习近平总书记关于青年工作的重要思想，为共青团和青年健康成长指明了方向，为新时代党的青年工作提供了根本遵循。历史充分证明，只有坚持党的领导，共青团才能团结带领青年前进，推动中国青年运动沿着正确政治方向前行。

“坚定不移听党话、跟党走”既是共青团的宝贵历史经验，又是永恒的宣言。共青团在思想、目标、行动上与党同心同德、同向同行，才能为党和国家培养更多可堪大任的杰出英才。这条宝贵经验贯通历史、现实、未来，紧紧围绕培养社会主义建设者和接班人这个根本任务，深刻认识青年思想意识形成规律，精辟回答了共青团“是什么”“干什么”“怎么干”的根本问题，推动共青团在新起点新征程上“实践育人特色，坚持全领域发展、全流程参与、全战线统筹、全形态展现，着力实现思想政治引领工作从影响广泛到引领有力的全面提升”[1]，推动共青团在中国式现代化的征程中担当复兴伟业的先锋队、突击队，动员青年建功新时代，为青年一代追梦圆梦、实现人生理想搭建广阔舞台。

二、坚守理想信念是共青团的政治之魂

从革命战争时期到和平发展年代，党领导下的共青团始终坚持以马克思主义为指导，用马克思主义及其中国化成果武装广大青年，认真组织青年学习党的科学理论，帮助广大青年正确认识理解我国的发展道路与执政理念，并在此基础上树立了坚定的理想信念。共青团把青年人组织起来，是在理想信念感召下，把实际与坚定信仰相结合、与科学社会主义相结合。

（一）青年的理想信念关乎国家未来

青年理想远大、信念坚定，就会成为一个国家、一个民族无坚不摧的前进动力。百年前，中国青年在苦苦探寻现代化的道路中找到了集先进性、科学性和革命性于一体的马克思主义这一强大思想武器，在积贫积弱、风雨如晦的中国探寻民族复兴之路。

百年来，共青团带领广大团员青年在奋斗中释放青春激情、追逐青春理想，以青春之我、奋斗之我，为民族复兴铺路架桥，为祖国建

① 阿东：《在习近平新时代中国特色社会主义思想指引下 动员引领广大青年为全面建设社会主义现代化国家而团结奋斗——在中国共产主义青年团第十九次全国代表大会上的报告》，《中国青年报》2023年6月26日。

设添砖加瓦。从“敢教日月换新天”的革命斗志到“把青春献给祖国”的建设豪情，从“团结起来、振兴中华”的时代强音到“清澈的爱、只为中国”的青春誓言。共青团把广大青年凝聚在理想信念的旗帜之下，教育引导青年树立远大理想、厚植家国情怀，使之成为整个社会中最积极、最有生气的力量。

党的十八大以来，共青团引导广大青年自觉为共产主义远大理想和中国特色社会主义理想而奋斗，在实现中华民族伟大复兴中的角色日益清晰，工作方向和任务更加明确。共青团围绕构建新发展格局、推动高质量发展、打赢脱贫攻坚战、抗击新冠疫情等重大任务主动作为，胸怀“国之大者”，担当使命任务，以更加坚定的理想信念和必胜的信心勇气，在实现中华民族伟大复兴的新征程上踔厉奋发、勇毅前行。

青春孕育无限希望，青年创造美好明天。在庆祝中国共产党成立100周年大会上，共青团员、少先队员代表响亮喊出“请党放心、强国有我”的铮铮誓言，展现新时代中国青少年的理想与抱负。在新时代的长征路上，共青团心系广大青年，动员引领广大青年在全面建设社会主义现代化国家、全面推进中华民族伟大复兴的历史进程中挺膺担当、团结奋斗，争当伟大理想的追梦人，争做伟大事业的生力军，朝着全面建设社会主义现代化国家新征程、向着第二个百年奋斗目标进军。

（二）政治上的坚定源于理论上的清醒

中国共产党在各个历史时期，总是以科学理论和初心使命推动共青团走在时代前列。共青团团结带领广大青年从内心深处厚植对党的信赖、对中国特色社会主义的信心、对马克思主义的信仰，时刻对标党中央决策部署来谋划和推动工作。团十九大以习近平新时代中国特色社会主义思想为指导来铸就当代青年理想之“魂”和信念之“魄”，把青年凝聚在党的理想信念旗帜之下。广大青年的理想信念也只有建立在对科学理论的理性认同和对历史规律的清醒认识上，才能焕发出强大的生命力、创造力、感召力。

回望百年奋斗历程，共青团高举共产主义、社会主义旗帜，形成了最为牢固、最有战斗力的群团组织。习近平总书记在庆祝中国共产主义青年团成立100周年大会上指出，“团的一大就明确提出了建设共产主义社会的远大理想，亮出了社会主义的鲜明旗帜”[①]。共青团始终坚持用马克思列宁主义、毛泽东思想、邓小平理论、“三个代表”重要思想、科学发展观、习近平新时代中国特色社会主义思想武装头脑、指导实践、推动工作，筑牢思想之基、增强理论自信，并将党历次大会确立的重大理论观点和重大战略思想写入团章之中，成为全团的指导思想。

党的十八大以来，共青团认真学习、深刻领会新时代党的创新理论，深入学习贯彻习近平新时代中国特色社会主义思想，深刻领悟这一伟大思想的科学性、真理性。共青团通过“我的中国梦”“青马工程”和“青年大学习”等活动，带头学习马克思主义理论，树立共产主义远大理想和中国特色社会主义共同理想，自觉践行社会主义核心价值观，大力弘扬爱国主义精神，教育引导广大青年增强“四个意识”、坚定“四个自信”、做到“两个维护”，在思想上政治上行动上同

① 习近平：《论党的青年工作》，中央文献出版社2022年版，第5页。

以习近平同志为核心的党中央保持高度一致，以理论上的清醒保持政治上的坚定，构筑青年的强大精神支柱。

（三）坚持用党的理想信念引领青年

坚持用党的理想信念引领青年，是共青团工作的重要任务之一。习近平总书记在同团中央新一届领导班子成员集体谈话时强调："要加强对广大青年的理想信念教育，引导广大青年树立共产主义远大理想，坚定中国特色社会主义共同理想，坚定听党话、跟党走的政治信念，在强国建设、民族复兴的历史潮流中确立正确的人生目标，为一生的奋斗奠定基石。"①。

团二大的《教育及宣传决议案》指出："教育工作是本团根本工作之一，以共产主义的原则和国民革命的理论教育青年工人、农民、学生群众是本团最重大责任"，"教育青年应以向他们宣传改良目前利益为起点，依次引导他们到改造社会的思想，以致国民革命和共产主义的理论"。②党的五大《对于共产主义青年团工作决议案》提出更为明确的要求："C.Y.是党指导下的青年无产阶级的革命的组织，其任务在扩大共产党主义的宣传与共产党的意识和政策的影响到广大的革命青年群众中去，吸收他们在共产主义旗帜之下积极参加共产党所领导的各种斗争。"③

---

① 《习近平在同团中央新一届领导班子成员集体谈话时强调 切实肩负起新时代新征程党赋予的使命任务 充分激发广大青年在中国式现代化建设中挺膺担当》，《人民日报》2023年6月27日。

② 中共中央党史和文献研究院、中央档案馆编：《中国共产党重要文献汇编》第三卷，人民出版社2022年版，第395页。

③ 中共中央党史和文献研究院、中央档案馆编：《中国共产党重要文献汇编》第十卷，人民出版社2022年版，第386页。

新中国成立后的17年间，为了帮助广大青年树立共产主义理想，认同社会主义道路，培养新型道德，共青团在广大青年中开展了一系列的思想教育活动。比如过渡时期总路线的宣传教育活动、共产主义道德教育活动、学习毛泽东著作活动、学习雷锋活动等，共产主义信念和道德在广大青年心中深深扎根，广大青年建设社会主义的热情空前高涨。

到了改革开放和社会主义现代化建设新时期，共青团高举中国特色社会主义伟大旗帜，与时代同步伐、与祖国共命运、与人民齐奋斗，为新长征贡献青春，向社会主义现代化进军，创“四化”大业、做“四有”新人，在改革开放和社会主义现代化建设中奋勇争先，在实现党的跨世纪宏伟目标、全面建设小康社会中勇当生产建设的突击队员和先锋力量。

党的十八大以来，共青团以习近平新时代中国特色社会主义思想为统领，抓住中国共产党成立100周年、中华人民共和国成立70周年、党的二十大召开等重大节点，用好脱贫攻坚、抗击疫情、抢险救灾等现实教材，持续深化理论武装、党史学习教育、形势政策教育、社会主义核心价值观培育，不断夯实永远跟党走、奋进新征程的思想基础。

三、在投身民族复兴中展现共青团的奋进之力

历史充分证明，只有牢牢抓住为中华民族伟大复兴而奋斗这一主题，共青团才能团结一切可以团结的青春力量，唱响壮丽的青春之歌。百年来，在党的领导下，中国共青团围绕党在各个历史阶段的中心任

务团结带领青年永久奋斗、建功立业，推动党和人民事业不断前进。

（一）共青团带领青年在民族复兴伟大事业中挺膺担当

自成立之日起，中国共青团就牢记初心使命，一颗红心向着党、同根同脉连着党、坚定不移跟着党，团结带领广大青年在中华民族伟大复兴的伟业中挺膺担当。

在新民主主义革命时期，共青团响应党的号召，围绕推翻帝国主义、封建主义、官僚资本主义的压迫，求得民族的独立和人民的解放，积极投身大革命洪流，广大青年成为先进思想的有力传播者，为争取民族独立、人民解放不怕牺牲，英勇奋战，在党的带领下推翻了三座大山、创建了新中国，为中国式现代化打开了前进通道，为实现现代化创造了根本社会条件。

在社会主义革命和建设时期，共青团围绕建设社会主义的中心任务，带领团员青年积极参加土地改革、镇压反革命、“三反”“五反”等一系列社会改革运动，组织团员青年为恢复国民经济而奋斗。广大青年响应党提出的“四个现代化”建设号召，向困难进军，向荒原进军，参加青年突击队、青年垦荒队、青年扫盲队，在新中国的广阔天地焕发“敢教日月换新天”的豪情，喊出“到最艰苦最需要的地方”“把青春献给祖国”的响亮口号，助力祖国从一穷二白、人口众多的东方大国向社会主义社会迈进的伟大飞跃。

（二）共青团带领青年在民族复兴伟大事业中持续奋进

共青团始终以实现党的总路线、总任务为奋斗目标，始终在思想上政治上行动上同党中央保持高度一致，在革命与建设后的改革时期依然围绕中华民族伟大复兴开展工作，始终坚持“党有号召，团有行动”。

在改革开放和社会主义现代化建设新时期，共青团根据党的工作重心的转移，紧紧围绕改革开放和经济建设开展工作，为推进社会主义现代化建设事业作出了重要贡献，同时也促进了青年一代的健康成长。广大青年发出“团结起来，振兴中华”的时代强音，紧紧围绕党为实现现代化制定的“三步走”战略，坚定不移跟着党推进改革开放，在为中国式现代化提供充满新的活力的体制保障和快速发展的物质条件方面发挥了先锋作用。

党的十八大以来，站在新的历史起点上，习近平总书记强调坚持和发展中国特色社会主义，提出“两个一百年”奋斗目标与实现中华民族伟大复兴的中国梦。2023年，团十九大提出“在习近平新时代中国特色社会主义思想指引下动员引领广大青年为全面建设社会主义现代化国家而团结奋斗”。当代中国青年在党和人民最需要的时刻冲得出来、顶得上去，展现出自信自强、刚健有为的精神风貌。广大团员青年自觉担当重任，深入基层一线，让青春在实现中华民族伟大复兴的中国梦中绽放异彩，为党和国家事业取得历史性成就、发生历史性变革贡献了青春、建立了重要功勋。青年的力量使中国从一个“现代化的迟到国”跃升为“世界现代化的增长极”，为中国式现代化提供了更为坚实的物质基础、更为主动的精神力量。全团坚决贯彻落实习近平总书记重要讲话精神，把牢新时代中国青年运动和青年工作的主题，最广泛地把青年团结起来、组织起来、动员起来，为强国建设、民族复兴伟业挺膺担当。

（三）共青团带领青年在民族复兴伟大事业中勇当先锋

回望来路，方可更好地把握事物的本原。梳理民族复兴的历史经纬可知，共青团是推进中国式现代化的先锋力量。中国共青团作为民族复兴伟大事业的历史实践主体之一，其先锋力量主要体现在以下方面。

一是成为引进、接受、传播先进思想的先锋。中国共青团紧跟中国共产党坚定选择马克思主义作为救国救民的“主义”，主动践行马克思主义的革命纲领，用马克思主义武装广大青年头脑，为广大青年指明革命的指导思想。对马克思主义中国化时代化的高度认同与践行，体现出中国共青团追求真理、追求进步的先锋特质。

二是成为酝酿、建立、壮大先进组织的先锋。无论是平均年龄仅28岁的13位代表参加中国共产党第一次全国代表大会，宣告中国共产党诞生这一开天辟地的大事变，还是在党的直接关怀和领导下缔造青年团组织，团结引领中国青年开展大联合、大团结和大动员，都诠释了中国共青团以党的旗帜为旗帜、以党的意志为意志、以党的使命为使命的政治品格。

三是成为投身、践行、拓展伟大实践的先锋。无论是革命战争年代为争取民族独立、人民解放的浴血斗争，还是建设、改革时期为实现国家富强、人民幸福的敢闯敢干，都体现出中国共青团投身中华民族伟大复兴的行动自觉。在各个历史时期，中国共青团都以党领导下的具体实践，承担起党的助手和后备军的光荣使命。

四是成为开展、推动、深化自我革命的先锋。长期以来，在党的领导下，共青团主动适应党的中心任务调整和时代的发展变化，走出了以改革创新推动事业发展的道路。从中国社会主义青年团的建立、青年团名称的更改，到青年团的改造、青年团的重建；从青年志愿垦荒队、青年突击队，到新长征突击手、青年岗位能手；从青年志愿者行动、保护母亲河行动，到中国青年创业行动，共青团带领广大团员青年在党和国家事业发展的宏伟进程中发挥了引领作用。适应时代变化、党的中心任务调整，不断改革创新始终是共青团的优良传统。

总之，“先锋力量”一经形成，就成为实现中华民族伟大复兴的急先锋，成为实现中国式现代化蓝图的动力源，成为推进中国式现代化的生力军。历史一再证明并将继续证明，中国式现代化的历史进程推进到哪一步，中国共青团就会跟进到哪一步，中国共青团的先锋性就会体现在哪里。

四、扎根广大青年是共青团的活力之源

历史充分证明，只有不断从广大青年这片沃土中汲取养分、获取力量，共青团才能成为广大青年信得过、靠得住、离不开的贴心人。百年来，共青团作为党领导的先进青年的群团组织，作为党和政府联系青年的桥梁和纽带，把中国青年团结在党的周围，亲近青年、了解青年、把党对青年的关爱传递到青年心坎里。

（一）密切联系青年，将青年的温度如实告诉党

新时代，习近平总书记对共青团工作提出了更高要求，共青团要紧跟党走在时代前列、走在青年前列；团的工作要把握住广大青年的

脉搏；扩大团的工作有效覆盖面关键是要把工作延伸到广大青年最需要的地方去。

中国共青团充分尊重青年的主体地位和首创精神，了解青年的特性，把以青年为中心作为工作的根本出发点，坚持从青年中来、到青年中去，建好青年之家、当好青年之友。各级共青团组织积极践行党的群众路线，把密切联系群众作为根本的工作作风，把工作重心放在最广大青年身上，打造线上线下相互促进、有机融合的群团工作新格局。

针对新兴领域青年，共青团立足社会领域青年流动分布聚集特点，推进社会领域团建工作，省市两级“两新”类行业系统团组织达1082家，涵盖成员单位数量超5万家，覆盖青年386.3万，快递、外卖、美发美容等新兴行业领域团组织建设实现整体性突破。重点聚焦体量快速增长群体，将快递小哥、外卖小哥、网约车司机、网络作家、街舞青年、文创青年、社会组织负责人、美发美容从业者、青少年事务社工和志愿者等作为突破口，坚持由大到小、循序渐进开展工作。拓展工作阵地，在全国建设由团主导或参与、社会单位协同的“筑梦空间”829个，打造面向社会领域青年常态化开展学习交流、成长帮扶和培育孵化的重要平台，有效增强与新兴青年群体的联系。针对网络青年，共青团全面打造新媒体矩阵，深入各大青年聚集的网络平台扩大线上交流，新媒体矩阵粉丝突破8亿，打造主题网络活动，推出“青锋”“青苹”等系列原创网评产品，在思想的交锋中、在是非的明辨中共青团进一步感受到广大青少年的温度。针对基层青年，共青团持续创新基层组织形态，在县域培育超过1万个团属青年社团，建成6万多个“青年之家”，联系25万个青年社团，有效增强对青年群体的联系服务。针对高校青年，共青团整体设计高校共青团工作内容、项目供给、评价机制和运行模式，实现共青团联系服务青年项目活动的系统化、制度化、规范化，实现学生参与情况可记录、可评价、可测量、可呈现的工作体系和工作制度。

新时代背景下青年成长表现出新特点新规律，中国共青团始终坚持深入贯彻习近平总书记关于青年工作的重要思想，以“两个确立”统一思想、统一意志、统一行动，坚守联系服务青年的工作生命线，推动联系服务青年方法方式的改革创新，最为广泛地联系服务社会各领域青年。

（二）维护青年利益，把党的温暖充分传递给青年

尽管在不同的历史时期共青团组织担负的任务不同，但是代表和维护青年的合法权益却是始终如一的。

在新民主主义革命时期，求得民族的独立和人民的解放是全国人民根本利益所在，青年的利益与全体人民的利益息息相关，共青团代表青年利益的职能集中体现在组织各界青年为改良生活状况、争取社会权益而斗争，并通过这种斗争把青年引上革命道路等方面。1922年，中国社会主义青年团第一次全国代表大会通过的《中国社会主义青年团纲领》提出：“中国社会主义青年团，一方面为改良青年工人、农民的生活状况而奋斗，并为青年妇女、青年学生的利益而奋斗；一方面养成革命的精神，使其向为解放一般无产阶级而奋斗的路上走。”[1]团

---

① 中国新民主主义青年团中央办公厅编：《中国青年运动历史资料》第一册，中国青年出版社1957年版，第129页。

三大通过的《组织问题决议案》进一步指出："本团是代表无产阶级青年群众的利益，并领导一般被压迫的青年群众为他们的利益而奋斗的团体。"[①]这表明中国社会主义青年团成立之初，不仅在为实现团的纲领而奋斗，而且也在为青年的利益而奋斗。

在社会主义革命和建设时期，中国共产党成为人民根本利益的代表者，青年团代表青年利益的职能由为青年利益的奋斗转变为"在最大多数人民的最大利益的基础上，经常地注意和努力为青年群众的特殊利益和切身需要而服务"[②]。新民主主义青年团一大通过的团章提出，要"时刻注意密切地联系青年群众，经常了解并向本团领导机关反映青年群众的情绪和要求，适当解决当地青年群众的需要"。1957年，新民主主义青年团三大通过的工作报告就团要代表青年利益问题作了明确阐述："青年团要善于代表和维护广大青年的利益"，"青年是人民的一部分，人民的整体利益就是青年的最大利益和根本利益；离开了人民的整体利益，就谈不上什么青年的特殊利益。但是，青年又是整个人民当中的一个特殊部分，有自己的特殊利益和特殊要求。合理地照顾青年的特殊利益，适当地满足青年的特殊要求，使青年更积极地参加社会主义建设，这也完全符合人民的整体利益"，"青年团要名副其实地当好党的助手，要真正成为团结青年群众的核心，就既要教育青年服从人民的整体利益，又要在服从国家利益的前提下，努力代表青年的合理要求和正当利益"[③]。

---

① 中国新民主主义青年团中央办公厅编：《中国青年运动历史资料》第一册，中国青年出版社1957年版，第63页。

② 团中央青运史研究室、中央档案馆编：《中共中央青年运动文件选编》，中国青年出版社1988年版，第709页。

③ 团中央办公厅编：《团的文件汇编》1957，第28—29页。

在改革开放和社会主义现代化建设新时期，共青团代表和维护青年利益的职能进一步强化。团十二大工作报告明确指出："把共青团建设成为社会职能和法律地位明确，民主生活健全，基层充满活力，能够代表青年利益，真正赢得青年信任的先进青年的群众团体，是共青团体制改革的目标"，"代表和维护青年的具体利益"[①]是共青团的社会职能之一。这是在团的历史上第一次把"代表和维护青年的具体利益"列为共青团的社会职能。这一职能被载入这次大会修订的团章。团十五大将"坚持把竭诚服务青年作为团的一切工作的出发点和落脚点，更好地吸引和凝聚青年"[②]写进团章，成为共青团基本职能和工作指导思想的一项核心内容。团十六大提出全团要"把服务青年工作提高到一个新水平"，"把服务青年的工作进一步做深做实"。

党的十八大以来，团十七大提出要"竭诚帮助青年成长发展"，要"尽心尽力服务青年所急所盼"，要"建设基层服务型团组织"；团十八大报告指出要"坚持服务青年这一工作生命线，突出维护青少年发展权这一重要职能"；团十九大报告强调要"竭诚服务青年成长发展"。共青团作为党联系青年的桥梁纽带，必须大兴调查研究，充分依托党赋予的资源和渠道，深入了解青年所思所盼，在青年急难愁盼处、遇到困难时提供实实在在的帮助，用竭诚服务的暖心为党赢得广大青年的人心。要紧扣服务青年的工作生命线，以实施中长期青年发展规划为统揽，以维护青年普遍性发展权益为重点，始终立足最大多数的普通青年，既加强政策推动又扩大社会动员，尽心竭力促进青年全面发

① 团中央办公厅编：《团的文件汇编》1988，第27页。
② 共青团中央编：《中国共青团年鉴（2003）》，中国青年出版社2004年版，第24页。

展，更好履行巩固和扩大党执政的青年群众基础这一政治责任。

（三）强化群众性，当好桥梁纽带

共青团是以广大青年为主体的组织，是凝聚青年的群团组织，是共产党联系广大青年的桥梁与纽带，反映青年的诉求与呼声。共青团与共产党、与广大青年的这种特殊关系决定了共青团具有群众性。群众性是共青团的天然属性，是共青团的根基所在，是做好青年工作的力量源泉。

习近平总书记指出："群众性是群团组织的根本特点。离开了群众性，群团组织就容易走向官僚化、空壳化。列宁说：'只靠共产党员的双手来建立共产主义社会，这是幼稚的、十分幼稚的想法。共产党员不过是沧海一粟，不过是人民大海中的一粟而已。'"[①]认识群团组织的群众性根本特点，通过群团组织来帮助党做群众工作是我们党的一大创举，也是我们党的一大优势。

中国共青团在党的领导下，始终保持和增强群众性，按照符合群众工作特点的理念和方式来凝聚青年。团三大在总结团的工作时指出，团的工作还未能实现团组织的"无产阶级化、青年化与群众化"。为使团成为"青年群众的团体"，大会提出要加强基层组织建设，团三大通过的团章把团员年龄由15—28岁的规定更改为14岁以上25岁以下，从而实现"获得青年群众"的目的。团五大系统地总结了团四大以来的工作现状与经验教训，要求团必须在政治斗争中，更加坚决、更加

① 中共中央文献研究室编：《习近平关于青少年和共青团工作论述摘编》，中央文献出版社2017年版，第73页。

实际地到广大青年工农群众中去，努力发动他们为争取自身的利益而奋斗，巩固和扩大团的群众基础，从而迎接新的革命高潮。在团七大上，毛泽东同志发表《青年团的工作要照顾青年的特点》，提出新中国的青年工作要“为青年设想”，“青年团的工作要照顾大多数，同时注意先进青年”，“重点要放在多数，不要只看到少数”。团十二大讨论了《关于共青团体制改革的基本设想》，明确了共青团的重要社会职能是代表和维护青年的具体利益。团十六大强调，共青团作为党领导的先进青年的群众组织，在新的历史条件下，必须不断巩固和扩大党执政的青年群众基础。团十七大报告指出，共青团是青年人的组织，要始终把竭诚服务青年作为工作的出发点和落脚点，尊重青年主体地位，把握青年特点需求，服务青年成长发展，切实为了青年、充分依靠青年、深深植根青年。团十八大报告强调，牢牢把握保持和增强群众性的前进方向，紧紧围绕团的根本任务、政治责任、工作主线，奋发改革、锐意进取、真抓实干。

团十九大报告提出，习近平总书记清晰指明青年工作的群众导向，强调青年之于党和国家而言，最值得爱护、最值得期待，全党全社会都要关心青年成长、支持青年发展，让他们感受到关爱就在身边、关怀就在眼前；要求共青团紧扣服务青年的工作生命线，做广大青年信得过、靠得住、离不开的贴心人。

五、继承发扬共青团百年征程积淀的宝贵经验

（一）要立足“政治学校”根本定位，为党抓好后继有人根本大计

国家的希望在青年，民族的未来在青年。实现中华民族伟大复兴，归根到底在培养造就一代又一代可靠的接班人。中国共产党历来重视青年工作，始终抓好后继有人这一时代课题，重视和加强青年干部队伍建设，是我们党的优良传统和基本经验。《中共中央关于党的百年奋斗重大成就和历史经验的决议》指出：“党和人民事业发展需要一代代中国共产党人接续奋斗，必须抓好后继有人这个根本大计。”共青团要坚持为党育人，始终成为引领中国青年思想进步的政治学校，牢牢把握培养社会主义建设者和接班人这个根本任务。

用科学理论武装青年，用先进思想引领青年，是党培养造就青年一代的重要经验和独特优势，也是共青团为党育人的看家本领。坚持为党育人，始终成为引领中国青年思想进步的政治学校，是党对共青团组织提出的重要要求。要从政治上着眼、从思想上入手、从青年特点出发。

一要恪守政治本色。共青团不是一般的传授知识和技能的学校，而是树立“共产主义志向”的政治学校，这是更高的、更具本源性的标准。“从内心深处厚植对党的信赖、对中国特色社会主义的信心、对马克思主义的信仰。”[①]这就从政治上规定了共青团的育人起点。

---

① 习近平：《论党的青年工作》，中央文献出版社2022年版，第8页。

习近平总书记指出："志存高远方能登高望远，胸怀天下才可大展宏图。火热的青春，需要坚定的理想信念。"[①]从《论语》的"志于道"到孟子的"夫志，气之帅也"，再到王勃的"不坠青云之志"，"明志"是中华优秀传统文化的重要理念之一。古往今来，个人不立志，则终为平庸，民族不立志，则终为渺小，国家不立志，则终为弱国。我们党用"共产主义"为团命名，体现了为人民谋幸福、为民族谋复兴的"大志"。共青团从诞生之日起，就把坚持党的领导深深融入血脉之中，形成了区别于其他青年组织的根本特质和鲜明政治优势。共青团必须带头深刻领会"两个确立"的决定性意义，增强"四个意识"、坚定"四个自信"、做到"两个维护"，不折不扣把习近平总书记重要要求和党中央决策部署贯彻到团的工作全过程各领域，着力引导青年一代把对党的无限热爱、对习近平总书记的真挚拥戴转化为实际行动，坚定走在捍卫党的领导、自觉追随核心的最前列。

二要高举思想旗帜。纵观历史，一个人在青年时代接受何种思想，直接决定了其未来的人生走向。中国共产党始终重视思想建党、理论强党，也赋予共青团同样的基因与使命。对青年人的引领需要深入细致的教育和引导。面对各种社会思潮的现实影响，青年不可避免会在理想和现实、主义和问题、利己和利他、小我和大我、民族和世界等方面遇到思想困惑。共青团要在"青春时代"窗口期解决这些关键问题。要做团员青年的引路人，持之以恒用习近平新时代中国特色社会主义思想武装团员青年，引导青年一代深学而笃行、至信而深厚，深刻理解中国共产党为什么能、马克思主义为什么行、中国特色社会主

① 习近平：《论党的青年工作》，中央文献出版社2022年版，第7页。

义为什么好，不断夯实听党话、跟党走的思想根基，坚持关心厚爱和严格要求相统一、尊重规律和积极引领相统一，教育引导青年正确认识世界，全面了解国情，把握时代大势，多解思想之困，鼓人生之劲。

三要坚持实践育人。一百多年来，共青团紧扣党在不同历史时期的中心任务，团结带领广大团员青年积极投身于人民群众相结合的壮阔实践。无论是团结带领广大青年参与工农运动、武装斗争还是组建青年突击队、青年垦荒队、青年扫盲队，无论是争当新长征突击手、青年志愿者，还是在脱贫攻坚战场摸爬滚打，在科技攻关岗位奋勇攀登，在抢险救灾前线冲锋陷阵，在奥运竞技赛场奋勇争先，在保卫祖国哨位威武守护，都是在实践中贡献青春、建立功勋。一百多年来，中国共产党坚持理论与实践相结合。共青团必须在一代代青年身上传承这个强大的基因，为团员青年投身经济社会发展、有序参与政治生活和社会事务提供广阔的实践舞台，发挥共青团实践育人的独特优势。

（二）勇担“先锋力量”重要使命，在中国式现代化建设中挺膺担当

把党的中心任务作为中国青年运动和青年工作的主题和方向，是一百多年来中国青年运动和青年工作的一条基本经验。共青团作为党的助手和后备军，必须紧紧围绕党的二十大描绘的宏伟蓝图，把住方向，奋发有为。实现强国建设、民族复兴宏伟目标，需要全党全国各族人民包括广大青年团结一致、全力以赴，继续爬坡过坎、攻坚克难。

要坚持主力军与主战场相适应，主动对接国家重大战略和重大任务，组织动员广大青年立足本职岗位，积极投身中国式现代化建设，在科技创新、乡村振兴、绿色发展、社会服务、卫国戍边等各领域各

方面争当排头兵和生力军，展现青春的朝气锐气。

围绕科技创新，要面向学科前沿，主动攻关攀峰，面向国家重大需求探索解决“卡脖子”问题的核心技术；围绕乡村振兴，要积极参与乡村基础教育、产业发展、创业项目、拓展资源等，开展移风易俗宣传，弘扬文明乡风、家风、民风；围绕绿色发展，要践行绿色低碳的生产方式和生活方式，参与植绿护绿、净滩护水、“三减一节”等生态文明实践活动，建设美丽中国；围绕社会服务，要踊跃参与中国青年志愿者行动，服务身边群众，关爱重点群体，在急难险重任务中积极作为；围绕卫国戍边，要担当强军重任，苦练军事技能，争做精武标兵，在保卫祖国哨位上展现不怕牺牲、威武守护的勇毅担当。

（三）发挥“纽带”作用，实实在在服务青年高质量发展

心系青年、扎根青年。为党做好青年群众工作，不断巩固和扩大党执政的青年群众基础，是共青团的根本使命。发挥桥梁作用，要建立常态化联系青年机制，依托“一专一站两联”、大兴调查研究等制度机制，推行“蹲点调研”“联片挂点”“驻校跟班”等工作方式，着力构建“委员－代表－团员青年”的扁平化联系沟通路径，督促引导团代表、团的委员会成员更好地履职尽责，建设横向覆盖各个领域、纵向联通各个层级、普遍联系团员青年的工作体系，了解团员青年的思想动态、价值取向、行为方式、生活方式，收集、反映团员青年的利益诉求、意见建议，把团员青年的温度最真实、最准确、最及时地反映给党，为党回应青年关切、密切与团员青年的联系提供科学可行的决策参考。

切实帮助解决青年的困难和问题。竭诚服务青年，是共青团的生

命力所在，更是巩固和扩大党执政的青年群众基础的必然要求。团干部要深入基层，走进青年，如果不能帮其解决实际问题，不能满足他们的刚需，一切只会沦为空谈，最后也不会获得青年的支持。要坚持服务大局与服务青年相统一，牵头推动实施中长期青年发展规划，建立健全贯穿中央和地方的青年工作联席会议机制和青年发展规划体系，形成党管青年原则下各部门协同促进青年发展的工作格局。畅通青年协商代言渠道，聚焦重点青少年、新兴青年、困难青少年等各类群体，常态化、机制化把握、满足青年发展诉求，持续在就业创业、住房保障、婚恋交友、学历提升、亲子教育等方面发力。要加强政策引导和社会倡导，撬动职能部门力量出台青年普惠性政策，办好事关青少年的民生实事，务求把服务青年工作做实做深做细做透，不断提高服务青年的广度、精度、深度和频度，把党和政府的政策温暖有效传递给青年，让广大青年实实在在感受党的温暖，始终做到心中有党、一心向党。

（四）锚定“先进组织”建设目标，不断彰显共青团昂扬向上的时代风貌

对共青团来说，建设什么样的青年组织、怎样建设青年组织是事关根本的重大问题。共青团只有勇于自我革命，才能始终成为紧跟党走在时代前列的先进组织，才能跟上时代前进、青年发展、实践创新的步伐。要坚定深化改革创新步伐，把党的全面领导落实到工作的全过程各领域，适应国家治理体系和治理能力现代化的时代要求，走好中国特色社会主义群团发展道路。不断深化机关改革，全面铺开县域改革，积极探索城市基层改革试点，一体推进青联、学联、少先队改

革创新，聚焦不断保持和增强政治性、先进性、群众性的目标方向，不断提高团组织的引领力、组织力、服务力，推动共青团改革向纵深发展。要敏于把握青年脉搏，依据青年工作生活方式新变化新特点，探索团的基层组织建设新思路新模式，带动青联、学联组织高扬爱国主义、社会主义旗帜，不断巩固和扩大青年爱国统一战线。要自觉对标全面从严治党经验做法，坚持问题导向，敢于刀刃向内，纵深推进团的改革，以改革创新精神和从严从实之风加强自身建设，全面从严管团治团，把严的基调和实的要求一贯到底，尤其是教育广大团干部牢记习近平总书记嘱托，倍加珍惜为党做青年工作的宝贵机会，坚决做到对党忠诚、心系青年、担当实干、廉洁自律，不断提升政治能力、理论素养、群众工作本领，心无旁骛干好本职工作，用实打实的业绩赢得党的信任、赢得社会尊重、赢得青年口碑。

第十一讲

新时代的少先队工作

少年儿童是祖国的未来，民族的希望。党的十八大以来，习近平总书记站在党的事业薪火相传、红色江山永不变色的战略高度，十分重视少年儿童和少先队事业，多次寄语全国少先队员和少先队辅导员、视察中小学校和少先队阵地、参加少先队活动、给少先队员回信，作出一系列重要指示。习近平总书记关于少年儿童和少先队工作的重要论述为做好新时代少先队工作指明了前进方向、提供了根本遵循，推动党的少年儿童事业取得历史性成就、发生历史性变革。

一、新时代少先队事业在改革中发展

习近平总书记关于少年儿童和少先队工作的重要论述深刻指明了新时代少先队事业的政治方向，强调少年儿童事业是“党的少年儿童事业”，少年儿童和少先队组织要“听党的话、跟党走”；深刻指明了党的少年儿童工作的战略地位，强调“少年儿童是祖国的未来，是中华民族的希望”，“培养好少年儿童是一项战略任务、事关长远”；[①]深刻指明了少年儿童运动的时代主题，强调当代中国少年儿童是“实现第二个百年奋斗目标、建设社会主义现代化强国的生力军”[②]，中国少年儿童运动的时代主题是为实现中华民族伟大复兴的中国梦时刻准备着；深刻指明了新时代少年儿童健康成长的正确道路，强调“新时代中国儿童应该是有志向、有梦想，爱学习、爱劳动，懂感恩、懂友善，敢创新、敢奋斗，德智体美劳全面发展的好儿童”[③]；深刻指明了新时代少先队工作的职责使命，强调少先队组织要牢记使命，引导少年儿童扣好人生第一粒扣子，团结、教育、引领广大少先队员做共产主义事业

① 习近平：《论党的青年工作》，中央文献出版社2022年版，第83、104页。

② 习近平：《论党的青年工作》，中央文献出版社2022年版，第228页。

③《习近平在北京育英学校考察时强调 争当德智体美劳全面发展的新时代好儿童 向全国广大少年儿童祝贺“六一”国际儿童节快乐》，《人民日报》2023年6月1日。

接班人；深刻指明了少先队政治引领的路径方法，强调要“把思政小课堂同社会大课堂结合起来”，“坚持组织教育、自主教育、实践教育相统一”[①]；深刻指明了少先队深化改革的目标任务，强调“少先队应该是少年儿童学习中国特色社会主义和共产主义的学校，应该是建设社会主义和共产主义的预备队”[②]。

中国特色社会主义进入了新时代，这是我国发展新的历史方位，也是少先队事业发展新的历史方位。踏上新征程、肩负新使命，改革是新时代的最强音。习近平总书记指出“改革是由问题倒逼而产生，又在不断解决问题中得以深化”[③]，反复强调要勇于自我革命。党的十八大以来，党和国家用社会主义核心价值观铸魂育人，思想政治工作体系不断完善，大中小学思想政治教育一体化建设大力发展，新时代教育格局发生了历史性变革。

团十八大以来，为进一步与共青团工作衔接，与基础教育改革衔接，少先队改革再出发，聚焦少先队主责主业，围绕“彰显少先队的独特价值”和“增强少先队员光荣感”推进改革。2017年，由党中央批准，共青团中央、教育部、全国少工委联合印发的《少先队改革方案》(以下简称《方案》)正是围绕这两个问题探索新的解决办法。《方案》指出：“少先队员的光荣感和组织归属感不强，辅导员队伍专业化程度不够，少先队组织的吸引力、凝聚力和影响力不够。”明确提出“让少先队员更喜欢少先队”“让辅导员更热爱少先队”“让学校更重视少先队”“让家庭和社会更支持少先队”的四大改革目标。随

① 习近平:《论党的青年工作》，中央文献出版社2022年版，第193、219页。
② 习近平:《论党的青年工作》，中央文献出版社2022年版，第219页。
③《习近平著作选读》第一卷，人民出版社2023年版，第161页。

着改革的不断深入，团中央相继提出新时代少先队的“三个时代性课题”，即“全童入队现实下少先队员的光荣感如何树立？”“德育教育格局中少先队组织的独特功能如何体现？”“新的社会条件下少先队的工作方式如何改进？”以及少先队工作存在三个“跟不上”的突出问题，即“少先队教育的内容和方法跟不上对少年儿童进行政治启蒙的需要；少先队组织的观念和方式跟不上少年儿童社会生活需求；少先队实践活动的载体和形式跟不上少年儿童身心发展特点”。[①] 2021年初，新中国历史上第一个以党中央名义下发的专门加强少先队工作的文件《中共中央关于全面加强新时代少先队工作的意见》（以下简称《意见》）出台，《意见》以习近平总书记关于少年儿童和少先队工作的重要论述为灵魂和主线，深刻阐明了少先队组织的性质定位、职责功能，深入回答、鲜明宣示了“少先队是什么样的组织”“少先队培养什么样的人”等基础性、本源性问题，为新时代少先队事业指明了方向、擘画了蓝图。[②]

《意见》着力破解当前制约少先队事业发展的重点问题，以增强少先队员光荣感为工作主线，指出“强化少先队员政治引领、推进少先队组织改革创新、推动少先队实践化社会化发展、强化少先队辅导员队伍建设”四个方面工作重点。

---

① 《紧抓历史机遇 深化改革攻坚 全面加强新时代少先队工作——贺军科同志全国少工委八届二次全会上的讲话》，《少先队研究》2021年第4期。

② 参见《全面加强党对少先队的领导 开创新时代少先队工作新格局——二论学习贯彻〈中共中央关于全面加强新时代少先队工作的意见〉》，《中国青年报》2021年2月8日。

二、强化政治引领，培养担当民族复兴大任的时代新人

少先队是党亲手创立和领导的少年儿童组织，承担着为党育人的光荣使命，具有鲜明的政治属性。在庆祝中国共产主义青年团成立100周年大会上，习近平总书记深刻指出："在实现中华民族伟大复兴的征程上，中国共产党是先锋队，共青团是突击队，少先队是预备队。入队、入团、入党，是青年追求政治进步的'人生三部曲'。"[①]这一论断，深刻揭示了我们党对青少年进行政治培养的长远制度设计，体现了党的领袖对共青团、少先队的极大政治期许，清晰标定了少先队为党育人的战略性、基础性、源头性地位。[②]

少先队教育内容的"根"和"魂"就是红色基因、红色血脉。少先队应聚焦传承红色基因，聚焦政治启蒙和价值观塑造，以培养少年共产主义远大理想和中国特色社会主义共同理想为目标，在培养教育引导少先队员牢记习近平总书记的教导、大力培养少先队员对党和社会主义祖国的朴素情感、培育少先队员共产主义理想和道德、引导少先队员培育和践行社会主义核心价值观上下功夫，通过少年儿童易于理解的方式，旗帜鲜明地培养共产主义接班人，确保红色基因代代相传。

---

① 习近平：《论党的青年工作》，中央文献出版社2022年版，第11页。
② 《聚焦根本性问题 推进改革攻坚 努力做好新时代党的少年儿童工作——贺军科同志在全国少工委七届四次全会上的讲话》，《少先队研究》2018年第2期。

（一）教育引导少先队员牢记习近平总书记的教导

作为少年儿童组织，少先队组织要把握不同年龄阶段少年儿童政治认知特点、政治启蒙规律，因人施策、因时施策，低年级突出感性认识，中年级可以展示事实，初中就可以启发事例背后的原因，用解析元素、串珠成链的方法，构建逐步进阶的内容体系。①2021年，全国少工委制定了《少先队活动课程指导纲要》（2021年版），针对一至八年级少先队员成长特点，将少先队活动分类分层设计。该纲要将“聚焦少年儿童政治启蒙和价值观塑造”，“将传承红色基因、赓续红色血脉融入活动主题，启发少年儿童体会党的政治主张、价值理念、精神气质，引导少年儿童树立共产主义远大理想和中国特色社会主义共同理想，从小做好全面准备”作为课程重要的理念。

让少年儿童加强对政党的认识，从认识政治领袖人物开始，有助于引导少年儿童增强对政党的了解。每年“六一”和少先队建队日等重大节日，习近平总书记都会把时间留给全国少年儿童，体现了党和国家对于广大少年儿童的高度重视和关爱。共青团要充分把握契机，广泛宣传习近平总书记的希望和要求。同时，结合少年儿童成长特点，以促进教育的实效。例如，围绕习近平总书记对少年儿童的希望要求、习近平总书记关心关爱少年儿童成长的生动故事、新时代“十三个方面成就”等主题，策划推出“红领巾爱学习”、寒暑假十课等系列网上主题队课，每期超过5300万人次观看，已成为广大少先队员学习习近平新时代中国特色社会主义思想的主要载体。“总书记教导记心

① 《紧抓历史机遇 深化改革攻坚 全面加强新时代少先队工作——贺军科同志全国少工委八届二次全会上的讲话》，《上海少先队研究》2021年第4期。

中”系列动画、总书记希望要求系列卡通海报、《大朋友的祝愿》《逐梦小树苗》等一批原创少儿歌曲……一经推出就受到各地少先队组织和少先队员的热烈欢迎。[①]这些课程的推出，让少先队员了解习近平总书记对少年儿童的要求和希望，帮助少年儿童树立远大理想、培养优良品德、勤奋学习知识、锻炼强健体魄、培养劳动精神。

（二）培养少先队员对党和社会主义祖国的朴素情感

习近平总书记指出：“我国是中国共产党领导的社会主义国家，这就决定了我们的教育必须把培养社会主义建设者和接班人作为根本任务，培养一代又一代拥护中国共产党领导和我国社会主义制度、立志为中国特色社会主义奋斗终身的有用人才。”[②]

第一，从小培养少先队员对党、祖国、民族的朴素情感。历史是最好的教科书，党的百年历程是一部历史史诗。要讲好“四史”故事，让少先队员了解百年来中国共产党历史、新中国史、改革开放史和社会主义发展史。“切实加强党的教育，帮助孩子认识并理解没有共产党就没有新中国；没有共产党就没有强大的现代中国，就没有中国人今天的富裕生活；切实加强社会主义祖国的教育，帮助孩子认识一个具体生动的祖国，一个现实的社会主义祖国。”[③]帮助少先队员认识到党的正确领导、革命先烈的英勇牺牲、人民群众的艰苦奋斗、社会主义制度的优越性，引导广大少先队员发自内心热爱党、热爱祖国、热爱人

① 参见杜沂蒙：《为红领巾增添新时代的光荣——五年来少先队改革发展工作综述》，《中国青年报》2023年6月2日。
② 《习近平著作选读》第二卷，人民出版社2023年版，第195页。
③ 陆士桢、王剑英：《少年儿童政治社会化的内容及价值追求》，《中国德育》2012年第4期。

民，发自内心拥护中国特色社会主义。

第二，用中华民族伟大复兴中国梦筑魂。要让少先队员充分认识到自己是接续发展中的重要群体，从小做好全面准备是为了实现国家和人民寄托的历史使命。讲好实现中华民族伟大复兴中国梦的故事，通过一个个鲜活的奋斗故事，呈现一代代中华儿女为实现中华民族伟大复兴中国梦而奋斗的历程，引导广大少先队员认识到祖国和民族的未来归根结底要靠一代又一代人亲手去创造，树立榜样，形成“从小学先锋，长大做先锋”的意识，并为实现这一目标从小做好全面准备。

（三）从小培育少先队员共产主义理想和道德

青少年阶段是人生的“拔节孕穗期”，这一时期心智逐渐健全，思维进入最活跃状态，最需要精心引导和栽培。“蒙以养正，圣功也。”就是说青少年教育最重要的是教给他们正确的思想，引导他们走正路。[①]有研究表明，9岁是政治观念发展的关键时期，这一时期对少年儿童进行适当的政治教育极为重要。[②]

少先队要培养的是共产主义接班人，这就决定了少先队教育在学校育人的基础上必须更加突出对于共产主义道德的培育。少先队应聚焦主责主业，在培养和引导广大少先队员热爱祖国、热爱人民、热爱中国共产党的朴素的政治情感上下功夫，在通过集体主义教育养成关心他人、团结友爱、热爱集体等共产主义道德上下功夫，在强调奉献精神、远大理想上下功夫。通俗地说，少先队应当在一般德育培养的

① 习近平：《思政课是落实立德树人根本任务的关键课程》，《求是》2020年第17期。

② ［英］德里克·希特：《公民身份：世界史、政治学、教育学中的公民理想》，郭台辉、余慧元译，吉林出版集团有限责任公司2010年版，第316页。

“好孩子”中培养更多党的“红孩子”。

少先队组织要面向广大少年儿童培育共产主义理想和道德。一要加强马克思主义基本原理的儿童化解读。通过讲红色故事、研学寻访等形式，为队员们埋下为共产主义事业而奋斗的理想种子。二要从身边事做起，养成共产主义道德。教育的成效要在平时的生活中体现。在少先队组织中，要引导队员们从热爱集体、关心他人、团结友爱、乐于奉献、遵纪守法做起，在少先队组织中发扬集体主义、培养团队意识、增强纪律观念，在日常生活中培育全心全意为人民服务的精神，逐渐养成共产主义道德。

（四）引导少先队员从小培育和践行社会主义核心价值观

社会主义核心价值观是中华民族的价值观的集中体现。在教导广大少年儿童培育和践行社会主义核心价值观时，习近平总书记提出“记住要求、心有榜样、从小做起、接受帮助”[①]的重要论述。一要记住要求。教育引导少先队员记住要求，通过绘画、唱歌、诗朗诵等方式，把社会主义核心价值观基本内容熟记熟背、入脑入心。二要心有榜样。发现身边的榜样，在英雄人物、各行各业先进人物中，发现并学习榜样，将社会主义核心价值观直接体现在具体的人身上，使少先队员感受奋斗的美好。三要从小做起。实践是重要的育人途径，要教育引导少先队员从自己做起，从身边做起，从小事做起，逐渐养成好思想、好品德。四要接受帮助。在实践的过程中，难免会遇到挫折，要帮助少先队员养成严格要求自己、虚心接受批评的习惯，发挥集体的力量，

① 习近平：《论党的青年工作》，中央文献出版社2022年版，第83页。

在知错就改、越改越好的氛围中健康成长。

三、让红领巾更加鲜艳，着力增强少先队员光荣感

增强少先队员光荣感和组织归属感，提高少先队吸引力、凝聚力，是少先队的“基础任务”，是一项强基固本的基础工程。[①]“让少先队员更喜欢少先队”不仅是习近平总书记和党中央高度关切的重大课题，更是衡量少先队为党育人成效的重要标尺。新时代的少先队工作以增强少先队员光荣感为工作主线。

做好增强少先队光荣感这项工作，首先要区分少先队员光荣感来源的绝对性和相对性。中国共产党的领导、党团队的血脉关系、少先队组织的历史和文化是少先队员光荣感的绝对来源。少先队应通过自身独特的教育体系培养少先队员听党话、跟党走，热爱祖国、热爱人民、热爱中国共产党的红色基因。少先队员的光荣感需要从内激发、持续树立、长期培养，通过在真实的少先队组织生活中让队员感受到满足、成长、进步，让这种绝对的光荣感逐步显现出来。同时，少先队员光荣感的相对来源也十分重要。少先队员个体的光荣感更多地来源于比较，没有区分就缺乏光荣感，没有比较也没有光荣感。

少先队员的年龄范围是6周岁到14周岁，既有年龄跨度，又有学段跨度。我们要尊重少年儿童不同成长阶段的认知规律和行为特点，

① 《聚焦根本性问题 推进改革攻坚 努力做好新时代党的少年儿童工作——贺军科同志在全国少工委七届四次全会上的讲话》，《少先队研究》2018年第2期。

认真分析个人成长的荣誉动机，构建“外在激励+内在激励”的成长激励机制，引导少先队员在追求一个个小目标的过程中始终追求先进，最终形成从“队前教育”到“团队衔接”的阶梯上升路径，真正做到“无缝对接”。

为此，2019年11月20日，团中央、教育部、全国少工委联合出台《关于构建阶梯式成长激励体系 增强少先队员光荣感的指导意见》，提出以“红领巾奖章”为核心载体，抓住队前预备、队中教育、离队输送三个关键阶段，递进开展分批入队、分段教育、分级激励、推优入团，达到涵盖少先队员成长全过程的阶梯式成长激励体系。①

切实增强少先队员光荣感，要从根本上加强少先队组织体系、少先队组织生活、少先队组织文化建设，发挥好少先队组织的教育功能。

（一）巩固拓展少先队组织体系

为适应少先队员学习生活新特点，要构建覆盖广泛、动员便捷、校内外有机衔接的少先队组织体系，真正实现组织跟着队员走，队员在哪里，组织就建在哪里。巩固原有组织基础，拓展校外少先队组织是新时代少先队组织建设的工作方向。首先，强化学校组织基础，在中小学校全面规范建立少先队大、中、小队组织，补齐中学少先队组织建设短板，大力加强民办学校少先队组织建设。截至2022年12月31日，全国共有少先队员11467.1万名，全国中小学校共有少先队大

① 共青团中央、教育部、全国少工委：《关于印发〈关于构建阶梯式成长激励体系 增强少先队员光荣感的指导意见〉、〈关于深入贯彻落实党建带团建、队建 加强少先队工作体制机制建设的意见〉的通知》，中国少年先锋队网2019年11月26日。

队20.1万个，中队287.4万个。[①]其次，要加强校外少先队组织建设。习近平总书记鼓励广大少年儿童通过社会实践锻炼自己，校外是实践育人重要场所。少先队要加强区域化队建，拓展校外少先队组织，在社区、农村、青少年宫等校外场所建立大队或中队，在少先队员集中的活动场所加强组织和工作覆盖，不断扩大少先队组织动员少先队员的渠道。近年来，全国各地的校外少先队组织蓬勃发展。比如，自2009年起，浙江杭州就大力开展社区青少年俱乐部建设，这一举措为社区少先队建设提供了良好基础和重要支撑，有效带动了社区少先队活动，激发了组织活力。杭州有学校的村社共735个，已建少工委的村社有122个，建设率为16.6%；江西南昌在符合条件的街道（乡镇）、社区（村）及各类青少年校外活动场所广泛建立少工委。截至目前，共成立206个社区（村）少工委，充分挖掘少先队活动阵地，与新时代文明实践站、红领巾活动室等阵地联动，建立社区少先队活动阵地310个。同时，社区少年宫已覆盖全市15个社区，2023年在青少年宫重点打造市级少先队队室。[②]

（二）活跃少先队组织生活

阶梯式成长激励体系由多种载体构建而成，主要包括队前预备、队中教育、离队输送三个关键阶段，涵盖少先队员成长全过程。其中，"红领巾奖章"是核心载体，引导全体少先队员追求进步。"红领巾奖章"的评价结果，用于贯通同一层级的荣誉、实践和岗位激励。各类

① 杜沂蒙：《为红领巾增添新时代的光荣——五年来少先队改革发展工作综述》，《中国青年报》2023年6月2日。
② 《"双减"背景下社区少先队组织实践育人成效研究》，《中国共青团》2023年第10期。

载体坚持自下而上、分级设置、纵向衔接、逐级推荐。

一是队前预备阶段：开展队前教育，引领少年儿童学习“六知”“六会”“一做”的基本标准，练习敬队礼，呼号，读入队宣誓和唱队歌，宣传少先队知识。把分批入队作为一项重要举措，按照“达标一批、吸收一批”的原则，把好“入口关”，从源头增强少先队员光荣感，全国已有99.8%的小学实施。①

二是注重队中教育：积极组织开展“党的故事我来讲”“唱支赞歌给党听”等主题活动，把爱国主义精神深深刻在队员们的心里。加强校内校外少先队活动阵地建设，拓展少先队活动的有效空间和载体。

三是做好离队输送：做好团队衔接，推动初中全面规范落实“推优入团”。将各学校“优秀少先队员”评选、“红领巾奖章”争章的情况作为团的发展对象的重要参考指标。目前，全国初中年满14周岁、未满15周岁新入团团员中，由少先队经规范程序推优的比例已达到97.5%。②

“红领巾奖章”争章活动是增强少先队员光荣感的一项重要活动。“红领巾奖章”是全国各级少工委授予少先队员的荣誉奖章，是少先队组织日常开展教育活动和评价激励的重要载体，红领巾奖章分为基础章、特色章、星级章，星级章分为个人和集体两个类别，共设五个星级，五星章是“红领巾”奖章最高等级。

共青团中央、全国少工委以“红领巾奖章”为主要载体，结合

---

① 杜沂蒙：《为红领巾增添新时代的光荣——五年来少先队改革发展工作综述》，《中国青年报》2023年6月2日。

② 杜沂蒙：《为红领巾增添新时代的光荣——五年来少先队改革发展工作综述》，《中国青年报》2023年6月2日。

少先队日常教育活动内容设定阶段性目标，设计覆盖学校基础章，以及校、县、市、省、全国一至五星章争章模式，建立循序渐进、阶梯上升的分级激励体系，目前，全国31个省（区、市）和新疆兵团、99.5%的地市、99.8%的县区、99.1%的中小学校已开展“红领巾奖章”争章活动，1.1万余个校内外中队参与申报创建全国红领巾中队，少先队员组织归属感不断增强。[①]

（三）塑造新时代少先队组织文化

一要深入挖掘、充分用好少先队标志及重大节庆的教育内涵。红领巾、队旗、队徽、队委（队长）标志是少先队组织特有的标志，队礼、呼号、入队宣誓、队歌、队会、仪式等是少先队的基本礼仪。[②]少先队教育的独特之处在于它的组织教育和独特标志，队名、标志都有向具有远大理想和高尚道德的先锋人物学习的内涵。队的性质、目的、队旗、队徽、队歌、呼号以及入队誓词，从不同角度强调着社会理想和热爱共产党的情感。队礼表示人民的利益高于一切，这是最崇高的道德理想。而“我们的作风：诚实、勇敢、活泼、团结”，则是队员思想上、生活上、工作上所表现的态度和行为，是常态化的道德。[③]全团要深入挖掘、充分用好少先队标志，在每年“六一”和建队日及少先队重大节庆日的教育内涵，引导队员领悟其中深刻意义。

二要健全少先队仪式教育体系。少先队仪式是少先队组织儿童工

---

① 杜沂蒙:《为红领巾增添新时代的光荣——五年来少先队改革发展工作综述》,《中国青年报》2023年6月2日。

② 共青团中央 教育部 全国少工委关于印发《中国少年先锋队组织工作条例（试行）》的通知（中青联发〔2018〕1号。

③ 张先翱:《论少先队组织教育的四个特征》,《中国德育》2019年第13期。

作的重要方法，其蕴含的隐性和显性教育资源对实现组织目标具有重要意义。队员们在庄重的氛围中感受着少先队教育的独特魅力。为规范少先队组织文化建设，加强对少先队员的组织教育，增强少先队员光荣感，2017年，共青团中央、全国少工委研究制定了《中国少年先锋队标志礼仪基本规范》。全团要通过少先队仪式教育少先队员热爱红领巾、队旗、队徽等少先队基本标志，规范佩戴红领巾、队委（队长）标志，敬好队礼、践行队礼精神，规范使用少先队礼仪、举行少先队仪式，增强少先队员光荣感和组织归属感。

三要加强少先队标志标识的规范使用和保护，制定完善相关法律法规和国家标准，健全对违法违规行为的分级分类处置制度。探索少先队队服标准化开发和普及。少先队标志标识及名义包括但不限于：红领巾和少先队队旗、队徽、队委（队长）标志、星星火炬等图案和形象等；中国少年先锋队、少先队、少年先锋、红领巾、队委（队长）标志、星星火炬等少先队组织特有标志名称。少先队的标志标识有着严肃的政治象征和深刻的价值内涵，不允许商业运作，更不能以“庸俗、低俗、媚俗”的形式使用。团中央积极推动少先队标志标识的规范使用，坚决打击恶意玷污甚至政治诋毁行为，推进依法保护。对违规使用红领巾等少先队标志标识的行为说不！

四、突出实践育人特色，推动少先队社会化发展

在2019年中国少年先锋队建队70周年之际，习近平总书记指出：“七十年来，在党的领导下，少先队坚持组织教育、自主教育、实践教

育相统一，为党和人民事业薪火相传作出重要贡献。”[①]这充分肯定了少先队育人的特色与成就，新时代的少先队工作继承和发扬优良传统，着力迈向社会、进军线上，加强社会化工作体系建设，推动少先队事业高质量发展。

（一）继承并发扬少先队实践育人优势

实践育人是少年队教育的基本形式。回顾党领导下的少年儿童组织百年发展历程，实践育人贯穿始终，广大少年儿童在主题鲜明的实践教育中了解国情、观察社会、体验生活、砥砺品格、增长本领，成长为与国家发展同向同行的时代新人。

新民主主义革命时期，党成立安源儿童团、劳动童子团、抗日儿童团等少先队早期组织，带领少年儿童投身革命实践，在斗争中成长。社会主义革命和建设时期，少先队组织少先队员积极参与社会政治生活和生产劳动，以“学校风气的革命化促进了社会风气革命化”[②]，在参与社会治理过程中学习做新中国的小主人。改革开放和社会主义现代化建设新时期，少先队高度重视素质培养，鼓励少年儿童学会“自理、自学、自律、自护、自强”，培育了德智体美劳全面发展的跨世纪人才。党的十八大以来，少先队聚焦政治启蒙和价值观塑造，集中开展“争做新时代好队员”“红领巾讲解员”等主题实践活动，引导少先队员高举队旗跟党走，将个人发展与实现中国梦交融在一起，努力成长为堪当民族复兴大任的时代新人。

① 习近平:《论党的青年工作》，中央文献出版社2022年版，第219页。
② 中央团校少年工作干部训练部编:《论少年儿童和少年儿童工作》，四川少年儿童出版社1983年版，第177页。

现在，少先队实践教育已经蔚然成风。各级少先队组织广泛开展“争做新时代好队员”主题实践活动，从教室到红色场馆、从科普基地到田野牧场、从现代化城市到和美乡村，少先队员们结伴同行，通过实地参观、研学寻访、红色剧目展演、红领巾讲解员岗位实践、农耕文化亲身体验等多种方式在社会大课堂边做边学，感悟伟大的建党精神，传承红色基因，厚植爱国情怀。全国现挂牌为“少先队校外实践基地”的革命纪念场馆、烈士纪念设施、博物馆、科技馆等有8000余家；1100余万少先队员注册为“红领巾讲解员”，领取电子身份卡，常规化开展志愿讲解活动。“双减”政策实施以来，各级少先队组织共提供爱心暑托班、红领巾学堂等活动项目（课）超过31万项，广泛开展少年军校、少年警校、少年科学院等少先队品牌活动，直接服务少先队员超过4600万人次。①

（二）系统构建少先队社会化工作体系

问题是时代的声音，也是实践的起点。面对少先队工作在某种程度上与当代少年儿童实际、时代发展不相适应的突出问题，少先队加强思想政治教育研究，创新思想政治引领和价值引领方式，积极从社会资源中挖掘思想教育的源头活水，从数量与质量上挖掘具有情境性、体验性、操作性、荣誉感的实践项目，纵深推进少先队改革迈向社会的战略部署，把构建资源有效整合、队伍有效动员、阵地有效利用、队员广泛参与的少先队社会化工作体系作为建设重点。2021年9月26

① 参见杜沂蒙：《为红领巾增添新时代的光荣——五年来少先队改革发展工作综述》，《中国青年报》2023年6月2日。

日，共青团中央、中宣部、文明办等13个单位联合颁布《关于构建新时代少先队社会化工作体系的实施意见》，全面启动了少先队“迈向社会”的改革措施；2022年9月27日，共青团中央、教育部、全国少工委印发《全面构建新时代少先队社会化工作体系实施方案（2022—2025年）》，制定具体任务书、细化阶段性施工图，有力推动各级少先队组织加快落实社会化建设工作，系统化构建了少先队社会化工作体系。

一要坚持“组织跟着队员走”理念，建立健全校外少先队组织体系。组织功能与组织结构息息相关，当组织功能需要拓展或进行调整，必然需要组织结构进行与之相应的顶层设计。少先队“迈向社会”的功能延展呼唤校外组织建设，需要建立健全领导体制机制、调整基层组织运行方式。为满足少先队员在“课后”“校外”开展实践活动的需要，少先队重点推进青少年宫、社区、校外实践教育基地（营地）等少先队实践教育场所设置组织管理机构，规范地建立少工委。截至2022年底，已实现全国534个团属青少年宫少工委建设全覆盖，推动6万余个社区、1500余个各类青少年宫建立少工委。[①]针对校外与校内组织方式差异和实践教育的实际需要，校外少先队基层组织打破按班建中队、按校建大队的传统方式，根据区域内少先队员数量、实践活动类型和周期等因素进行混龄编排，在校外灵活成立少先队大、中、小队，如社区大队、假期营中队、楼宇小队等，并借助信息化手段实现了系统化管理。

二要坚持“就近就便”原则，建立健全校外少先队阵地体系。丰

---

① 参见杜沂蒙：《为红领巾增添新时代的光荣——五年来少先队改革发展工作综述》，《中国青年报》2023年6月2日。

富的社会资源是少先队进行实践教育的天然场所，“就近就便”参加活动是少先队员常态化开展实践活动的客观需要。在少先队社会化建设中，各级少工委积极寻找并整合本地资源，按照一定标准将其建设为适合少先队员实践教育的阵地，积极打造富有特色的少先队员“15分钟实践活动圈”。现全国按照每万名少先队员不少于1个的标准，建立少先队实践教育营地（基地）两万余个；300余个地市将区域内实践营地（基地）串珠成链，形成了站点丰富的网状“少先队实践教育地图”①。

三要坚持“分层分类”发展思维，建立健全校外实践活动体系。实践活动是少先队社会化的重要载体，高质量的实践活动既要体现党的教育方针、少先队的根本任务，也要适应少年儿童成长成才需求，需要进行科学的体系设计。各级少先队组织根据不同年龄阶段少年儿童身心发展特点和实际需求，在整合本地资源基础上，不断拓展实践项目和载体，分层分类进行体系化设计。

（三）全面打造少先队思想引领全媒体矩阵

当前，随着信息技术的广泛运用，网络媒体成为少年儿童成长中不可回避的存在。新时代少先队工作主动适应全媒体时代发展，加强少先队网上工作能力建设，实现组织上网、工作上网、服务上网，进一步推动少先队媒体融合发展，建设新时代少先队媒体矩阵，打造红色网络空间。②

---

① 参见杜沂蒙：《为红领巾增添新时代的光荣——五年来少先队改革发展工作综述》，《中国青年报》2023年6月2日。

② 《牢记习近平总书记教导 为建设社会主义现代化强国时刻准备着——吴刚同志在中国少年先锋队第八次全国代表大会上的工作报告》，《中国青年报》2020年7月23日。

一是建设辐射全国少先队员政治启蒙的云学习平台。“全国少工委”公众号开设“总书记教导记心中”“给少先队员讲党的二十大精神”“红领巾爱学习”等学习专栏，成为全国少先队中队组织化学习“云资源”，成为关注量全网排名第二、少年儿童类第一的新媒体平台。据统计，短视频主题队课累计参与学习达71.2亿人次。同时，全国少工委以微信公众号为龙头，构建形成贯通各级少工委、联动报刊网微屏书的全媒体矩阵，少先队组织依托网络对全国少年儿童进行思想引领的能力得到极大提升。

二是建设“智慧队建”少先队实践活动的云管理平台。全国多个省份少工委积极开发了少先队实践活动专属App，通过建立基本信息数据库、及时发布实践活动动态、主动公开评优评先程序，破解跨部门合作和家校社协同育人的信息障碍，优化了协同合作、互动交流的渠道和服务，促进了少先队社会化工作快速发展。

三是创作以青少年为主体的系列网络文创作品。围绕习近平总书记关心关爱少年儿童成长的生动故事、新时代伟大成就、传承红色基因、接力非遗传承、讲好中国故事等主题，创作了“总书记教导记心中”系列动画、《逐梦小树苗》等一批原创少儿歌曲，推出了少先队外宣品牌“Kids，tell the world”Studio，推出《我的爸爸在非洲》等外宣产品，探索用少年儿童声音向国内、国际讲好中国故事，有效地扩大少先队组织的影响力，展现当代中国少年儿童昂扬向上的精神风貌。

五、让有信仰的人讲信仰，强化少先队辅导员队伍建设

少先队辅导员是党的少年儿童思想政治工作者，是团干部队伍的重要组成部分，是中小学校思政课教师队伍的重要组成部分。他们是少先队员亲密的朋友和指导者，肩负着党联系少年儿童的桥梁纽带作用，少先队辅导员肩负着为党育人、培养能够担当民族复兴大任的时代新人的重大使命。

习近平总书记强调："办好思想政治理论课关键在教师"，"教师承载着传播知识、传播思想、传播真理，塑造灵魂、塑造生命、塑造新人的时代重任。思政课教师，要给学生心灵埋下真善美的种子，引导学生扣好人生第一粒扣子。"[①]

为解决少先队辅导员队伍专业化程度不高的现状，党的十八大以来，在党中央的领导下，共青团以增强少先队辅导员队伍的政治素质和履职能力为目标，围绕少先队辅导员队伍建设、专业标准、专业素养提升等方面，联合教育部等多部委出台一系列文件，从制度上为建设一支高水平少先队辅导员队伍提供制度保障。

（一）配齐配强少先队辅导员队伍

稳定的少年队辅导员队伍是少先队教育水平的根本保证。习近平总书记强调："要配齐建强思政课专职教师队伍，建设专职为主、专兼

① 参见习近平：《思政课是落实立德树人根本任务的关键课程》，《求是》2020年第17期。

结合、数量充足、素质优良的思政课教师队伍。”①“配齐建强”是新时代的少先队辅导员队伍建设重要的标准。共青团通过发挥专兼结合的做法，建设一支数量充足的少先队辅导员队伍。要确保事有人干、责有人负。

在共青团中央、教育部、人力资源社会保障部、全国少工委联合印发的《关于加强新时代少先队辅导员队伍建设的意见》中，对于配齐配强少先队辅导员队伍，并对各类少先队辅导员岗位设置，职责、能力素质标准、任职资格和任职、履职、发展、退出程序提出明确要求，为推进建立少先队辅导员队伍各项工作提供明确方向。

少先队组织拥有着一批政治素养高、业务能力强的少先队名师，许多人将一生都奉献给了党的少年儿童事业。发挥好少先队名师带头作用，可以为推进少先队工作队伍专业化建设、培养少先队工作骨干发挥有力推动作用。2017年，全国少工委决定命名北京市“同路人”少先队名师工作室等102个工作室为“全国少先队名师工作室”。②随后，各省市也成立省级少先队名师工作室。少先队名师工作室在推动辅导员队伍建设和基层少先队工作中发挥了重要作用。

当前，全国已形成“总辅导员+大、中队辅导员+校外辅导员”的少先队辅导员队伍结构。其中，全国99.7%的地市、99.9%的区县均配备总辅导员，少先队工作“总工程师”队伍基本稳定。学校大队辅导员党团员比例提升至83.6%，遴选优秀中青年教师担任中队辅导员。积极聘请优秀党员、团员和各行各业先进人物担任校外辅导员，规模

① 参见习近平：《思政课是落实立德树人根本任务的关键课程》，《求是》2020年第17期。

② 参见全国少工委：《关于命名首批全国少先队名师工作室的决定》，中国少年先锋队网2017年3月27日。

已达300余万人。[①]截至2022年12月，全国共有少先队辅导员623.3万名。其中，省、市、县级少先队总辅导员0.4万名，中小学校大队辅导员20.1万名、中队辅导员293.1万名，少先队校外辅导员309.7万名。[②]

（二）要坚持教育者先受教育

习近平总书记强调："教师思想政治状况具有很强的示范性。要坚持教育者先受教育，让教师更好担当起学生健康成长指导者和引路人的责任。"[③]而在对思政课和思政教师的要求上，习近平总书记强调，"讲思想政治理论课，要让信仰坚定、学识渊博、理论功底深厚的教师来讲，让学生真心喜爱、终身受益"[④]，并进一步提出思政课教师应该具备的素养：第一，政治要强；第二，情怀要深；第三，思维要新；第四，视野要广；第五，自律要严；第六，人格要正。[⑤]作为党的少年儿童思想政治工作者，要将政治标准放在第一位，不断锤炼政治素质。团十八大以来，为加强对于少先队辅导员培训工作，进一步提升少先队辅导员政治素质和履职能力，团中央、教育部、全国少工委印发《2021—2023年全国少先队辅导员教育培训规划》，按照坚持政治统领、健全培训体系、完善制度机制三个工作原则，提出把政治标准放在第一位，将习近平总书记的重要论述列入各级少工委培训必修课程；按照"总体统筹规划、分级分类负责、整合培训资源、线上线下结合"

① 杜沂蒙：《为红领巾增添新时代的光荣——五年来少先队改革发展工作综述》，《中国青年报》2023年6月2日。
② 王姗姗：《中国少年先锋队统计简报》，《中国青年报》2022年6月2日。
③ 习近平：《在北京大学师生座谈会上的讲话》，人民出版社2018年版，第8—9页。
④ 习近平：《思政课是落实立德树人根本任务的关键课程》，《求是》2020年第17期。
⑤ 习近平：《思政课是落实立德树人根本任务的关键课程》，《求是》2020年第17期。

的方式，构建少先队辅导员教育培训体系；将辅导员培训纳入中小学教师培训体系。团十九大报告进一步提出，“优化少先队辅导员全流程培养机制”[①]，从“培训规划”到“全流程培养机制”，少先队辅导员教育工作不断深入推进。

（三）深化少先队相关学科建设和理论研究

学科是根。学科建设是一个学科在学术上相对独立的重要体现，近年来，立足中国少年儿童发展和中国少年儿童组织建设的实际创立少年儿童组织与思想意识教育学科，以探索少年儿童思想意识发展和少年儿童组织建设原理。2020年，共青团中央等联合印发《关于加强新时代少先队辅导员队伍建设的意见》的通知，明确将“加强学科建设、注重源头培养、构建培训体系”三个方面作为促进辅导员能力提升的主要途径。该意见指出：“加强各级党校（行政学院）、团校和相关高校、少年儿童研究机构对少先队工作的理论研究。”2017年4月5日，全国少工委在华中师范大学召开全国少先队理论建设交流研讨会。全国少工委授予华中师范大学道德教育研究所为第一个全国少先队研究基地，命名第一批102个全国少先队名师工作室，第一次发布并委托中国少年先锋队工作学会、中国少年儿童新闻出版总社联合组织实施全国少先队年度研究课题规划。[②]

党的十八大以来，注重源头培养，团中央、全国少工委推动全国

① 阿东：《在习近平新时代中国特色社会主义思想指引下 动员引领广大青年为全面建设社会主义现代化国家而团结奋斗——在中国共产主义青年团第十九次全国代表大会上的报告》，《中国青年报》2023年6月26日。
② 参见李立红：《加强理论建设 推进改革发展 全国少先队理论建设交流研讨会召开》，《中国青年报》2017年4月5日。

39所高校开设少先队工作相关学科，培养相关专业博士、硕士近千人。加强少先队相关理论研究和学科建设，推动少先队相关课题在国家社科基金高校思想政治理论课研究专项中立项实现零的突破。[①]

（四）创新少先队辅导员评价和激励机制

《少先队改革方案》明确提出："制定少先队辅导员专业标准，规范辅导员选拔、配备、聘任和调整。不断完善大、中队辅导员任职资格、工作考核、专业发展相关政策，推进辅导员职称聘'双线晋升'，畅通辅导员成长发展通道。"这意味着新时代少先队辅导员评价和激励机制工作的序幕正式拉开。

《关于加强新时代少先队辅导员队伍建设的意见》围绕"落实政治待遇、加强考核评价、完善基本保障、建立激励体系"作出明确规范。随后，各省市积极探索，为少先队辅导员职业发展助力。如2020年12月，四川省人力资源和社会保障厅、共青团四川省委、四川省教育厅、四川省少工委发布关于做好中小学少先队辅导员职称评审工作的通知，要求在全省中小学设立"少先队活动"科目，与其他学科一并纳入中小学教师系列职称申报评审，并特别强调相关工作要"同等对待"。这是四川省首次专门为少先队辅导员的职称评审工作发文。[②]

围绕加强少先队辅导员评价激励，2021年，由教育部办公厅、共青团中央办公厅、全国少工委办公室联合印发的《关于实施少先队辅导员政治素质提升计划的通知》明确要求，一要创新评价机制，少先

① 参见杜沂蒙：《为红领巾增添新时代的光荣——五年来少先队改革发展工作综述》，《中国青年报》2023年6月2日。

② 王鑫昕：《中小学少先队工作与其他学科教学同等对待》，《中国青年报》2020年12月17日。

队辅导员获得的各级团委、少工委单独授予或与教育部门联合授予的荣誉，与教育部门单独授予评定的同等对待；少先队辅导员在少先队工作方面取得的研究成果，与教育部门研究成果同等对待；少先队辅导员参加的各级团委、少工委发布的课题，与参加教育部门发布的课题同等对待。二要创新激励办法，完善少先队辅导员职称评聘标准和办法，推动出台骨干辅导员、辅导员带头人、特级辅导员等级称号评定办法，推动纳入骨干教师、教师带头人评定范畴。各地要因地制宜设立大、中队辅导员岗位津贴，纳入绩效工资管理，相应核增学校绩效工资总量。

近年来，团中央、全国少工委联合教育部等不断强化辅导员政策保障，推动辅导员在职称评聘、评奖评优等方面与中小学思政课教师或班主任同等对待，为辅导员免除“后顾之忧”。[①]

六、形成全社会协同育人的少先队工作新局面

新时代的少先队工作，要牢牢把握高举队旗跟党走的政治优势，深化领导体制机制建设，构建全党全社会共同促进少先队员健康成长和少先队事业发展的工作格局。

---

① 参见杜沂蒙：《为红领巾增添新时代的光荣——五年来少先队改革发展工作综述》，《中国青年报》2023年6月2日。

（一）强化党建带团建、队建，推进党、团、队一体化建设

习近平总书记深刻指出，“党的群团工作做得好不好，关键在党的领导”。党中央从革命后继有人、党的事业薪火相传的战略高度进一步强调少先队在党、团、队政治链条培育中的战略性、基础性、源头性地位，将少先队工作纳入党的少年儿童事业顶层设计。《中共中央关于全面加强新时代少先队工作的意见》中对“党委领导、政府支持、共青团牵头、团教协作、社会协同的少先队工作体制机制”进行了具体部署，开创了新的工作局面。

2019年6月23日，《中共中央 国务院关于深化教育教学改革全面提高义务教育质量的意见》提出“加强学校党的建设，充分发挥学校党组织领导作用，强化党建带团建、队建”的重要要求。2019年11月20日，共青团中央、教育部、全国少工委进一步落实具体部署，印发《关于深入贯彻落实党建带团建、队建 加强少先队工作体制机制建设的意见》，各级党委和政府把对少先队工作的关心落到了领导体制和工作机制的改革之上。现在省、市、县级党委负责同志担任同级少工委名誉主任、政府负责同志联系少先队工作的体制普遍建立，少先队工作普遍纳入各地中小学党建督导考核，少先队大队和中队辅导员大多由党员和优秀团员担任。截止到2022年底，全国99.8%的中小学建立学校少工委，96.7%的学校党组织书记或政治面貌为党员的校长担任学校少工委主任，[①]根据2023年6月1日全国少工委发布的中国少年先锋队统计简报数据，现共有基层少工委26.1万个，其中中小学少工委

---

① 杜沂蒙：《为红领巾增添新时代的光荣——五年来少先队改革发展工作综述》，《中国青年报》2023年6月2日。

20.0万个，城乡社区、青少年宫等校外少工委6.1万个。党建带团建、队建工作机制进一步落实落细，少先队领导体制更加坚强有力。

（二）夯实全团带队责任，落实政治上、组织上、队伍上、工作上的指导

共青团是党的助手和后备军，受党的委托指导少先队工作。早在新中国成立前夕，党中央在1949年《关于建立中国新民主主义青年团的决议》中就明确带队是团的四项任务之一，在领导少年与儿童工作方面，“青年团应选派最好的干部领导这一工作”[①]。2021年，习近平总书记在庆祝中国共产主义青年团成立100周年大会上深刻指出：“共青团要履行好全团带队政治责任，规范和加强少先队推优入团、共青团推优入党工作机制，着力推动党、团、队育人链条相衔接、相贯通。”[②]培养社会主义建设者和接班人，是党对共青团工作最本质的要求，也是共青团组织最重要的价值。共青团要把少先队政治底色带得更红，指导少先队立足预备队这一定位，聚焦政治启蒙和价值观塑造，旗帜鲜明培养共产主义接班人，确保红色基因代代相传。[③]

一要提高政治站位，全面落实对少先队员培育的政治责任。加强少先队思想引领力度，聚焦政治启蒙和价值观塑造的主责主业，进一步夯实队前教育、队中激励、推优入团的教育内容和评价细则。目前，

---

① 中共中央文献研究室、中央档案馆编：《建党以来重要文献选编（1921—1949）》第二十六册，中央文献出版社2011年版，第4页。

② 习近平：《论党的青年工作》，中央文献出版社2022年版，第11页。

③ 阿东：《在习近平新时代中国特色社会主义思想指引下 动员引领广大青年为全面建设社会主义现代化国家而团结奋斗——在中国共产主义青年团第十九次全国代表大会上的报告》，《中国青年报》2023年6月26日。

少先队员整体的政治情感、政治认同、政治态度明显提升。

二要强化组织架构，全面加强对少先队工作的统筹规划。选优配齐各级少先队工作的领导和专业力量，健全全国、省（直辖市、自治区）、市、县（区）、镇（街）、村（社区）、校上下贯通的科层级少先队体制构建；配齐省、市、县、乡四级总辅导员专业力量；选派忠于党、爱孩子、讲科学、有本领的干部到少先队任职；把少先队改革纳入县域基层团组织建设、青年发展规划、未成年人权益保护等多项工作中一体推进、同步落实。

三要凝聚干部力量，全面履行对少先队工作的具体职责。各级团组织重视对团干部的少先队工作能力培养，将少先队工作的业绩纳入干部工作考核和评先评优指标，注重挖掘干部力量、培养专业素养、激励工作热情。在各级团委书记带领下，全团上上下下一条心，各个部门高度认同少先队员培养质量关系到共青团员先进性的根本逻辑，切实履行为党育人的各项工作。

四要突出工作实效，全面推进对少先队工作的督查落实。习近平总书记强调，“推进全面从严治党，既要解决思想问题，也要解决制度问题”[①]。全团带队同样需要建立健全制度体系作支撑，把政治上、组织上、队伍上、工作上共青团对少先队的指导实践成果转化为制度成果。制度建设加快推进，督查整改雷厉风行。近几年来，共青团出台了系列文件，健全少先队阶梯式成长激励体系，健全少先队辅导员管理、培养、考核和激励机制，贯彻落实党建带团建、队建，并持续进行青

① 中共中央党史和文献研究院编：《十九大以来重要文献选编》（上），中央文献出版社2019年版，第188页。

少年思想道德水平状况监测、长期跟踪制度落实情况，制度建设取得了明显实效。

（三）深化团教协作，纳入全员、全过程、全方位育人格局

新时代贯彻党的教育方针，要坚持为党育才、为国育才的根本任务，充分发挥少先队在基础教育中的政治启蒙作用，将少先队工作纳入义务教育体系、教育督导评价指标，将少先队工作与学校教育教学工作一体谋划、一体部署、一体推进、一体考核。目前，省、市、县、校各级逐步形成共青团、教育部门党委负责同志共同担任少工委主任的“双主任”机制，有力推动团教协作落地见效。

坚持教育与激励相结合，实施分批入队，将全体少年儿童纳入教育体系，形成全员、全过程、全方位的育人格局。针对过往入队新鲜感过后少先队组织存在度不高的问题，学校少先队开展“分批入队”“红领巾奖章”“推优入团”活动。入队前，加强对全体少年儿童的队前教育，引导教育孩子追求“天天有目标、时时有进步”的成长实效；入队后，加强对少先队员阶梯式成长历程的引导与教育；离队前，提高推荐优秀少先队员成为入团积极分子的比重。共产党、共青团、少先队的组织意识扎根少年儿童内心，标准佩戴红领巾、队徽已成为少先队员的自觉行动，积极参加中（大）队活动、获得“红领巾奖章”已成为队员们的常态行为，少先队组织归属感、获得感、光荣感显著提升。

截至2022年底，全国已有99.8%的小学实施分批入队，把好“入口关”，从源头增强少先队员光荣感；全国大多数学校少先队大队普遍在重要时间节点举办入队仪式、主题队会、主题队日，在神圣、庄重

的少先队仪式中熏陶、教育少先队员。

（四）形成全社会共同关心支持少先队工作良好局面

全社会抓住贯彻落实《中共中央关于全面加强新时代少先队工作的意见》的契机，把关心关怀少年儿童的成长作为共同责任，将少先队工作制度性纳入《中国儿童发展纲要（2021—2030年）》《儿童友好型城市建设规划》，积极为每个孩子成长成才提供有益帮助。

适应部分少年儿童特殊需要，关爱保护项目迭代升级。深化实施“新时代希望工程”，建立希望工程精准扶贫基金，累计资助各类困难学生117万余名，建设希望小学1100余所。实施“童心港湾”农村留守儿童关爱保护项目，在118个县（市、区）直接建设项目点356个，指导各级团组织建设项目点3709个，服务留守儿童13.26万人次。[①]

为适应全体少年儿童发展需求，将教育引领活动送到“家门口”。全国纷纷建立“15分钟服务圈”，就近就便地为少年儿童成长提供优质服务。吉林省吉林市高新区园艺社区亲亲家园小区在楼宇建立少工委，将小区党员同志、业委会成员、物业工作人员等聘为少工委委员，将“五老”、社工、青年学生、团代表、青年志愿者等聘为校外辅导员，按照“大队建在小区、中队覆盖楼宇、队干部联系队员”工作思路，积极开展“四点半课堂”、志愿服务、敬老爱老、实践活动、垃圾分类等队日队课系列活动，着力打造家门口的少先队活动。

---

① 杜沂蒙：《为红领巾增添新时代的光荣——五年来少先队改革发展工作综述》，《中国青年报》2023年6月2日。

第十二讲

坚定不移全面从严治团

全面从严治团是共青团保持和增强政治性、先进性、群众性的必然选择。党的群团工作会议以来，共青团在党的领导下坚定不移推进全面从严治团，取得积极成效。团十九大报告指出，团十八大以来的五年，“全团从严管团治团，严和实的基调在全团鲜明树立”。《关于提高政治站位 改进工作作风的六条规定》《新时代全面从严治团实施纲要》构建起新形势下管团治团的“四梁八柱”。

党的十八大以来，以习近平同志为核心的党中央坚定不移推进全面从严治党，取得举世瞩目的伟大成就。党有号召，团有行动。团的建设是党的建设的一部分，共青团作为党的助手和后备军，必须紧跟党的步伐，大力推进全面从严治团，使共青团切实发挥党的助手和后备军作用。共青团作为一个政治性很强的群团组织，同样具有强烈的先进性和纯洁性要求，应当勇于自我革命，推进全面从严治团。

一、全面从严治团的理论依据和实践要求

坚持和发展中国特色社会主义伟大事业，关键在党，关键在全面从严治党。党的十八大以来，以习近平同志为核心的党中央，牢牢抓住党的政治建设这个党的根本性建设，以空前的力度推进全面从严治党，开创了党的建设新的伟大工程崭新局面；着眼党的事业长远发展的战略高度，领导了包括共青团在内的党的群团改革，形成了习近平总书记关于青年工作的重要思想，给共青团提出不断增强政治性、先进性、群众性的总要求，也为新时代全面从严管团治团指明了方向。

（一）全面从严管团治团是习近平总书记对共青团的明确要求

2018年7月2日，习近平总书记在同团中央新一届领导班子成员集体谈话时指出，要切实落实从严治团要求。政治上要严，坚持以政治建设为统领，加强共青团系统党的建设，增强“四个意识”，坚定“四个自信”，坚决维护党中央权威和集中统一领导，旗帜鲜明抵制各种歪风邪气，保持清风正气和良好形象。团的干部队伍建设要严，政治上、思想上、能力上、担当上、作风上、自律上要强，做到对党忠诚，敢于挑急难险重的担子，敢于到条件艰苦、环境复杂的岗位锻炼，脚踏实地、一步一个脚印干。团员队伍建设也要严，在团员标准要求

上严起来，从把好入团质量关入手，抓好入团以后的教育实践，带动广大青年一起前进。[①]习近平总书记提出的要求是推进全面从严治团的根本遵循。

2022年5月10日，在庆祝中国共产主义青年团成立100周年大会上，习近平总书记强调："共青团只有勇于自我革命，才能跟上时代前进、青年发展、实践创新的步伐。要把党的全面领导落实到工作的全过程各领域，走好中国特色社会主义群团发展道路，聚焦不断保持和增强政治性、先进性、群众性的目标方向，推动共青团改革向纵深发展。""要自觉对标全面从严治党经验做法，以改革创新精神和从严从实之风加强自身建设，严于管团治团，在全方位、高标准锻造中焕发出共青团昂扬向上的时代风貌！"[②]再一次对全面从严治团的重要性和必要性进行了强调。

2023年6月26日，习近平总书记在同团中央新一届领导班子成员集体谈话时再次对全面从严管团治团予以强调，要求共青团要顺应全面从严治党的要求，坚持问题导向，敢于刀刃向内，纵深推进团的改革，全面从严管团治团，坚定不移走好中国特色社会主义群团发展道路，不断保持和增强政治性、先进性、群众性，不断提高团组织的引领力、组织力、服务力。[③]

① 《习近平在同团中央新一届领导班子成员集体谈话时强调 代表广大青年赢得广大青年依靠广大青年 让广大青年敢于有梦勇于追梦勤于圆梦》，《人民日报》2018年7月3日。
② 习近平：《论党的青年工作》，中央文献出版社2022年版，第9、9—10页。
③ 《习近平在同团中央新一届领导班子成员集体谈话时强调 切实肩负起新时代新征程党赋予的使命任务 充分激发广大青年在中国式现代化建设中挺膺担当》，《人民日报》2023年6月27日。

（二）全面从严治团是由共青团性质与任务所决定的

团章规定：“中国共产主义青年团是中国共产党领导的先进青年的群团组织，是广大青年在实践中学习中国特色社会主义和共产主义的学校，是中国共产党的助手和后备军。”这就是共青团的性质和任务。习近平总书记指出：“团的所有工作，归结到一点，就是要当好这个助手和后备军。”[①]这是对共青团性质与任务的重要论断。

如何当好这个助手和后备军？一是要切实做到坚持党的全面领导，铸牢永远跟党走的政治灵魂。二是把共青团建设成为一个“对党忠诚、心系青年、勇于担当、作风过硬的马克思主义青年组织”。具备了这两个条件，才能把握好当好党的助手和后备军的方向，才具备了当好党的助手和后备军的能力。

理论上看，作为一个超大规模的、已经走过一百多年光辉历程的青年组织，做到“对党忠诚、心系青年、勇于担当、作风过硬”，必然要全面从严治理，不断加强共青团的政治建设、组织建设、制度建设等，用严格的纪律管团治团。从历史上看，共青团成立伊始就确立了“严”的基调，回顾百年征程，从严始终是团自身建设的鲜明主题。从实践上看，全面从严治团面临着许多前所未有的新情况新挑战，必然要采取许多具有时代特点的新举措，这也是由共青团的性质和任务所决定的。

---

① 习近平：《论党的青年工作》，中央文献出版社2022年版，第155页。

（三）全面从严治团是共青团增强政治性的必然要求

中国共产党是中国特色社会主义事业的坚强领导核心，是最高政治力量。政治性是共青团的灵魂，是第一位的。共青团保持和增强政治性就是要始终把自己置于党的领导之下，始终在思想上政治上行动上同党中央保持高度一致，不断增强“四个意识”，坚定“四个自信”、做到“两个维护”，坚决贯彻党的意志主张，严守政治纪律和政治规矩，经得起各种风浪考验，承担起引导青年感党恩、听党话、跟党走的政治任务，让团员青年紧紧地团结在党的周围。

在我国，共产党是整个社会的领导核心，共青团要当好党的助手和后备军。共青团是党开展青年群众工作的重要力量，共青团的干部绝大多数是共产党员，主动响应和落实全面从严治党号召，对标全面从严治党要求，抓好全面从严治团，是共青团的必然选择。

在百年征程中，党与团形成了“以党带团、以团助党”的工作格局，“党有号召，团有行动”已经固化为共青团的光荣传统。“从严治党”到“从严治团”符合中国政治的历史逻辑和现实逻辑。因此，大力推进全面从严治团，是增强共青团政治性的必然要求，是让百年共青团进一步焕发青春活力的必然要求，是为党的事业凝聚起青春力量的重要保障。

共青团深刻认识到团的建设是党的建设一部分的重大意义，团十九大报告指出：“我们党通过全面从严治党开辟了百年大党自我革命的新境界，共青团必须深刻领悟党的自我革命战略思想，自觉对标全面从严治党经验做法，坚持党建带团建，不折不扣落实习近平总书记关于从严治团的重要要求，毫不动摇把严的基调贯穿始终，持之以恒推进全面从严治团，着力锻造对党忠诚、心系青年、勇于担当、作风过硬的马克思主义青年组织。”①

（四）全面从严治团是共青团增强先进性的必然选择

新时代以来，经济社会运行机理发生深刻变革，青年群体的思想特点与行为特征也发生了深刻变化，共青团如何紧跟党走在时代前列、走在青年前列，如何增强先进性成为新的时代考题。

与党和国家事业前进的步伐相比，与时代发展和青年变化的步伐相比，团的工作中还存在许多不足和挑战：“面对青年思想观念和价值选择日趋多元多变、影响因素更加纷繁复杂，共青团思想引领的穿透力仍显不足，需要尽快实现从‘影响’到‘引领’、从‘亮眼’到‘润心’的转变；面对青年结构分化加深、社会流动频繁，聚集方式和组织机理发生深刻变化，共青团在城市社区和农村的组织功能亟待增强，把新兴青年群体组织起来的方式方法还不够丰富有效；面对青年需求层次不断提升、差异性显著加大，共青团服务青年的专业化精细化水平亟需提升，政策服务的兼容性有待加强；面对中国式现代化进程中一系列新战略新任务，共青团传统品牌的时代内涵有待挖掘，新品牌的契合度贡献度亟待提升；面对社会治理中不断出现的新情况、新挑战，城乡基层在治国理政中的战略意义日益凸显，共青团的组织机制、运行机制、工作机制还无法完全实现灵敏感知社会、高效动员青年，团在社会领域的工作和建设亟待加强；面对新一轮科技革命和产业变

---

① 阿东：《在习近平新时代中国特色社会主义思想指引下 动员引领广大青年为全面建设社会主义现代化国家而团结奋斗——在中国共产主义青年团第十九次全国代表大会上的报告》，《中国青年报》2023年6月26日。

革突飞猛进，人工智能、虚拟现实、区块链等新技术对青年影响不断加深，共青团迫切需要全方位革新工作理念、工作方式、技术手段；面对国内外形势深刻复杂变化对青年工作提出的新要求，全团的斗争精神、斗争本领亟待提高，在严峻环境下开展青年工作的思想准备和行动准备仍显不足；面对党对群团干部的高标准严要求，一些团干部的精神状态、能力素质、工作状态亟需提升，急功近利、作风虚浮，不思进取、患得患失等不良倾向仍然存在。全团必须认清形势、迎难而上，解放思想、保持定力，推动共青团事业在守正创新中实现新的更大发展。”①

应对这些挑战，根本之策在于改革。2018年7月2日，习近平总书记在同团中央新一届领导班子成员集体谈话时强调，共青团要“不掩饰问题，不讳疾忌医，对症下药，刮骨疗伤”②。为了使共青团更好地履行时代赋予的光荣使命，必须全面推进管团治团从“宽松软”走向“严紧硬”，从严管好团干部、团员和团组织，让团干部更像团干部，团员更像团员，团组织更加具有生机活力，做到正本清源、名副其实。

管团治团方面存在的不足和“软肋”，迫切需要大力推进全面从严治团。全面从严治团和深化改革是当前共青团重要的政治任务，二者的内在逻辑是统一的。改革的落实情况是检验全面从严治团的试金石。全面从严治团能取得多大成效，决定着推进共青团改革能取得多大成就，决定着共青团先进性建设的水平。

---

① 阿东：《在习近平新时代中国特色社会主义思想指引下 动员引领广大青年为全面建设社会主义现代化国家而团结奋斗——在中国共产主义青年团第十九次全国代表大会上的报告》，《中国青年报》2023年6月26日。

② 习近平：《论党的青年工作》，中央文献出版社2022年版，第162页。

（五）全面从严治团是共青团增强群众性的必然选择

群众性是群团组织的根本特点。在中国社会形态多样化变革进一步加深的背景下，民间组织蓬勃发展，成为国家与社会关系在市场经济和民间力量的双重作用下开始重构的重要变量。在此背景下，执政党领导社会、整合社会的组织力量必然要走向多样化，整合方式除了直接路径，也会密切结合间接路径，而社会组织特别是人民团体，就是党最可信赖和依靠的力量。

共青团是党领导的先进青年的群团组织，具有鲜明的群众性。共青团联系着数量庞大的青年，用党的理论引导青年，向党表达青年诉求，为党和政府决策提供重要参考。可以看出，共青团在我国治理体系中具有特殊地位，在协调青年利益关系方面具有独特优势。但是，“机关化、行政化、贵族化、娱乐化”的顽疾让共青团与普通青年渐行渐远，如果不从严治理，“共青团团结凝聚青年”将成为一句空话，“共青团团结凝聚青年跟党走”更成为一句空话。

因此，共青团要体现组织价值、增强群众性，开展工作和活动就要以青年为中心，让青年当主角；共青团与团干部就要经常同青年进行面对面、心贴心的零距离接触；共青团组织和团干部特别是领导机关干部就要深入基层、深入青年，争当全心全意为人民服务宗旨的忠实践行者、党的群众路线的坚定执行者、党的青年工作的行家里手。而只有通过全面从严治团，面向基层、面向普通青年、切实增强群众性的工作导向才能落到实处。可见，全面从严治团是共青团增强群众性的必然选择。

二、新时代全面从严治团的推进历程

团的建设是共青团发展的永恒主题。新时代，全面从严治党的伟大成就是全面从严治团的示范。深化团的改革、发展团的事业，必须把全面从严治团作为一项基础工程。党的十八大特别是中央党的群团工作会议召开以来，全面从严治团进入快车道。

（一）中央党的群团工作会议吹响新时代全面从严治团的冲锋号

2015年7月6日，中共中央首次召开群团工作会议，习近平总书记出席会议并发表重要讲话。会议指出群团工作脱离群众的问题尖锐表现在“机关化、行政化、贵族化、娱乐化”四个方面，从增强“政治性、先进性、群众性”方面提出了加强与改进群团工作的新的历史任务。召开这次会议是完善和发展中国特色社会主义制度的具体步骤，是健全党的群团工作体系的重要举措，是全面从严治党纵深推进的具体体现，是新时代全面从严治团历史进程中的起点，凸显出全面从严治团不仅是保持团的活力，增强团员意识、严管团的干部的必然要求，更是党对团继续发挥助手和后备军作用，继续巩固党执政的青年群众基础，引领广大青年跟党的必然要求。从会议精神中我们可以领会，全面从严治团具有严把党的入口关、守好党的群众关的重大战略意义，听党话、跟党走是新时代全面从严治团的根本指向。可以说，中央党的群团工作会议吹响了新时代群团改革的号角，也吹响了新时代全面从严治团的冲锋号。

（二）《共青团中央改革方案》强调从严治团是共青团工作格局的重要组成部分

2016年8月2日，中共中央办公厅印发《共青团中央改革方案》，从四大方面、十二个领域提出了改革措施，并强调，共青团是党的助手和后备军，是党和政府联系青年的桥梁和纽带。推进共青团改革，是全面从严治党的一部分，是焕发共青团生机活力的重要举措。共青团改革必须坚持党的领导、把准政治方向，坚持立足根本、围绕时代主题，坚持服务青年、直接联系青年，坚持问题导向、有效改进作风，坚持加强基层、支持基层创新，构建“凝聚青年、服务大局、当好桥梁、从严治团”的工作格局，更好团结带领青年发挥生力军和突击队作用，更好肩负起党交给共青团的光荣使命，紧跟党的步伐、走在群团改革前列。[①]《共青团中央改革方案》把从严治团作为共青团新工作格局的重要组成部分，阐明了从严治团与共青团深化改革的辩证统一关系，阐明了能否落实全面从严治团决定着共青团改革成效的道理。

（三）团中央印发《关于新形势下推进从严治团的规定》，对全面从严治团进行具体部署

2017年1月10日，团十七届六中全会通过了《关于新形势下推进从严治团的规定》（以下简称《规定》），强调要按照全面从严治党要求，大力推进从严治团。认为全面从严治团是共青团去除“机关化、行政化、贵族化、娱乐化”现象、增强“政治性、先进性、群众性”、

① 参见《中共中央办公厅印发〈共青团中央改革方案〉》，《中国青年报》2016年8月3日。

构建“凝聚青年、服务大局、当好桥梁、从严治团”四维工作格局的重要保证。新形势下，为大力推进从严治团，做到正本清源、名副其实，使团干部更像团干部，团员更像团员，团的组织更加充满活力，《规定》从始终坚持党的领导、从严管好团干部队伍、从严管好团员队伍、从严管好团的组织、严明团的纪律五个方面，[①]阐述了具体要求及规定，对在新形势下如何推进从严治团工作进行了具体部署。

（四）团十八大、团十九大就全面从严治团进行专门部署

2018年6月，团十八大报告第八部分专门部署全面从严治团。报告指出：“深化团的改革、发展团的事业，关键在于从严治团。”一是加强各级团委机关党的建设。必须强化党的意识，严守政治纪律和政治规矩。加强理论武装，自觉用习近平新时代中国特色社会主义思想武装头脑、指导实践、推动工作。二是以培育良好政治文化为基础，提升各级团组织的政治水平。三是以祛除“官本位”思想为重点，抓好团内“关键少数”。四是以建立科学的激励约束机制为牵动，持续调动基层团干部的积极性主动性创造性。五是以增强先进性为目标，抓好团员队伍建设。六是以健全完善团内制度为保障，不断严明团的纪律。报告强调，共青团要学习党勇于自我革命的精神和决心，反躬自省、大步跟上，大力推进全面从严治团。可以看出，团十八大就全面从严治团的部署已经比较全面和体系化了。

2023年6月，团十九大报告第十部分以“坚定不移全面从严治团”

① 共青团中央基层建设部编：《党的十八大以来共青团基层建设制度汇编（2012—2019）》，中国青年出版社2020年版，第27页。

为题，对全面从严治团工作再次进行部署。报告指出，要不折不扣落实习近平总书记关于从严治团的重要要求，毫不动摇把严的基调贯穿始终，持之以恒推进全面从严治团。一是坚持党的全面领导，筑牢全面从严治团的政治根基；二是从严加强团的组织建设，着力提升政治功能、组织功能和服务功能；三是从严加强团干部队伍建设，着力锤炼政治品格和优良作风；四是从严加强团员队伍建设，着力增强共青团员先进性。可以看出，团十九大报告对全面从严治团工作的部署更加系统和精准，也提出了更高的标准。

团十八大修订的团章突出强调全面从严治团。2018 年 6 月 29 日，团十八大通过了新修订的团章，新团章从两个方面突出强调全面从严治团，一是在总则中增加“坚持从严治团”为团的建设的基本要求，二是将“团的纪律”列为专门一章，强调纪律管团、从严治团。在团章总则中，“坚持从严治团”与“坚持党的领导”、“坚持把帮助青年确立正确的理想、坚定的信念作为首要任务”、“坚持服务青年的工作生命线”、“坚持民主集中制”、“坚持改革创新”并列为团的建设必须贯彻的基本要求，强调要把严的标准、严的措施贯穿于从严治团全过程和各方面，这在以往的团章中是没有的。把团章第七章专列为“团的纪律”，也是团十八大团章修订的一大变化。将原团章中有关团的纪律的规定扩展成单独一个章节，内容更加充实、规定更加详细。团章强调“团的纪律是团的各级组织和全体团员必须遵守的行为规则，是维护团在党领导下的团结统一、完成党赋予的职责使命的保证。团组织必须严格执行和维护团的纪律，共青团员必须自觉接受团的纪律的约束”。“团的纪律”对进行纪律处分的原则、类型和程序，特别强调严管和厚爱相结合，对于违反团的纪律的团员要进行批评和帮助，但处分时要格外慎重，如规定“涉及的问题比较重要或复杂，或对团员给以开除团籍的处分的，必须经团的省级或中央委员会批准”。同时规定，“团组织在维护团的纪律方面失职的，上级团的委员会应当对其问责”。团十八大团章修订的一大亮点就是宣示了共青团自我革命、全面从严治团的决心。

团十九大修订的团章基本保持了团十八大团章的原貌，但在全面从严治团方面有重大进展：一是将“两个确立”写进团章，这是团章修正案中最重大的一处修改，有利于共青团坚定不移用习近平新时代中国特色社会主义思想统一思想、统一意志、统一行动，有利于共青团铸牢全面加强党的领导的政治灵魂，是全面从严治团的政治根基。二是在总则第十三自然段增写“不断提高政治判断力、政治领悟力、政治执行力”。三是在第十七自然段增写“勇于自我革命，推动改革向纵深发展”，体现共青团面向新征程全面从严治团、不断加强自身建设的决心和信心。

（五）共青团构建新时代全面从严治团制度体系

第一，共青团中央印发的《关于提高政治站位 改进工作作风的六条规定》（以下简称《六条规定》）凸显团中央书记处全面从严治团的决心和信心。2018年7月18日，经第十八届团中央书记处第一次会议审议通过的《六条规定》公布。《六条规定》指出，为建设一支能担当党的青年工作使命、堪当青年榜样的团干部队伍，必须从严从实管理团干部，对团干部中出现和可能出现的作风问题要防微杜渐、警钟长鸣。《六条规定》明确作出以下规定：

一、坚决反对官本位思想。严禁自我设计、投机钻营，伸手向组织要职务、要待遇；严禁为谋求个人升迁拉关系、跑门路、打招呼。

二、坚决反对宗派主义。严禁组织和参加以团干部或团干部经历名义举行的各种聚会联谊活动；严禁搞小山头、小圈子、小团伙。

三、坚决反对脱离青年。严禁追逐名利，热衷于结交名人精英，漠视广大青年；严禁以“官”自居，抖威风、耍特权；严禁把联系青年当作秀，装样子、走过场。

四、坚决反对飘浮作风。严禁空喊口号、不干实事，讲假话、讲大话空话；严禁好大喜功，讲排场、比声势；严禁报假数字、造假政绩；严禁搞短期行为、做表面文章、堆“盆景”工程。

五、坚决反对以公谋私。严禁拿团内代表委员遴选、评奖评优名额分配、工作评比评价等权力作交易、谋私利；严禁借社会赞助为个人造势、为亲友谋利。

六、坚决反对庸懒散漫。严禁妄自菲薄、敷衍塞责，轻视工作价值，心浮气躁、眼高手低，不琢磨工作、老想着转岗；严禁挖坑算计，只谋人不谋事，世故圆滑、不讲原则；严禁不思进取、庸懒无为，怨天尤人、暮气沉沉。

《六条规定》从团组织和团干部中存在的和可能发生的问题入手，列出负面清单和纪律红线，言辞犀利、直指要害、毫无避讳，展现了新一届团中央书记处全面从严治团的决心和信心。团的各级领导干部要带头模范遵守《六条规定》，以上率下、以身作则，带领各级团干部坚定革命意志、发扬奋斗精神，保持蓬勃朝气、展现清风正气。

第二，不断完善全面从严治团制度体系。中央党的群团工作会议召开以来，共青团深化改革的一个特点就是针对团内规章制度不健全这一掣肘问题，参照党内法规建设原则和经验，以团章为根本遵循，坚持整体推进与急用先行相结合的原则，系统构建覆盖团干部、团员、团组织的制度体系。

一是出台一批填补空白的规章制度，如2017年7月7日印发的《关于保持和增强团员先进性的意见》，2019年6月12日印发的《中国共产主义青年团支部工作条例（试行）》，2022年1月25日共青团十八届六中全会审议通过的《中国共产主义青年团纪律处分条例（试行）》等。

二是出台一批细化和明确共青团工作规范的规章制度，如2017年1月19日发布的《中国共产主义青年团基层组织“三会两制一课”实施细则（试行）》，2018年10月29日发布的《中国共产主义青年团团旗、团徽、团歌制作使用管理规定》等。

三是于2021年12月30日发布的《中国共产主义青年团团内规章制定条例（试行）》，为规范团内规章制定工作，提高团内规章质量，形成完善的团内规章体系，推进依规治团提供了依据。

团十八大以来的五年，共青团“补齐团内制度建设短板，出台团的历史上第一个纪律处分条例，制定修订团内规章69件，强化制度执行，团内制度体系不断完善并有效运行”①。总起来看，加快构建共青团制度体系，基本构建起共青团制度的“四梁八柱”是中央党的群团工

① 阿东：《在习近平新时代中国特色社会主义思想指引下 动员引领广大青年为全面建设社会主义现代化国家而团结奋斗——在中国共产主义青年团第十九次全国代表大会上的报告》，《中国青年报》2023年6月26日。

作会议以来共青团深化改革的重要着力点，为推进新时代全面从严治团打下了坚实基础。

第三，审议通过《新时代全面从严治团实施纲要》，系统部署全面从严治团。2022年1月25日，共青团十八届六中全会在京召开，全会审议通过了《新时代全面从严治团实施纲要》。《新时代全面从严治团实施纲要》强调系统推进全面从严治团的目的在于进一步贯彻落实全面从严治党重大部署，更好履行共青团作为党的助手和后备军的职责使命。强调新时代全面从严治团要把握坚持党的领导、坚持守正创新、坚持问题导向、坚持严实标准、坚持分类施策的原则。强调全面从严治团要完成好五大重点任务：一是坚持党的全面领导，铸牢全面从严治团的政治灵魂；二是坚持以提升组织效能为重点，抓团组织建设从严；三是坚持以强化政治能力和作风建设为重点，抓团干部队伍管理从严；四是坚持以先进性建设为重点，抓团员队伍管理从严；五是坚持以制度体系构建为抓手，强化全面从严治团的制度保障。《新时代全面从严治团实施纲要》的出台标志着全面从严治团进入系统推进的新阶段。

从以上按时间梳理的脉络可以看出，党的十八大以来特别是中央党的群团工作会议以来，共青团坚持向党学习，严格对标全面从严治党的标准和要求，坚持问题导向，聚焦“三力一度”工作格局，一步一个脚印，坚定不移推进全面从严治团，思路越来越清晰，措施越来越有力，制度越来越细密，成效也将越来越显著。

三、全面从严治团的重点任务

2022年1月，共青团十八届六中全会审议通过的《新时代全面从严治团实施纲要》，提出了“坚持党的全面领导，铸牢全面从严治团的政治灵魂”；“坚持以提升组织效能为重点，抓团组织建设从严”；“坚持以强化政治能力和作风建设为重点，抓团干部队伍管理从严”；“坚持以先进性建设为重点，抓团员队伍管理从严”和“坚持以制度体系构建为抓手，强化全面从严治团的制度保障”五个方面关于全面从严治团的重点任务和基本要求。以上五个方面，有其内在逻辑关系。其中，“坚持党的全面领导”是全面从严治团的灵魂，“抓团组织建设从严”“抓团干部队伍管理从严”“抓团员队伍管理从严”是全面从严治团的三个基本对象和着力点，“团的制度体系构建”是实现全面从严治团的制度保障，由此就构建了全面从严治团的重点任务和基本框架。

（一）全面从严治团必须坚持党的全面领导

坚持党中央集中统一领导是最高政治原则。坚持党的全面领导、坚决听从党的指挥，是共青团组织政治性的集中体现，是共青团改革发展的根本保证，是全面从严治团的灵魂。共青团要发扬“党有号召，团有行动”的优良传统，认真落实习近平总书记“党旗所指就是团旗所向”的要求，始终旗帜鲜明讲政治，深刻领会“两个确立”的决定性意义，增强“四个意识”、坚定“四个自信”、做到“两个维护”，坚定不移听党话，矢志不渝跟党走。

坚持党的全面领导，要坚持不懈用习近平新时代中国特色社会主义思想武装全团，切实提高理论学习实际效果。要深入开展理论宣讲和团干部教育培训工作，在团员青年和团干部中强化理论武装。要全面加强共青团机关党的建设，确保党的集中统一领导在团内得到坚决执行，打造政治忠诚的模范机关。

坚持党的全面领导，要把共青团在实际工作中形成的有效工作机制落实好。一是落实好共青团中央贯彻落实习近平总书记重要指示批示和党中央决策部署的督查督办机制。二是落实好团的各级领导班子将专题学习习近平新时代中国特色社会主义思想作为班子会议“第一议题”机制。三是落实好推动团干部上讲台的工作机制，提高团干部理论宣讲能力和群众工作能力。四是落实好重大事项请示报告工作机制。五是落实好派员列席下级团委领导班子民主生活会工作机制。六是落实好青少年宣传思想引导平台综合阅评机制。

（二）全面从严治团必须抓团组织建设从严

共青团是在党领导下按照民主集中制组织起来的统一整体。全面从严治团要着力加强共青团组织体系建设，优化团的领导体制机制，认真落实习近平总书记关于“树立大抓基层的鲜明导向”的重要要求，以扩大有效覆盖为重点、推动基层组织活跃为目标，推动实施基层组织综合改革试点工作，规范基层团组织建设，持续提升组织政治功能和社会功能。

抓团组织建设从严，一要有效履行团的领导机关职能，完善决策机制。二要规范基层团组织建设，坚持大抓基层，抓牢学校这一关键领域，着眼实现“青年在哪里、团的组织就覆盖到哪里”的目标，构建纵横交织、上下贯通的组织体系，扩大有效覆盖面。三要创新基础团务管理方式，优化“智慧团建”，落实“三会两制一课”制度，积极为团支部赋能，激发团支部活力，大力推进“青年之家”建设，使之更便捷地为团员青年服务。四要改进组织运行管理方式，完善项目化管理模式，建立项目化、扁平化、社会化工作格局，改进组织动员方式，完善资源配置机制，加强绩效管理和跟踪问效，提升组织整体效能。五要协同推进青联、学联、少先队管理从严，持续优化青联委员来源和结构，不断增强委员的广泛性、代表性，突出学联学生会的服务职能，夯实全团带队职责。六是广泛接受社会监督，维护团组织形象。

抓团组织建设从严，要把共青团在实际工作中形成的有效工作机制落实好。一是加强团中央委员会建设的工作机制。二是推进“一专一站两联”建设的工作机制。三是开展基层团组织“对标定级”的工作机制，指导基层团组织加强建设、规范运行。四是深化重点工作督查督导的机制，形成比学赶超、狠抓落实的良好氛围。五是落实好青联组织重大事项请示报告机制、压实共青团和学联对学生会组织指导管理责任的工作机制。六是坚持共青团信息公开工作机制和青年评议工作机制。

（三）全面从严治团必须抓团干部队伍管理从严

团干部是全面从严治团的“关键少数”，是共青团工作的骨干力量，代表团的形象。要坚决落实习近平总书记关于团的干部在政治上、思想上、能力上、担当上、作风上、自律上要强的重要要求，以强化政治能力和作风建设为重点，着力锻造忠诚干净担当，让党放心、让青年满意的团干部队伍。团十八大以来，团中央带头从严管理干部，在直属机关实施组织人事制度改革，构建注重实绩、能上能下的选人用人机制，改革干部考核评价机制，探索实施领导班子及成员关键业绩指标（KPI）考核，激励干部履职尽责、担当作为，同时对能力、状态、作风跟不上的干部坚决予以调整。

抓团干部队伍管理从严，一要从严选配团的领导机关干部，真正把会做青年工作、爱做青年工作的人吸纳到共青团工作者队伍中来。二要加强团干部教育培训，改革考核评价机制，增强团干部的政治能力，广大团干部要始终以理论上的清醒支撑政治上的坚定，做政治上的“明白人”，做党的理论的“布道者”，做贯彻落实的“行动派”，聚焦主责主业、主动担当作为。三要抓干部履职考核从严，完善绩效考核体系，加大考核结果运用力度。四要以强化责任心和岗位意识为重点，建强团的基层骨干队伍，通过完善述职评议制度和教育培训机制，提高400万名团的基层工作骨干的专业能力和履职能力。五要大力改进团干部作风，引导团干部树立正确事业观，激发自我奋斗精神。六要深入实施团干部密切联系青年机制。

抓团干部队伍管理从严，要把共青团在实际工作中形成的有效工作机制落实好。一要落实好团干部协管工作机制。二要落实好团干部教育培训工作机制。三要落实好团的领导机关干部绩效考核工作机制。四要落实好基层团组织“双述双评”机制。五要贯彻落实好《六条规定》工作机制。六要改进团干部联系青年工作机制，让团干部真正成为青年的朋友和做青年群众工作的行家里手。

抓团干部队伍管理从严，要求团干部做到对党忠诚，勇于担当，敢于斗争，脚踏实地；要求团组织严格落实团干部选任和考评机制，细化团干部选拔标准，切实把素质高的团干部选出来、用起来，让他们带动广大青年推进团的事业。

（四）全面从严治团必须抓团员队伍管理从严

团员是共青团的基石，是全面从严治团的主体。从严治团就要以先进性建设为重点，抓住团员这一主体，着力培养有信仰、讲政治、重品行、争先锋、守纪律的共青团员，努力建设一支规模合理、名副其实的高素质团员队伍。

抓团员队伍管理从严，一要严把入口关，严格按照标准发展团员，实行团员编号制度，实施发展总量调控，成熟一个发展一个。二要优化规模结构，保持合理的团青比，规范发展程序，完善入团流程。三要加强团员教育管理，规范开展年度团员教育评议和团内仪式教育。四要严肃团内组织生活，严格落实“三会两制一课”制度，加强团员档案的管理。五要发挥团员模范作用，把志愿服务、社会实践等作为彰显团员先进性的重要载体。六要深化团员先进性评价激励机制，健全团内荣誉激励机制，落实推优入党制度，积极向党组织推荐输送新生力量。

抓团员队伍管理从严，要把共青团在实际工作中形成的有效工作机制落实好。一要抓好《中国共产主义青年团发展团员工作细则》的落实，规范团员发展的工作机制。二要落实好共青团基层组织“三会两制一课”制度，切实提高组织生活质量。三要落实好团员评价和激励的工作机制。四要落实好共青团推优入党的工作机制，高质量向党推荐输送人才。

（五）全面从严治团必须强化制度保障

制度建设是全面从严治团的保障。要按照习近平总书记“推进全面从严治党，既要解决思想问题，也要解决制度问题”[①]的要求，坚持以党章为根本遵循、以团章为根本依据，以制度体系构建为抓手，系统推进团内规章建设，督促制度执行。

强化全面从严治团制度保障，一要加快团的规章制度建设。2016至2021年间，团中央先后制定和发布了多项制度、规定、条例、意见、办法、实施细则等，涉及共青团工作的方方面面，如《关于加强新形势下发展团员和团员管理工作的意见（试行）》《中国共产主义青年团基层组织“三会两制一课”实施细则》《关于保持和增强团员先进性的意见》《关于对犯罪共青团员进行团纪处分的办法（试行）》等，呈现出制度建团、组织强团、纪律管团的明显特征。二要通过制定团内制度规划，坚持整体推进与急用先行相结合的原则，构建体现全面从严要求、紧扣治团关键环节，由基础性制度、主干性制度和执行层面制度共同构成的，整体框架清晰的团内制度体系。三要从严抓好制度执行。团干部、团员和团组织都要强化制度意识，严格执行团章要求和各项团内制度规定，做到有章必循、有规必依。

制度的生命力在于执行。团的各级领导干部要在遵守制度上做表率、在执行制度上敢担当，以上率下，杜绝“破窗效应”，切实树立制度权威。

---

① 中共中央和文献研究室编：《习近平关于全面从严治党论述摘编》，中央文献出版社2021年版，第32页。

四、全面从严治团要处理好的几个问题

（一）全面从严治团要坚持问题导向、直面挑战

团十八大以来，在团中央书记处的坚决推动下，全团坚定推进全面从严治团，坚持刀刃向内、勇于刮骨疗伤，团内很多问题得到了有效遏制，团干部精神面貌发生显著变化，团员先进性明显增强，各级团组织的革命性锻造得到加强。但是我们也要看到，全面从严治团是个艰巨的系统工程，需要久久为功、长期坚持。我们还应该看到，现实中全面从严治团与党的要求相比，仍存在不小差距。

一是政治建设上存在不足。比如，学习宣传贯彻党的新思想新理论不够系统深入。政治理论学习抓得不够实。比如，对团的领导机关党的建设重视不够，党内组织生活不规范、党的建设虚化弱化等现象不同程度地存在。二是团的组织建设上有差距。比如，基层团组织覆盖不全、力量薄弱的情况仍然存在。基层团组织建设不规范，长期不换届等问题仍未得到根本解决。比如，推动中长期青年发展规划责任意识不够强，效果不够好；落实密切联系青年机制不够到位。三是团干部管理和作风建设上有差距。比如，有些团组织选人用人的规范性、干部队伍建设的科学性不够。有的省部分处级领导岗位长期空缺，对年轻干部的培养和使用不够。部分地方部分领域形式主义问题仍然存在。

（二）全面从严治团要压实责任、落地落细

尽管全团上下已达成全面从严治团的共识，但在实际工作中缺乏动真碰硬勇气的也不在少数。有的同志认为，从严治团抓不抓、抓得实不实，关键看“一把手”的决心和态度。究其根本原因，在于各层级全面从严治团的责任主体不明确，职责不明确，路径也不明确。

全面从严治团必须强化责任担当，抓住管团治团的“牛鼻子”，切实把责任压紧压实。各级团的领导机关要切实担当和落实好全面从严治团的领导责任，各级团组织的领导班子要履行好全面从严治团的主体责任，各级团组织的主要负责同志是从严治团的第一责任人。各责任主体要把从严管团治团责任记在心上、扛在肩上、落在行动上，把全面从严治团的责任传导到位。对于不愿抓、不敢抓和抓不实等情况，今后要加强督导问责。

（三）抓团员队伍管理从严要分类施策、宽严相济

分类施策、宽严相济是我们党在长期实践中形成的重要工作原则和工作方法。《新时代全面从严治团实施纲要》强调，要坚持党的领导、坚持守正创新、坚持问题导向、坚持严实标准、坚持分类施策的基本原则。其中，坚持分类施策原则的内涵是：“准确把握全面从严治团的工作重点及标准，针对不同层级团组织、不同岗位团干部、不同年龄段团员，突出政治标准、把握成长规律、照顾青年特点、注重方式方法，正确处理严管和厚爱的关系，促进全面健康发展。”①

① 《新时代全面从严治团实施纲要》，《中国青年报》2022年1月28日。

坚持分类施策原则对于抓团员队伍管理从严尤为重要，这是由团员群体数量庞大、低龄化明显的组织特征决定的。目前，约70%的团员集中在学校领域，占团员主体的学生团员包含大量的初中生、高中生，其中绝大多数为未成年人。因此，抓团员队伍建设从严，重点要通过教育引导的方式以“抓早抓小”“惩前毖后”，同时实施团员负面清单制度以“防微杜渐”“治病救人”，提升团员的先进性。一方面坚持正面引导。要把好团员“入口关”，突出政治标准，严格执行初、高中毕业班团青比分别不超过30%、60%的标准，推行入团前接受8小时团课教育规定。要把志愿服务、社会实践作为展现团员先进性的载体，不断在日常学习和生活中提升团员先进性。另一方面坚持反向约束。探索建立团员负面清单制度，明确不符合团员先进性要求的行为，并依据团章及团内相关纪律处分制度，从严约束团员，加强对不合格团员的处置。

新时代，全面从严治团已经成为全团工作的重中之重，全团要坚定信心，推动全面从严治团迈出新步伐，切实严出先进性、战斗力和好形象，让走过百年征程的共青团更加充满活力、更加坚强有力！

后记

为进一步帮助团干部特别是基层团干部熟悉新时代共青团的重点工作，中国青少年研究会和广东省团校（广东青年政治学院）共同组织编写了《新时代共青团重点工作12讲》。全书以团十九大精神为指导，结合共青团工作的新情况、新问题，用讲座形式深入浅出地阐述了习近平总书记关于青年工作的重要思想、共青团改革、共青团引领力建设、共青团组织力建设、共青团服务力、共青团维护青少年权益工作、团员先进性建设、团干部的教育培训工作、中长期青年发展规划实施、共青团的历史经验、少先队工作创新、全面从严治团等团干部在实际工作中最常遇到的12个方面的问题。全书由多位专家学者共同撰写而成。

《新时代共青团重点工作12讲》的作者主要来自中国青少年研究中心和广东省团校，具体分工如下：

第一讲“深入学习贯彻习近平总书记关于青年工作的重要思想”由刘俊彦（中国青少年研究中心常务副主任、中国青少年研究会常务副会长，研究员）撰稿；

第二讲“纵深推进共青团改革”由郭炜城（共青团广东省委员会改革办公室原主任、共青团广东省云浮市委书记）、张玮（广东省团校团委书记、青年骨干培训部部长）、吴韵婷（共青团广东省委员会办公室四级调研员）、祁月（广东省团校青年骨干培训部教师）共同撰稿；

第三讲“切实提高新时代共青团思想引领力”由刘俊彦撰稿；

第四讲“持续优化新时代共青团组织力”由朱峰（中国青少年研究会共青团研究专业委员会副主任，河北大学教授）、于裕华（中央财经大学马克思主义学院博士研究生）、范娟（保定学院副研究员）共同撰稿；

第五讲“不断增强新时代共青团服务力”由汪永涛（中国青少年研究中心副研究员）撰稿；

第六讲“共青团维护青少年权益工作”由汪彩霞（广东省团校青年公益与志愿者学院副院长、讲师）、张夏妮（广东省团校团委副书记、青年公益与志愿者学院讲师）、李凌鸥（广东省团校青年公益与志愿者学院副院长、副教授）、凌莉（广东省团校青年公益与志愿者学院讲师）共同撰稿；

第七讲“新时代共青团员先进性建设工作”由刘俊彦、郑浩（中国青少年研究中心青年组织研究所副所长、副研究员）共同撰稿；

第八讲“新时代团干部教育培训”由谭杰［广东省团校（广东青年政治学院）党委书记、副研究员］、王茜（广东省团校团干部培训部部长）、周秋云（广东省团校团干部培训部教师）共同撰稿；

第九讲“切实推进中长期青年发展规划实施”由林楠（广东省团校马克思主义学院院长、教授）、文嘉（广东省团校马克思主义学院副院长、副研究员）、黄丽萍（广东省团校马克思主义学院助理研究员）、谢文珺（广东省团校马克思主义学院教师）共同撰稿；

第十讲“共青团的宝贵经验及其继承发扬”由谭杰、高移东（广东省团校青年发展研究院教师）、邓楠（广东省团校团史馆教师）、姚瑞洋（广东省团校青年文化与社会教育部教师）共同撰稿；

第十一讲“新时代的少先队工作”由刘思博（广东省团校青年发展研究院讲师）、彭文峰（广东省团校青年发展研究院讲师）、鲁彤（广东省团校青年发展研究院教师）共同撰稿；

第十二讲“坚定不移全面从严治团”由刘俊彦撰稿。

《新时代共青团重点工作12讲》在编写过程中广泛听取征求了共青团理论研究界相关专家学者的意见，由中国青少年研究会常务副会长刘俊彦和广东省团校党委书记谭杰共同负责全书的设计、统稿和修改审定工作。中国青少年研究会的杨文利同志、孟娜同志和广东省团校的张夏妮同志负责联络和编务工作。中国民主法制出版社责任编辑对本书的出版给予了大力的支持。在此，特向为本书编辑出版付出辛劳的所有人员表示诚挚的谢意！我们希望本书成为基层团干部简明、准确、实用的理论读本和工作用书，为推进共青团事业的蓬勃发展尽一份力。

由于时间匆忙及水平所限，本书会有一些疏漏和失误，欢迎广大读者批评指正，提出宝贵意见。我们的联系方式是：

北京市西三环北路25号　中国青少年研究会办公室

邮政编码：100089

编　者

2024年2月

图书在版编目（CIP）数据

新时代共青团重点工作12讲 / 刘俊彦，谭杰主编
. -- 北京：北京联合出版公司，2024.4
ISBN 978-7-5596-5106-8

Ⅰ. ①新… Ⅱ. ①刘… ②谭… Ⅲ. ①中国共产主义青年团—共青团工作—通俗读物 Ⅳ. ① D297-49

中国国家版本馆CIP数据核字（2024）第054891号

新时代共青团重点工作12讲
主　　编：刘俊彦　谭　杰
出 品 人：赵红仕
责任编辑：李艳芬
版式设计：豆安国
责任编审：赵　娜

北京联合出版公司出版
（北京市西城区德外大街83号楼9层 100088）
北京华景时代文化传媒有限公司发行
北京文昌阁彩色印刷有限责任公司印刷　　新华书店经销
字数253千字　　710毫米×1000毫米　　1/16　　22印张
2024年4月第1版　　2024年4月第1次印刷
ISBN 978-7-5596-5106-8
定价：59.80元
